财经类专业"十四五"规划新形态教材

U0781098

智慧化税费申报与管理

贾瑞敏　耿红玉　　肖炳峰／主编

潘瑛　朱一强　李梅／副主编

秦学昌／主审

立信会计出版社
LIXIN ACCOUNTING PUBLISHING HOUSE

图书在版编目(CIP)数据

智慧化税费申报与管理 / 贾瑞敏，耿红玉，肖炳峰
主编. —上海：立信会计出版社，2023.8(2024.2 重印)
ISBN 978-7-5429-7354-2

Ⅰ. ①智… Ⅱ. ①贾… ②耿… ③肖… Ⅲ. ①税费—
计算—教材②纳税—税收管理—中国—教材 Ⅳ.
①F810.423②F812.42

中国国家版本馆 CIP 数据核字(2023)第 151439 号

策划编辑	王斯龙	
责任编辑	王斯龙	张忠秀
美术编辑	吴博闻	

智慧化税费申报与管理
ZHIHUIHUA SHUIFEI SHENBAO YU GUANLI

出版发行	立信会计出版社		
地　　址	上海市中山西路 2230 号	邮政编码	200235
电　　话	(021)64411389	传　　真	(021)64411325
网　　址	www.lixinaph.com	电子邮箱	lixinaph2019@126.com
网上书店	http://lixin.jd.com		http://lxkjcbs.tmall.com
经　　销	各地新华书店		

印　　刷	上海万卷印刷股份有限公司	
开　　本	787 毫米×1092 毫米	1/16
印　　张	19	
字　　数	450 千字	
版　　次	2023 年 8 月第 1 版	
印　　次	2024 年 2 月第 2 次	
书　　号	ISBN 978-7-5429-7354-2/F	
定　　价	49.00 元	

如有印订差错，请与本社联系调换

前　言

　　"智慧化税费申报与管理"是大数据与会计、财税大数据应用等专业的专业核心课程。为全面贯彻党的教育方针,落实立德树人根本任务,反映"智慧化税费申报与管理"课程改革成果,推动课堂革命,本教材在遵循政治性、适应性、科学性、先进性相统一的基础上,基于税务会计岗位要求,将工作领域中的真实生产项目转化为教材的项目,将岗位中的典型工作任务转化成教材的工作任务,设计了7个项目,涵盖了增值税、消费税、企业所得税、个人所得税、城市维护建设税及财产和行为税等15个税种,使教材内容与工作过程无缝对接,以培养"懂税法""会算税""能报税""善管理"的高素质技术技能人才。

　　党的十八大以来,中国税收制度在改革创新中不断完善,税收征管改革进一步深化,从全面营改增的实施、简并税费申报,到"以票管税"向"以数治税"的转变,推进了税收治理体系治理能力现代化。本教材紧跟税收制度改革,既可以作为学生的学习用书也可以作为涉税会计岗位从业人员的参考用书。本教材具有以下特点。

　　1."一":一个企业案例、一套实训平台

　　本教材强调"工学结合",以一个完整的企业案例贯穿始终,从原始单据出发,对接税务会计岗位工作内容,按照税务会计人员实际工作过程完成税费申报与管理工作。

　　本教材坚持"以学生为中心",注重学习功能,以"任务"为驱动,依托厦门网中网软件有限公司的"智能税务申报与管理"实训平台完成任务实施,实现"理实一体化"教学,践行校企"双元"合作开发教材。

　　2."融":融思政、融竞赛、融证书

　　本教材以智能会计与金融高水平专业群系列教材服务东西部协作为宗旨,将思政浸入学习内容。其中,"思政园地"板块以节选党的二十大报告内容或阐述最新税收政策及税收改革动向为主,引出项目内容;"税收热点畅谈"板块以党的二十大精神为指导,引入税收热点新闻,设置开放性题目,让学生在思考、讨论中学好税收知识。

　　编者提炼归纳财务共享服务职业技能等级标准、金税财务应用职业技能等级标准及智能财税职业技能等级标准中关于税费申报与管理的要求,结合会计实务、业财税融合大数据应用职业技能大赛内容,设置相关题目,实现"岗课赛证"融通。

　　3."新":新内容、新技术

　　本教材遵循"以数治税"理念,涵盖金税工程、全电发票、最新的税收政策,最新的涉税事项办理规定和流程等内容,紧跟国家智慧税务建设步伐。

本教材紧扣产业升级和数字化改造,满足技术技能人才需求变化,涵盖自动开票机器人、增值税发票查验机器人和纳税申报机器人等内容,体现产业发展的新技术、新规范、新标准。

4．"数"：数字化资源、数字化学习场景

本教材与课程建设一体化,开发了在线课程(网址：https：//coursehome. zhihuishu. com/courseHome/1000092503♯teachTeam),配套数字化资源,提供虚拟仿真教学(网址：https：//www. zhihuishu. com/virtual_portals_h5/virtualExperiment. html♯/indexPage? courseId＝2000092564),实现可听、可视、可练、可互动。

本教材配套立信会计出版社的融合教材学习平台,打破学习空间限制,为教材使用者提供丰富的资源,随时随地满足其使用需求,打造数字化学习场景。

5．"活"：形式活、内容活

本教材采用活页式装订。及时更新最新税收政策,对比新旧政策,引导学生发掘政策变化的本质,理解国家治理理念。原始单据、纳税申报表单独成页,满足学习内容的前后衔接和纳税申报表的更新,打造真正的"活"教材。

本教材由贾瑞敏(山东经贸职业学院)、耿红玉(山东经贸职业学院)、肖炳峰(山东理工职业学院)担任主编,潘瑛(山东经贸职业学院)、朱一强(厦门网中网软件有限公司)、李梅(山东经贸职业学院)担任副主编,秦学昌[永拓会计师事务所(特殊普通合伙)山东分所]担任主审。此外,邹文慧(山东经贸职业学院)、闫菲(山东经贸职业学院)、秦敏(山东经贸职业学院)、韩学鸿(山东畜牧兽医职业学院)、徐秀梅(潍坊致惠财税管理有限公司)、孔娟(山东理工职业学院)参与了教材的编写、校对等工作。作者在编写本教材过程中参考了大量专家、学者的著作、教材等资料,得到了厦门网中网软件有限公司、永拓会计师事务所(特殊普通合伙)山东分所和潍坊致惠财税管理有限公司的大力支持,在此一并表示感谢。

由于编者水平有限,本教材如有不足之处,恳请广大读者批评指正,非常感谢！

编者

2023 年 6 月

目　录

税费申报工作准备

素养目标

1. 养成关注财税政策的习惯
2. 提高接受新事物的能力
3. 增强依法办税的意识
4. 具有国家治理制度的认同感

知识目标

1. 熟悉企业涉税事项包含的内容
2. 了解金税工程各期包含的内容

能力目标

1. 能够准确填写企业涉税事项相关表格
2. 熟练掌握企业涉税事项办理
3. 能够比较分析金税工程各期的特点

知识导图

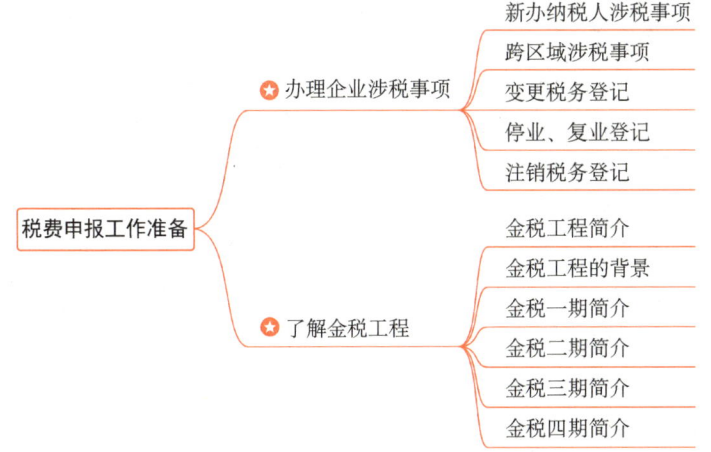

项目导读·思政园地

着力推进智慧税务建设　更好提升税收服务国家治理效能①

新一轮科技革命的加速演进,为充分运用大数据、云计算、人工智能、移动互联网等现代信息技术,提高征管效能提供了重要机遇和有利条件。税务部门认真学习贯彻习近平总书记关于科技创新的重要论述,将现代信息技术创造性地引入税收工作,跨越式推进智慧税务建设,不断迭代升级金税工程,有力推动了税收征管方式、征管流程、征管效能的变革。"十四五"规划纲要明确提出要深化税收征管制度改革,建设智慧税务,推动税收征管现代化。这就要求加快建成功能强大的智慧税务,实现税务执法、服务、监管与大数据智能化应用深度融合、高效联动、全面升级。要认真落实中办、国办印发的《关于进一步深化税收征管改革的意见》,坚持步步为营、稳中求进,持续完善金税四期技术框架、加强主体应用建设,切实提高税收征管现代化水平,为提升税收服务国家治理效能提供坚实支撑。

任务一　　办理企业涉税事项

任务情境

厦门市逸香酒业有限责任公司(以下简称逸香酒业)于 2021 年 12 月成立,注册资本为 1 000 万元,生产经营用地面积为 2 000 平方米,为四级土地,开户银行及账号:中国银行厦门市海沧区支行 6135020528156783,电话号码:0592-6239621。逸香酒业设有专门的税务会计岗位,该岗位的工作职责包括:

(1) 负责公司各项涉税事宜、发票申领、发票开具、发票认证、纳税申报等工作。

(2) 负责公司各项税费的计算和涉税相关业务的会计处理。

(3) 月末进行各项税费核对工作,协助部门主管按时完成月结。

(4) 收集整理税收法规政策,熟练掌握税收政策变化,及时作出税务风险评估,进行税务优化并提出相应建议。

(5) 领导交办的其他事宜。

逸香酒业的税务会计在公司取得营业执照(图 1-1)后,到电子税务局办理了新办纳税人套餐业务;在公司经营过程中,办理相关信息变更、跨区域经营等涉税事项。

---

① 王军.深入学习贯彻习近平经济思想 高质量推进新发展阶段税收现代化行稳致远[N].中国税务报,2022-08-26(01).

任务要求

如果你是逸香酒业的税务会计，请完成以下涉税事项办理：

（1）填写纳税人存款账户账号报告表。

（2）填写委托扣款协议书。

（3）填写增值税一般纳税人登记表。

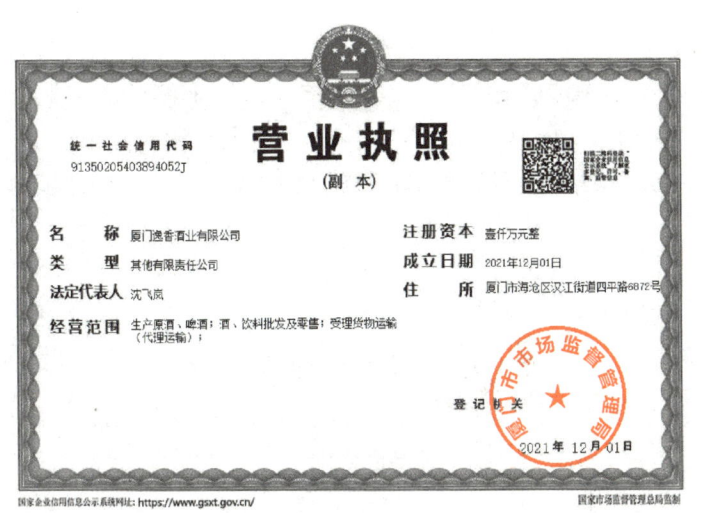

图 1-1　营业执照

任务准备

一、新办纳税人涉税事项

新设立的企业、农民专业合作社和个体工商户由市场监管部门核发加载统一社会信用代码的营业执照，无须单独办理税务登记。新设立的企业、农民专业合作社完成一照一码户信息确认后，其加载统一社会信用代码的营业执照可代替税务登记证使用，不再另行发放税务登记证件。

（一）信息确认

已实行"多证合一、一照一码"登记模式的纳税人，首次办理涉税事宜时，对市场监督管理等部门共享信息进行确认。

1. 办理材料

一照一码户信息确认无须提供材料。

2. 办理流程

一照一码户信息确认办理流程如图 1-2 所示。

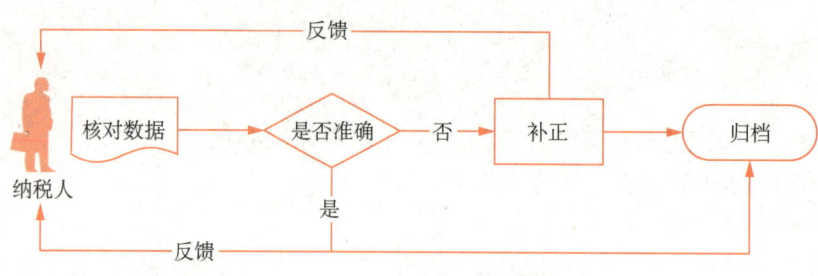

图 1-2　一照一码户信息确认办理流程图

（二）存款账户账号报告

从事生产、经营的纳税人应当自开立基本存款账户或者其他存款账户之日起 15 日内，向主管税务机关书面报告其全部账号；发生变化的，应当自发生变化之日起 15 日内，向主管税务机关书面报告。纳税人采用新办纳税人"套餐式"服务的，可在"套餐式"服务内一并办理存款账户账号报告业务。

1. 办理材料

存款账户账号报告办理材料如表 1-1 所示。

表 1-1　存款账户账号报告办理材料

序号	材料名称	数量	备注
1	《纳税人存款账户账号报告表》	2 份	
2	账户、账号开立证明复印件	1 份	
有以下情形的，还应提供相应材料			
适用情形	材料名称	数量	备注
社会保险费缴费人	《社会保险费缴费人存款账户账号报告表》	1 份	

2. 办理流程

存款账户账号报告办理流程如图 1-3 所示。

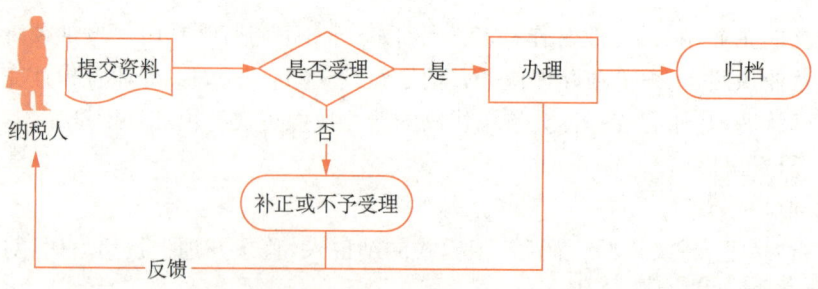

图 1-3　存款账户账号报告办理流程图

（三）财务会计制度及核算软件备案报告

从事生产、经营的纳税人的财务、会计制度或者财务、会计处理办法和会计核算软件，应当报送税务机关备案。纳税人采用新办纳税人"套餐式"服务的，可在"套餐式"服务内一并办理财务会计制度及核算软件备案报告业务。

1. 办理材料

财务会计制度及核算软件备案报告办理材料如表1-2所示。

表1-2 财务会计制度及核算软件备案报告办理材料

序号	材料名称	数量	备注
1	《财务会计制度及核算软件备案报告书》	2份	
2	纳税人财务会计制度或纳税人财务会计核算办法	1份	
有以下情形的,还应提供相应材料			
适用情形	材料名称	数量	备注
使用计算机记账的纳税人	财务会计核算软件、使用说明书复印件	1份	

2. 办理流程

财务会计制度及核算软件备案报告办理流程如图1-4所示。

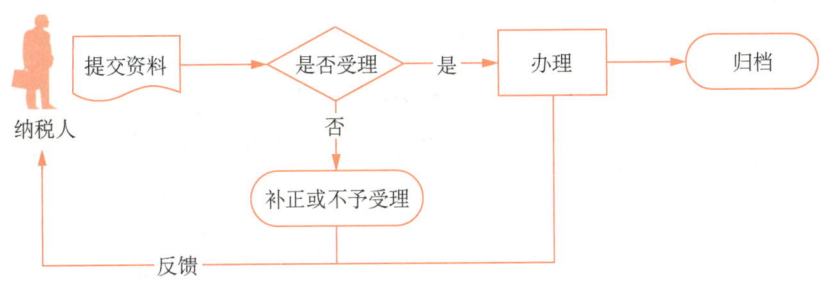

图1-4 财务会计制度及核算软件备案报告办理流程图

知新:《财务会计制度及核算软件备案报告书》填表范本

(四)银税三方(委托)划缴协议

纳税人需要使用电子缴税系统缴纳税费的,可以与税务机关、开户银行签署委托银行代缴税款三方协议或委托划转税款协议,实现使用电子缴税系统缴纳税费、滞纳金和罚款。纳税人在办理"银税三方(委托)划缴协议"事项前,须先办理完成"存款账户账号报告"事项。

1. 办理材料

银税三方(委托)划缴协议办理材料如表1-3所示。

表1-3 银税三方(委托)划缴协议办理材料

序号	材料名称	原件/复印件	份数	纸质/电子	必要性	备注
1	《委托银行代缴税款三方协议(委托划转税款协议书)》	原件	3	纸质	必报	
2	经办人身份证件	原件	1	纸质	必报	查验后退回

2. 办理流程

银税三方(委托)划缴协议办理流程如图1-5所示。

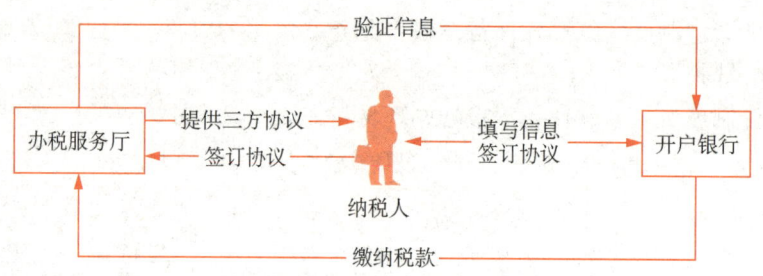

图 1-5　银税三方(委托)划缴协议办理流程图

(五) 一般纳税人登记

增值税纳税人年应税销售额超过财政部、国家税务总局规定的小规模纳税人标准的，除特殊规定外，应当办理一般纳税人登记。年应税销售额未超过规定标准的纳税人，会计核算健全、能够提供准确税务资料的，可以办理一般纳税人登记。

1. 办理材料

一般纳税人登记办理材料如表 1-4 所示。

表 1-4　一般纳税人登记办理材料

序号	材料名称	原件/复印件	份数	纸质/电子	必要性	备注
1	增值税一般纳税人登记表	原件	2	纸质	必报	
2	加载统一社会信用代码的营业执照(或税务登记证、组织机构代码证等)原件	原件	1	纸质	必报	查验后退回。除纳税信用等级为 D 级的纳税人之外，可选择采用告知承诺替代上述税务登记证件

2. 办理流程

一般纳税人登记办理流程如图 1-6 所示。

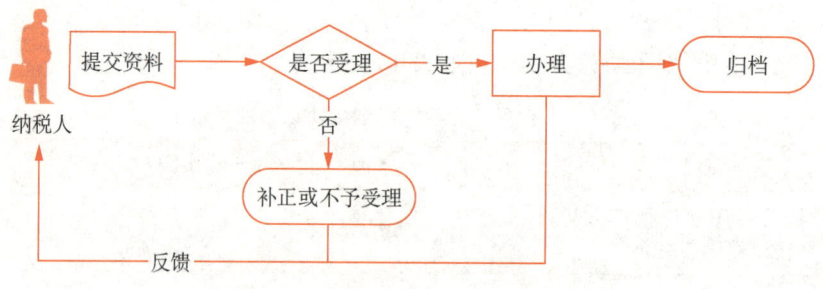

图 1-6　一般纳税人登记办理流程图

(六) 票种核定及发票领用

纳税人需领用增值税发票的，向主管税务机关申请办理增值税发票领用手续。主管税务机关根据纳税人的经营范围和规模，确认领用增值税发票的种类、数量、开票限额等事宜。纳税人在增值税发票票种核定的范围（增值税发票的种类、领用数量、开票限额）内领用发票。已办理增值税发票票种核定的纳税人，当前领用增值税发票的种类、数量或者开票限额不能满足经营需要的，可以向主管税务机关提出调整。

1. 办理材料

发票票种核定办理材料如表 1-5 所示。

表 1-5　发票票种核定办理材料

序号	材料名称	数量	备注
1	纳税人领用发票票种核定表 新办纳税人涉税事项综合申请表	1 份	
2	加载统一社会信用代码的营业执照（或税务登记证、组织机构代码证等）原件	1 份	查验后退回
3	经办人身份证件原件	1 份	查验后退回

2. 办理流程

票种核定及发票领用办理流程如图 1-7 所示。

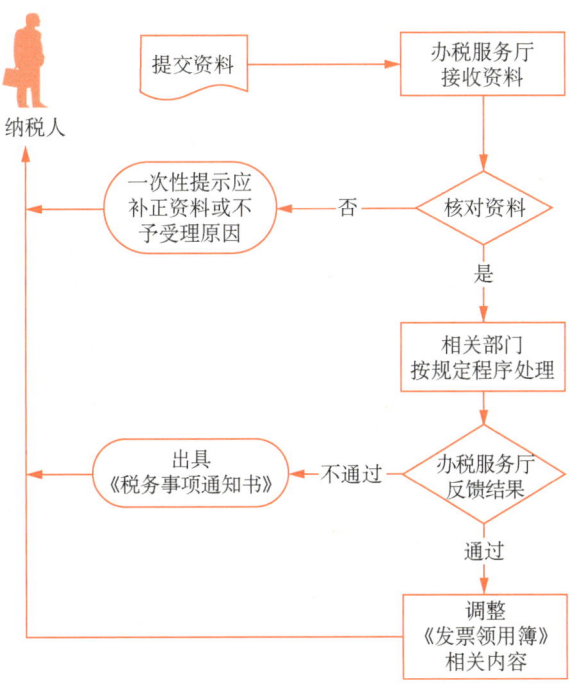

知新：《纳税人领用发票票种核定表》范本

知新：《新办纳税人涉税事项综合申请表》

图 1-7　票种核定及发票领用办理流程图

二、跨区域涉税事项

（一）跨区域涉税事项报告

纳税人跨省（自治区、直辖市和计划单列市）临时从事生产经营活动的，向机构所在地的税务机关填报《跨区域涉税事项报告表》。跨区域涉税事项报告办理材料如表 1-6 所示。

表1-6 跨区域涉税事项报告办理材料

序号	材料名称	数量	备注
1	《跨区域涉税事项报告表》	2份	
2	加载统一社会信用代码的营业执照（或税务登记证、组织机构代码证等）原件，或加盖纳税人公章的复印件	1份	原件查验后退回

知新：《跨区域涉税事项报告表》范本

（二）跨区域涉税事项报验

纳税人首次在经营地办理涉税事宜时，向经营地税务机关报验跨区域涉税事项。跨区域涉税事项报验办理材料如表1-7所示。

表1-7 跨区域涉税事项报验办理材料

序号	材料名称	数量	备注
1	加载统一社会信用代码的营业执照（或税务登记证、组织机构代码证等）原件，或加盖纳税人公章的复印件	1份	原件查验后退回

（三）跨区域涉税事项信息反馈

纳税人跨区域经营活动结束后，应当结清经营地税务机关的应纳税款以及其他涉税事项，向经营地税务机关填报《经营地涉税事项反馈表》。

知新：《经营地涉税事项反馈表》

三、变更税务登记

一照一码户市场监管等部门登记信息发生变更的，向市场监督管理等部门申报办理变更登记。税务机关接收市场监管等部门变更信息，经纳税人确认后更新系统内的对应信息。一照一码户生产经营地、财务负责人等非市场监管等部门登记信息发生变化时，向主管税务机关申报办理变更。

1. 办理材料

一照一码户信息变更办理材料如表1-8所示。

表1-8 一照一码户信息变更办理材料

序号	材料名称		数量	备注
1	经办人身份证件原件		1份	查验后退回
有以下情形的，还应提供相应材料				
适用情形	材料名称		数量	备注
非市场监管等部门登记信息发生变化	变更信息的有关材料复印件		1份	

2. 办理流程

一照一码户信息变更办理流程如图1-8所示。

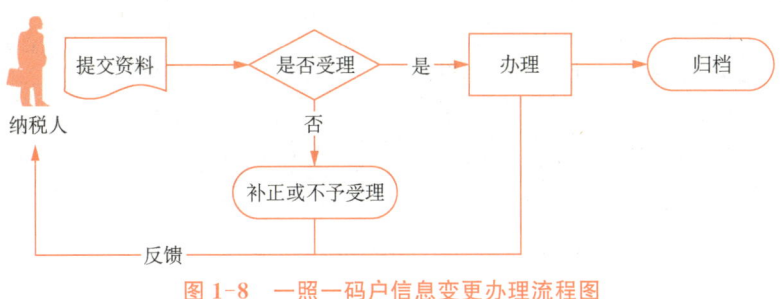

图 1-8　一照一码户信息变更办理流程图

四、停业、复业登记

只有实行定期定额征收方式的个体工商户和个人独资企业才能申请办理停业。定期定额户发生停业的,应当在停业前向税务机关书面提出停业报告;提前恢复经营的,应当在恢复经营前向税务机关书面提出复业报告;需延长停业时间的,应当在停业期满前向税务机关提出书面的延长停业报告。已办理停业登记的纳税人于恢复生产经营之前,向主管税务机关申报办理复业登记。

1. 办理材料

停业、复业登记办理材料如表 1-9 所示。

表 1-9　停业、复业登记办理材料

序号	材料名称	数量	备注
1	《停业复业报告书》	2 份	

2. 办理流程

停业、复业登记办理流程如图 1-9 所示。

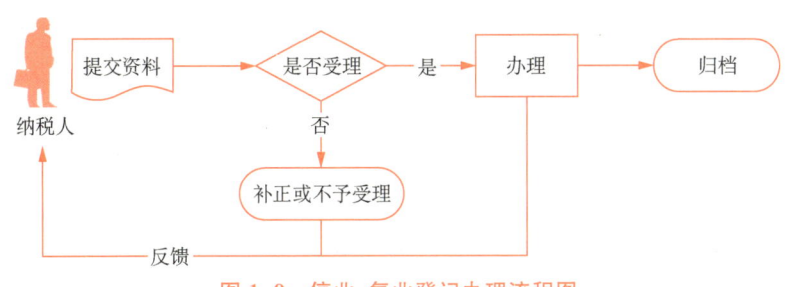

图 1-9　停业、复业登记办理流程图

知新:《停业复业报告书》范本

五、注销税务登记

已实行"一照一码"登记模式的纳税人向市场监督管理等部门申请办理注销登记前,须先向税务机关申报清税。清税完毕后,税务机关向纳税人出具《清税证明》,纳税人持《清税证明》到原登记机关办理注销。对向市场监管部门申请简易注销的纳税人,符合下列情形之一的,可免予到税务机关办理《清税证明》,直接向市场监管部门申请办理注销登记。

(1) 未办理过涉税事宜的。

(2) 办理过涉税事宜但未领用发票、无欠税(滞纳金)及罚款的。

1．办理材料

《清税申报表》、经办人身份证件原件。

2．办理流程

注销税务登记办理流程如图 1-10 所示。

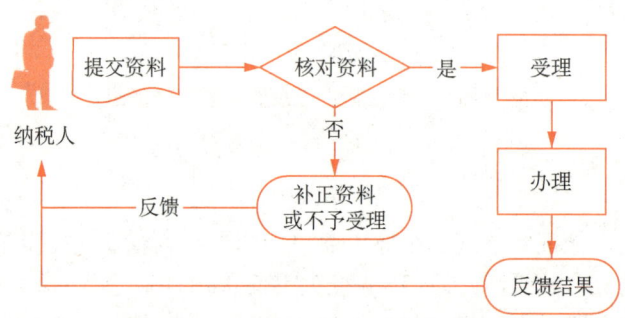

图 1-10　注销税务登记办理流程图

 任务实施

（1）请将《纳税人存款账户账号报告表》填写完整，如表 1-10 所示。

表 1-10　纳税人存款账户账号报告表

纳税人名称			纳税人识别号			
经营地址						
银行开户登记证号		J66660000020		发证日期	2021 年 12 月 3 日	
账户性质	开户银行	账号	开户时间	变更时间	注销时间	备注
基本户			2021 年 12 月 3 日			

（续表）

报告单位：　　　　经办人:李忠肯			受理税务机关：　　　　经办人：		
法定代表人(负责人)：			负责人：		
报告单位(签章)　年　月　日			税务机关(签章)　年　月　日		

【表单说明】

（1）账户性质按照基本账户、一般账户、专用账户、临时账户如实填写。

（2）本表一式两份，报送主管税务机关一份，纳税人留存一份。

（2）请填写《委托扣款协议书》，如表1-11所示。

表1-11　委托扣款协议书

税务登记证名称(参保个人姓名)			
纳税人代码(个人社会保险号)		主管税务机关	海沧区局
联系人	李忠肯	联系电话	13591479517
开户银行名称			
缴税(费)专用账户名称			
缴税(费)专用账号			

声　明

一、本单位(人)同意采用厦门市"财税库银横向联网系统电子缴税"方式缴纳各项税费。

二、本单位(人)同意在银行开立的上述账户中，授权税务机关依据本单位(人)采用任何申报方式自行申报或确认的应纳税(费)、滞纳金、罚款，通过电子缴税系统向纳税人开户行发出划款指令进行扣缴税费。

三、本单位(人)保证在纳税申报期间缴税账户的存款余额足以缴纳应纳税费，若因存款余额不足等原因造成扣款不成功的，愿意接受税务部门的依法处理。

四、本单位(人)保证本协议账户内容填写真实、准确，并愿意承担因内容填写错误而产生的任何责任。

特此声明。

纳税人(章)：　　　　　　　　　　　　　　　　税务机关(章)：

法人代表(负责人)签章：

填写日期：　年　月　日

　　　　　　　　　　　　　　　　　　　　　日期：　　年　月　日

【表单说明】

（1）附送资料：《纳税人存款账户账号报告表》。

（2）本表一式两份，纳税人、税务机关各留存一份，纳税人应自协议书签订之日起20日内凭税务机关打印的《委托扣款协议书》(一式三份)到开户银行办理委托申请手续，不同银行的账户应到相应的开户银行办理。委托手续办理完毕后应至税务机关进行协议验证，经验证成功后协议方生效。

（3）纳税人变更账户名称或账号、停用或注销账户以及跨区改变管征税务机关的应撤销原协议并重新签订协议。

（4）本表所列缴款账户非本纳税人所有的，需由账户开户人出具《电子缴税扣款授权书》，同意授权税务机关扣款。

（3）请填写增值税一般纳税人登记表，如表1-12所示。

表 1-12　增值税一般纳税人登记表

纳税人名称			社会信用代码(纳税人识别号)		
法定代表人(负责人、业主)	沈飞岚	证件名称及号码	身份证 350205198001011234	联系电话	0592-6239621 13591479516
财务负责人	李忠肯	证件名称及号码	身份证 350205198502021235	联系电话	0592-6239621 13591479517
办税人员	陈哲男	证件名称及号码	身份证 350205199003031236	联系电话	0592-6239621 13591479518
税务登记日期	2021-12-03				
生产经营地址					
注册地址					
纳税人类别:企业□　非企业性单位□　个体工商户□　其他□					
主营业务类别:工业□　商业□　服务业□　其他□					
会计核算健全:□					
一般纳税人资格生效之日:当月 1 日□　　　　次月 1 日□					
纳税人(代理人)承诺: 　　会计核算健全,能够提供准确税务资料,上述各项内容真实、可靠、完整。如有虚假,愿意承担相关法律责任。 　　　经办人:陈哲男　　法定代表人:　　代理人:　　(签章) 　　　　　　　　　　　　　　　　　　　　　　　2021 年 12 月 03 日					
以下由税务机关填写					
主管税务机关受理情况	受理人:			主管税务机关(章) 年　月　日	

【表单说明】

(1) 本表由纳税人如实填写。

(2) 表中"证件名称及号码"相关栏次,根据纳税人的法定代表人、财务负责人、办税人员的居民身份证、护照等有效身份证件及号码填写。

(3) 表中"一般纳税人资格生效之日"由纳税人自行勾选。

(4) 本表一式两份,主管税务机关和纳税人各留存一份。

税收热点畅谈

新闻:便民办税又春风智能化再提速

　　"便民办税春风行动"是推进税收现代化建设的重要举措。2023 年,国家税务总局连续第 10 年开展便民办税春风行动。请你观看相关视频后,谈一谈开展便民办税春风行动的意义。

任务总结

在完成上述任务后,请你分享学到的知识或技能。

任务评价

表 1-13 任务评价表 单位:分

项目	评价内容	分值	自评	组评	师评	其他
素养 (20)	到岗出勤	2				
	学习、工作用品准备	2				
	探究问题、积极发言	2				
	按时完成任务	2				
	团队协作	2				
	分析问题、解决问题能力	2				
	关注财税政策	2				
	关注税收治理	2				
	依法办税意识	4				
知识 (30)	新办纳税人涉税事项包含的内容	10				
	跨区域涉税事项包含的内容	5				
	变更税务登记情形	5				
	停业、复业登记内容	5				
	注销税务登记的规定	5				
能力 (50)	能够办理新办纳税人涉税事项	10				
	能够办理跨区域涉税事项	8				
	能够办理变更税务登记	8				
	能够办理停业、复业登记	8				
	能够办理税务注销	8				
	文字描述准确、语言表达流畅	8				
	小计					
总计(评分细则及各主体评分占比,由教师根据教学实际确定)						

任务拓展

请及时关注涉税事项办理流程的变化。

任务二　　了解金税工程

任务情境

在大数据、云计算、人工智能、移动互联网等现代信息技术得到普遍运用的背景下,金税工程四期(以下简称金税四期)开启了税收治理现代化建设的新征程。工作中,当金税四期在企业内部深化应用后,技术层面的严征管将使企业涉税岗位工作内容发生重大变革。在面临全新考验下,逸香酒业的财务部门组织全体人员学习税收征管新政策,以便清楚了解金税四期。

任务要求

如果你是逸香酒业的税务会计人员,请登录国家税务总局网站(http://www.chinatax.gov.cn/),并运用搜索引擎进行查询,完成以下任务:

(1) 归纳总结金税工程各期包含的内容。

(2) 比较分析金税四期的特点。

任务准备

一、金税工程简介

金税工程是国家电子政务"十二金"工程之一,其总称为中国税收管理信息系统(CTAIS),是运用高科技手段结合我国增值税管理实际设计的高科技管理系统。该系统由一个网络和四个子系统构成,实现了利用覆盖全国税务机关的计算机网络对增值税专用发票和企业增值税纳税状况进行严密监控。其中,一个网络是指国家税务总局与省、地、县税务局四级计算机网络;四个子系统是指增值税防伪税控开票子系统、防伪税控认证子系统、增值税稽核子系统和发票协查子系统。

1994年分税制改革后,我国相继启动金税工程各期建设,历经金税工程一期、金税工程二期、金税工程三期(以下分别简称金税一期、金税二期、金税三期),2021年正式启动金税四期,实现了从无到有、从小到大、从功能单一到全面覆盖。

二、金税工程的背景

1994年1月1日起,我国工商税收制度进行了1949年以来规模最大、范围最广的一次重大改革。这次税制改革的核心内容是课征增值税。增值税本身是比较严密的,有利于公平税负,具有自我制约偷漏税和减免税的机制。但是增值税税收制度出台以后,由于税务机关对凭专用发票扣税的检查手段尚不完善,一些不法分子乘机利用伪造和倒卖增值税专用发票、开具"阴阳票"、虚开代开发票等手段，偷逃国家税款，造成国家大量税款的流失。对此，国务院和地方各级人民政府都高度重视，国家决定引入计算机技术加强增值税管理。

为加强增值税管理，保证新税制得以顺利实行，保障国家税款及时足额入库，1994年2月1日，朱镕基副总理在听取了电子工业部、航天工业总公司等单位的汇报后，指示要尽快实施金税工程。为了组织实施这项工程，我国成立了由原电子工业部、财政部、国家税务总局、国家计委、航天工业总公司、中国人民银行等单位领导组成的"国家税控系统建设领导小组"，下设金税工程办公室，具体负责工程的组织、协调和建设。金税工程试点工作于1994年3月底正式启动。

三、金税一期简介

1994年，作为金税工程一期的增值税计算机交叉稽核系统在50个大中城市试点，建立了全国国税系统的计算机稽核网络，将全国的增值税相关信息进行总体监控，以打击利用增值税进行偷逃税款违法犯罪活动。

1995年5月，根据朱镕基副总理对金税工程要积极稳妥向前推进的指示，金税工程进一步明确了其包含的内容，即增值税计算机稽核系统、防伪税控系统和税控收款机。增值税计算机稽核系统包括增值税专用发票管理、纳税人档案管理、发票数据采集、发票稽核和稽核结果处理功能。防伪税控系统包括金税卡和税控CI卡发行子系统、发票发售子系统、防伪开票子系统、发票认证子系统和报税子系统五部分。该系统在全国增值税一般纳税人中推广使用，并于1996年1月1日起在全国开具百万元以上发票的企业中推行。税控收款机在部分零售企业推广使用，对销售环节进行监督，有关信息可进入交叉稽核系统。

金税一期实现了利用计算机网络进行增值税专用发票交叉稽核和增值税防伪税控。但是，由于采集增值税专用发票信息需要手工录入，工作量大，数据采集不全，金税一期未能解决好信息录入的准确性和完整性问题，网络也没有覆盖全国，只在50个城市建立了稽核网络，因此没有完全实现预期的效果。1996年年底，金税一期虽然停止运行，但它提供了利用高科技手段解决增值税专用发票管理问题必须保证信息准确性和完整性的启示。

四、金税二期简介

1998年，金税工程二期正式立项，建设经费逐步到位。2000年，税务机关在总结实践经验的基础上，继续完善金税工程二期的建设思路，提出了整体方案，加快了建设步伐。2001年1月1日，金税二期的增值税防伪税控开票子系统、防伪税控认证子系统、增值税稽核子系统、发票协查信息管理子系统四个系统在辽宁、江苏、浙江、山东、广东和北京、天津、上海、重庆"五省四市"开通运行。2001年7月1日，上述四个系统在其他22省区开通运行，金税工程二期基本建成，取得了重大成效。2001年年底，防伪税控开票系统推行约40万户，百万元版、十万元版和部分万元版专用发票不再用手工方式而改用该系统开具。2003年2月，国家税务总局发布的《关于进一步明确推行防伪税控系统和金税工程二期完善与拓展有关工作的通知》进一步明确，2003年7月1日起，增值税一般纳税人必须通

知新：关于进一步明确推行防伪税控系统和金税工程二期完善与拓展有关工作的通知

过防伪税控系统开具专用发票,同时全国统一废止增值税一般纳税人所用的手写版专用发票。2003 年 10 月 1 日起,增值税一般纳税人所用的手写版专用发票一律不得作为增值税的扣税凭证。

五、金税三期简介

金税一期聚焦增值税专用发票,部署应用增值税专用发票交叉稽核系统,探索"以票管税"新做法;金税二期聚焦增值税发票开票、认证、报税和稽核等,探索实施全链条监管体系,构建增值税"以票管税"新机制。在此基础上,2009 年开始实施的金税三期,面向税收征管主要业务、工作流程、岗位职责,构建税收征管新体系,并在国税地税征管体制改革之后并库上线,实现原国税地税两套系统流程统一、数据合流和功能升级。至此,金税工程成为覆盖所有税费种类、支撑税务人员在线业务操作、为纳税人提供涉税事项办理业务的信息系统。①

金税三期包括"一个平台、两级处理、三个覆盖、四类系统"。"一个平台",即建立一个包含网络硬件和基础软件的统一技术基础平台。"两级处理",即实现税务系统的数据信息在总局和省局集中处理。"三个覆盖",即覆盖所有税种、税收工作主要环节、全国所有国税、地税机关。"四类系统",即部署并运行税收征管、外部信息、决策支持和行政管理四大系统。

2009 年 10 月,国家税务总局印发了《金税三期工程管理办法》及相关规程。2013 年 2 月 22 日,金税三期在重庆市国税局、地税局系统率先试点单轨上线运行。2013 年 10 月 8 日,金税三期在山东、山西两省国税局、地税局系统单轨上线运行。2016 年 10 月,金税三期在全国完成了全面上线。2019 年 3 月,金税三期(并库版)上线。

六、金税四期简介

2021 年 3 月,中共中央办公厅、国务院办公厅印发的《关于进一步深化税收征管改革的意见》明确加快推进智慧税务建设,稳步实施发票电子化改革,深化税收大数据共享应用。2021 年 9 月,国家税务总局局长王军在金砖国家税务局局长会议上的发言中指出,大数据时代的税收治理必然进入"以数治税"阶段。当前,我们正以发票全领域、全环节、全要素电子化改革为突破口,启动实施金税工程四期建设,持续拓展税收大数据资源,深入推进内外部涉税数据汇聚联通、线上线下数据有机贯通。2022 年 9 月,王军局长在第三届"一带一路"税收征管合作论坛上的发言中指出,中国税务部门正在开发金税四期(智慧税务),2022 年年底将基本开发完成。金税四期在 2022 年完成开发后,目前已在六地上线试运行。作为直接影响每个纳税主体的政务系统,金税四期将在金税三期的基础上大幅提升税收征管的智能化、集成化、精细化、协同化水平。

金税四期是金税三期的升级版。一是将"非税"业务纳入监控范围;二是进行信息共享,打通与各部委、中国人民银行等的信息通道;三是实现对企业相关人员手机号码、企业纳税信息状态、企业登记注册信息进行核查;四是云化服务,全流程智能办税。

金税四期,即智慧税务,具有全智能、全流程、全业务、全方位的特点。其核心是"以数

知新:《税务总局关于印发〈金税三期工程管理办法〉及相关规程的通知》

---

① 周开君.智慧税务:从前、现在与未来[N].中国税务报,2022-07-06(07).

治税",通过建立纳税人"一人式档案",进行实时归集和分析,感知风险并自动预警,实现从"人找数"填报到"数找人"确认的转变。金税四期将推动税收征管智能化水平大幅跃升,实现"以票管税"向"以数治税"的转变。

 任务实施

知新:《关于进一步深化税收征管改革的意见》

(1)请将金税一期、金税二期、金税三期、金税四期各自包含的内容进行总结并填入表 1-14。

表 1-14　金税工程各期建设内容

金税工程	具体内容
金税一期	
金税二期	
金税三期	
金税四期	

(2)请将金税四期的特点提炼成关键词写到下面的横线上。

_____

_____

税收热点畅谈

　　建设智慧税务,推动税收治理现代化。作为新时代的青年,未来的财税人员,要有大局意识,具备较强的适应能力,紧跟税收政策和新技术的发展。请你谈谈企业税务会计人员应如何适应金税四期带来的变革以及金税四期对国家治理现代化的意义。

 任务总结

在完成上述任务后,请你分享学到的知识或技能。

任务评价

表 1-15　任务评价表　　　　　　　　　　　　　　单位：分

项目	评价内容	分值	自评	组评	师评	其他
素养 (20)	到岗出勤	2				
	学习、工作用品准备	2				
	探究问题、积极发言	2				
素养 (20)	按时完成任务	2				
	团队协作	2				
	分析问题、解决问题的能力	2				
	关注财税政策	2				
	接受新事物的能力	2				
	国家治理制度的认同感	4				
知识 (30)	金税工程的含义	5				
	金税工程各期包含的内容	15				
	金税四期的特点	10				
能力 (50)	金税工程各期内容阐述清晰	20				
	对金税四期建设意义有独到见解	20				
	文字描述准确、语言表达流畅	10				
小计						
总计（评分细则及各主体评分占比，由教师根据教学实际确定）						

任务拓展

请及时关注金税四期相关新闻。

知识巩固

技能提升

增值税及附加税费申报与管理

素养目标

1. 增强团队协作意识
2. 提高风险防范意识
3. 养成关注财税政策习惯
4. 树立高质量发展和数字化理念
5. 坚持诚实守信、服务乡村振兴

知识目标

1. 掌握增值税的征税范围及税率（征收率）
2. 理解增值税计算原理
3. 熟悉发票使用要求
4. 掌握附加税费的基本税收政策

能力目标

1. 正确计算增值税和附加税费
2. 能够开具、查验发票，完成发票的用途确认和入账归档
3. 掌握增值税及附加税费的会计处理
4. 准确申报增值税和附加税费
5. 帮助企业优化增值税管理

知识导图

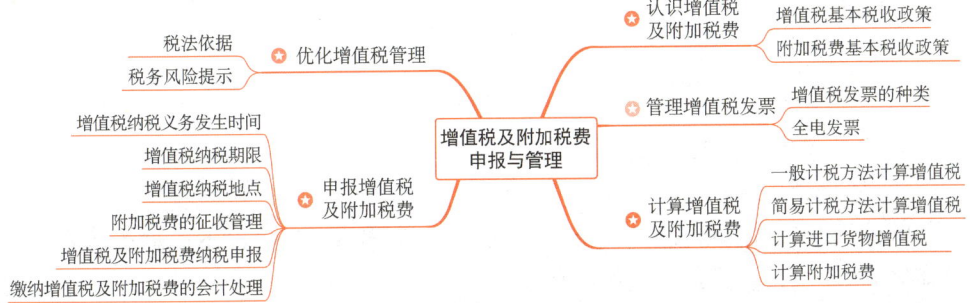

 **项目导读·思政园地**

深化"放管服"改革 优化营商环境

习近平总书记在党的二十大报告中指出"健全现代预算制度,优化税制结构,完善财政转移支付体系""加大税收、社会保障、转移支付等的调节力度"。党的十八大以来,增值税改革年年深化、步步推进。为深入推进税务领域"放管服"改革,优化营商环境,切实减轻纳税人、缴费人申报负担,自 2021 年 8 月 1 日起,增值税、消费税分别与城市维护建设税、教育费附加、地方教育附加申报表整合。2022 年 12 月 27 日,增值税法草案提请十三届全国人大常委会第三十八次会议首次审议,税收立法再进一程。

任务一   **认识增值税及附加税费**

 **任务情境**

某校毕业生王芳,从网上查阅了逸香酒业的基本情况后来应聘税务会计岗。会计主管询问了王芳是否了解增值税与城市维护建设税、教育费附加、地方教育附加合并申报的最新政策,并询问了有关增值税和附加税费的相关问题。

 **任务要求**

如果你是王芳,请完成以下问题的解答:

(1)判断逸香酒业的经营范围是否属于增值税征税范围。

(2)分析逸香酒业适用的增值税税率。

(3)分析逸香酒业适用的城市维护建设税、教育费附加、地方教育附加的税率或征收比率。

 **任务准备**

一、增值税基本税收政策

(一)增值税纳税人和扣缴义务人

1. 增值税纳税人

在中华人民共和国境内销售货物或者加工、修理修配劳务(以下简称劳务)、销售服务、无形资产、不动产以及进口货物的单位和个人,为增值税的纳税人。

单位,是指企业、行政单位、事业单位、军事单位、社会团体及其他单位。

个人,是指个体工商户和其他个人。

单位以承包、承租、挂靠方式经营的,承包人、承租人、挂靠人(以下统称承包人)以发包人、出租人、被挂靠人(以下统称发包人)名义对外经营并由发包人承担相关法律责任的,以该发包人为纳税人。否则,以承包人为纳税人。

中华人民共和国境内,是指:

(1)销售货物的起运地或者所在地在境内。

(2)提供的应税劳务发生在境内。

(3)服务(租赁不动产除外)或者无形资产(自然资源使用权除外)的销售方或者购买方在境内。

(4)所销售或者租赁的不动产在境内。

(5)所销售自然资源使用权的自然资源在境内。

(6)财政部和国家税务总局规定的其他情形。

知新:不属于在境内销售服务或者无形资产的情形

增值税纳税人可以分为增值税一般纳税人(以下简称一般纳税人)和增值税小规模纳税人(以下简称小规模纳税人)。

2. 增值税扣缴义务人

中华人民共和国境外的单位或者个人在境内销售劳务,在境内未设有经营机构的,以其境内代理人为扣缴义务人;在境内没有代理人的,以购买方为扣缴义务人。

知新:增值税一般纳税人和小规模纳税人

中华人民共和国境外的单位或者个人在境内销售服务、无形资产或不动产,在境内未设有经营机构的,以购买方为扣缴义务人。财政部和国家税务总局另有规定的除外。

(二)增值税征税范围

1. 销售货物

销售货物,是指有偿转让货物的所有权。货物,是指有形动产,包括电力、热力、气体在内。有偿,是指取得货币、货物或者其他经济利益。

2. 提供加工、修理修配劳务

提供加工、修理修配劳务,是指有偿提供加工、修理修配劳务。单位或者个体工商户聘用的员工为本单位或者雇主提供加工、修理修配劳务,不包括在内。

加工,是指受托加工货物,即委托方提供原料及主要材料,受托方按照委托方的要求,制造货物并收取加工费的业务。

修理修配,是指受托对损伤和丧失功能的货物进行修复,使其恢复原状和功能的业务。

3. 销售服务

销售服务,是指提供交通运输服务、邮政服务、电信服务、建筑服务、金融服务、现代服务、生活服务。

1)交通运输服务

交通运输服务,是指利用运输工具将货物或者旅客送达目的地,使其空间位置得到转移的业务活动,包括陆路运输服务、水路运输服务、航空运输服务和管道运输服务。

陆路运输服务,是指通过陆路(地上或者地下)运送货物或者旅客的运输业务活动,包括铁路运输服务和其他陆路运输服务。出租车公司向使用本公司自有出租车的出租车司机收取的管理费用,按照陆路运输服务缴纳增值税。

水路运输服务,是指通过江、河、湖、川等天然、人工水道或者海洋航道运送货物或者旅客的运输业务活动。程租业务,是指运输企业为租船人完成某一特定航次的运输任务并收取租赁费的业务。期租业务,是指运输企业将配备有操作人员的船舶承租给他人使用一定期限,承租期内听候承租方调遣,不论是否经营,均按天向承租方收取租赁费,发生的固定费用均由船东负担的业务。

航空运输服务,是指通过空中航线运送货物或者旅客的运输业务活动。湿租业务,是指航空运输企业将配备有机组人员的飞机承租给他人使用一定期限,承租期内听候承租方调遣,不论是否经营,均按一定标准向承租方收取租赁费,发生的固定费用均由承租方承担的业务。

管道运输服务,是指通过管道设施输送气体、液体、固体物质的运输业务活动。

2)邮政服务

做中学 2-1

邮政服务,是指中国邮政集团公司及其所属邮政企业提供邮件寄递、邮政汇兑和机要通信等邮政基本服务的业务活动,包括邮政普遍服务、邮政特殊服务和其他邮政服务。

邮政普遍服务,是指函件、包裹等邮件寄递,以及邮票发行、报刊发行和邮政汇兑等业务活动。

邮政特殊服务,是指义务兵平常信函、机要通信、盲人读物和革命烈士遗物的寄递等业务活动。

其他邮政服务,是指邮册等邮品销售、邮政代理等业务活动。

3)电信服务

电信服务,是指利用有线、无线的电磁系统或者光电系统等各种通信网络资源,提供语音通话服务,传送、发射、接收或者应用图像、短信等电子数据和信息的业务活动,包括基础电信服务和增值电信服务。

基础电信服务,是指利用固网、移动网、卫星、互联网,提供语音通话服务的业务活动,以及出租或者出售带宽、波长等网络元素的业务活动。

增值电信服务,是指利用固网、移动网、卫星、互联网、有线电视网络,提供短信和彩信服务、电子数据和信息的传输及应用服务、互联网接入服务等业务活动。

4)建筑服务

建筑服务,是指各类建筑物、构筑物及其附属设施的建造、修缮、装饰,线路、管道、设备、设施等的安装以及其他工程作业的业务活动,包括工程服务、安装服务、修缮服务、装饰服务和其他建筑服务。

工程服务,是指新建、改建各种建筑物、构筑物的工程作业,包括与建筑物相连的各种设备或者支柱、操作平台的安装或者装设工程作业,以及各种窑炉和金属结构工程作业。

安装服务,是指生产设备、动力设备、起重设备、运输设备、传动设备、医疗实验设备以及其他各种设备、设施的装配、安置工程作业,包括与被安装设备相连的工作台、梯子、栏杆的装设工程作业,以及被安装设备的绝缘、防腐、保温、油漆等工程作业。

修缮服务,是指对建筑物、构筑物进行修补、加固、养护、改善,使之恢复原来的使用价值或者延长其使用期限的工程作业。

装饰服务，是指对建筑物、构筑物进行修饰装修，使之美观或者具有特定用途的工程作业。

其他建筑服务，是指上列工程作业之外的各种工程作业服务，如钻井（打井）、拆除建筑物或者构筑物、平整土地、园林绿化、疏浚（不包括航道疏浚）、建筑物平移、搭脚手架、爆破、矿山穿孔、表面附着物（包括岩层、土层、沙层等）剥离和清理等工程作业。

5）金融服务

金融服务，是指经营金融保险的业务活动，包括贷款服务、直接收费金融服务、保险服务和金融商品转让。

贷款服务，是指将资金贷给他人使用而取得利息收入的业务活动。

直接收费金融服务，是指为货币资金融通及其他金融业务提供相关服务并且收取费用的业务活动，包括提供货币兑换、账户管理、电子银行、信用卡、信用证、财务担保、资产管理、信托管理、基金管理、金融交易场所（平台）管理、资金结算、资金清算、金融支付等服务。

保险服务，是指投保人根据合同约定，向保险人支付保险费，保险人对于合同约定的可能发生的事故因其发生所造成的财产损失承担赔偿保险金责任，或者当被保险人死亡、伤残、疾病或者达到合同约定的年龄、期限等条件时承担给付保险金责任的商业保险行为，包括人身保险服务和财产保险服务。

金融商品转让，是指转让外汇、有价证券、非货物期货和其他金融商品所有权的业务活动。

6）现代服务

现代服务，是指围绕制造业、文化产业、现代物流产业等提供技术性、知识性服务的业务活动，包括研发和技术服务、信息技术服务、文化创意服务、物流辅助服务、租赁服务、鉴证咨询服务、广播影视服务、商务辅助服务和其他现代服务。

研发和技术服务，包括研发服务、合同能源管理服务、工程勘察勘探服务、专业技术服务。

信息技术服务，是指利用计算机、通信网络等技术对信息进行生产、收集、处理、加工、存储、运输、检索和利用，并提供信息服务的业务活动，包括软件服务、电路设计及测试服务、信息系统服务、业务流程管理服务和信息系统增值服务。

文化创意服务，包括设计服务、知识产权服务、广告服务和会议展览服务。

物流辅助服务，包括航空服务、港口码头服务、货运客运场站服务、打捞救助服务、装卸搬运服务、仓储服务和收派服务。

租赁服务，包括融资租赁服务和经营租赁服务。融资性售后回租不按照本税目缴纳增值税。水路运输的光租业务、航空运输的干租业务，属于经营租赁。光租业务，是指运输企业将船舶在约定的时间内出租给他人使用，不配备操作人员，不承担运输过程中发生的各项费用，只收取固定租赁费的业务活动。干租业务，是指航空运输企业将飞机在约定的时间内出租给他人使用，不配备机组人员，不承担运输过程中发生的各项费用，只收取固定租赁费的业务活动。

鉴证咨询服务，包括认证服务、鉴证服务和咨询服务。

广播影视服务,包括广播影视节目(作品)的制作服务、发行服务和播映(含放映,下同)服务。

商务辅助服务,包括企业管理服务、经纪代理服务、人力资源服务、安全保护服务。

其他现代服务,是指除研发和技术服务、信息技术服务、文化创意服务、物流辅助服务、租赁服务、鉴证咨询服务、广播影视服务和商务辅助服务以外的现代服务。

7)生活服务

生活服务,是指为满足城乡居民日常生活需求提供的各类服务活动,包括文化体育服务、教育医疗服务、旅游娱乐服务、餐饮住宿服务、居民日常服务和其他生活服务。

文化体育服务,包括文化服务和体育服务。

教育医疗服务,包括教育服务和医疗服务。

旅游娱乐服务,包括旅游服务和娱乐服务。

餐饮住宿服务,包括餐饮服务和住宿服务。

居民日常服务,是指主要为满足居民个人及其家庭日常生活需求提供的服务,包括市容市政管理、家政、婚庆、养老、殡葬、照料和护理、救助救济、美容美发、按摩、桑拿、氧吧、足疗、沐浴、洗染、摄影扩印等服务。

其他生活服务,是指除文化体育服务、教育医疗服务、旅游娱乐服务、餐饮住宿服务和居民日常服务之外的生活服务。

4. 销售无形资产

做中学 2-2

销售无形资产,是指转让无形资产所有权或者使用权的业务活动。无形资产,是指不具实物形态,但能带来经济利益的资产,包括技术、商标、著作权、商誉、自然资源使用权和其他权益性无形资产。

5. 销售不动产

销售不动产,是指转让不动产所有权的业务活动。不动产,是指不能移动或者移动后会引起性质、形状改变的财产,包括建筑物、构筑物等。

6. 进口货物

进口货物,是指申报进入中华人民共和国关境内的货物。进口货物必须是办理了报关进口手续。

知新:《财政部 税务总局关于全面推开营业税改征增值税试点的通知》(财税〔2016〕36 号文)关于销售服务、无形资产、不动产注释

7. 视同销售

单位或者个体工商户的下列行为,视同销售货物:

(1)将货物交付其他单位或者个人代销。

(2)销售代销货物。

(3)设有两个以上机构并实行统一核算的纳税人,将货物从一个机构移送其他机构用于销售,但相关机构设在同一县(市)的除外。

(4)将自产、委托加工的货物用于集体福利或者个人消费。

(5)将自产、委托加工或者购进的货物作为投资,提供给其他单位或者个体工商户。

(6)将自产、委托加工或者购进的货物分配给股东或者投资者。

(7)将自产、委托加工或者购进的货物无偿赠送其他单位或者个人。

下列情形视同销售服务、无形资产或者不动产:

做中学 2-3

(1)单位或者个体工商户向其他单位或者个人无偿提供服务,但用于公益事业或者

以社会公众为对象的除外。

（2）单位或者个人向其他单位或者个人无偿转让无形资产或者不动产，但用于公益事业或者以社会公众为对象的除外。

（3）财政部和国家税务总局规定的其他情形。

8. 混合销售

一项销售行为如果既涉及服务又涉及货物，为混合销售。从事货物的生产、批发或者零售的单位和个体工商户的混合销售行为，按照销售货物缴纳增值税；其他单位和个体工商户的混合销售行为，按照销售服务缴纳增值税。

从事货物的生产、批发或者零售的单位和个体工商户，包括以从事货物的生产、批发或者零售为主，并兼营销售服务的单位和个体工商户在内。

9. 兼营行为

纳税人兼营销售货物、劳务、服务、无形资产或者不动产，适用不同税率或者征收率的，应当分别核算适用不同税率或者征收率的销售额；未分别核算的，从高适用税率。

（三）增值税税率和征收率

1. 增值税税率

我国自 2017 年 7 月 1 日起多次下调增值税税率，目前我国增值税税率情况如表 2-1 所示。

表 2-1 增值税税率一览表

序号	税率	适用范围
1	13%税率	纳税人销售货物、劳务、有形动产租赁服务或者进口货物
2	9%税率	纳税人销售交通运输、邮政、基础电信、建筑、不动产租赁服务，销售不动产，转让土地使用权，销售或者进口下列货物： （1）粮食等农产品、食用植物油、食用盐。 （2）自来水、暖气、冷气、热水、煤气、石油液化气、天然气、二甲醚、沼气、居民用煤炭制品。 （3）图书、报纸、杂志、音像制品、电子出版物。 （4）饲料、化肥、农药、农机、农膜。 （5）国务院规定的其他货物
3	6%税率	纳税人销售现代服务（租赁除外）、增值电信服务、金融服务、生活服务、销售无形资产（转让土地使用权除外）
4	零税率	纳税人出口货物，国务院另有规定的除外。境内单位和个人跨境销售国务院规定范围内的服务、无形资产

2. 增值税征收率

增值税征收率为 3%，财政部和国家税务总局另有规定的除外。

部分应税销售行为按 5% 的征收率征收增值税。

做中学 2-4

二、附加税费基本税收政策

（一）城市维护建设税

1. 纳税人

在中华人民共和国境内缴纳增值税、消费税的单位和个人，为城市维护建设税的纳税人。

对进口货物或者境外单位和个人向境内销售劳务、服务、无形资产缴纳的增值税、消费税税额，不征收城市维护建设税。

2. 税率

城市维护建设税税率如下：

（1）纳税人所在地在市区的，税率为7%。

（2）纳税人所在地在县城、镇的，税率为5%。

（3）纳税人所在地不在市区、县城或者镇的，税率为1%。

上述所称纳税人所在地，是指纳税人住所地或者与纳税人生产经营活动相关的其他地点，具体地点由省、自治区、直辖市确定。

知新：城市维护建设税优惠政策

（二）教育费附加

1. 缴费人

凡缴纳增值税、消费税的单位和个人，应当缴纳教育费附加。

2. 教育费附加率

教育费附加率为3%，分别与增值税、消费税同时缴纳。除国务院另有规定者外，任何地区、部门不得擅自提高或者降低教育费附加率。

3. 减免规定

与城市维护建设税减免规定一致。

（三）地方教育附加

1. 缴费人

凡缴纳增值税、消费税的单位和个人，应当缴纳地方教育附加。

2. 征收比率

地方教育附加统一按增值税、消费税实际缴纳税额的2%征收。

3. 减免规定

自2019年1月1日至2023年12月31日，实施扶持自主就业退役士兵创业就业地方教育附加减免。

自2019年1月1日至2025年12月31日，实施支持和促进重点群体创业就业地方教育附加减免。

自2022年1月1日至2024年12月31日，对增值税小规模纳税人、小型微利企业和个体工商户可以在50%的税额幅度内减征地方教育附加。

🛠 任务实施

（1）请判断逸香酒业的经营范围是否属于增值税征税范围：□是　□否

（2）请在表 2-2 中填写逸香酒业不同情形下适用的增值税税率。

表 2-2　逸香酒业增值税税率表

情形	适用的税率	情形	适用的税率
销售白酒		销售高粱	
销售啤酒		提供国内道路运输服务	
销售大米			

（3）请在表 2-3 中填写逸香酒业适用的城市维护建设税、教育费附加、地方教育附加的税率或征收比率。

表 2-3　逸香酒业附加税费表

附加税费	适用的税率（征收比率）
城市维护建设税	
教育费附加	
地方教育附加	

税收热点畅谈

　　习近平总书记在党的二十大报告中指出，支持中小微企业发展。近年来，国家不断出台各项税收优惠政策帮助企业发展。2023 年伊始，财政部、国家税务总局发出公告，明确增值税小规模纳税人减免增值税等政策。请你观看相关新闻后谈谈此公告对支持小微企业发展的重要意义。

新闻：小规模纳税人减免增值税政策

 任务总结

　　在完成上述任务后，请你分享学到的知识或技能。

 任务评价

表2-4 任务评价表　　　　　　　　　　　　　　　　单位:分

项目	评价内容	分值	自评	组评	师评	其他
素养 (20)	到岗出勤	2				
	学习、工作用品准备	2				
	探究问题、积极发言	2				
	按时完成任务	2				
	团队协作	2				
	分析问题、解决问题的能力	2				
	关注财税政策	4				
	高质量发展理念	4				
知识 (30)	增值税的纳税人	5				
	增值税的征税范围	10				
	增值税的税率和征收率	5				
知识 (30)	城市维护建设税的税率	4				
	教育费附加征收率	3				
	地方教育附加征收率	3				
能力 (50)	能划分一般纳税人和小规模纳税人	10				
	能判断纳税人适用的增值税税率	10				
	能判断纳税人适用的城市维护建设税税率	10				
	明确附加税费与增值税的关系	10				
	文字描述准确、语言表达流畅	10				
小计						
总计(评分细则及各主体评分占比,由教师根据教学实际确定)						

 任务拓展

任务二 　管理增值税发票

任务情境

　　为适应税收征管的数字化升级和智能化改造，自 2022 年 11 月 30 日起，全电发票在厦门市的部分纳税人中开展试点。逸香酒业作为试点纳税人，派出王芳参加了主管税务部门开展的全面数字化的电子发票专题培训。王芳在参加培训过程中认真学习，及时记录笔记，梳理各项操作，绘制流程图，在后续的工作中正确开具全电蓝字发票和红字发票，完成全电发票的查验、勾选、入账等工作。

　　开具蓝字全电发票的信息：将杭州传羽烟酒批发有限公司购买的酒类货物从厦门市海沧区运至杭州市滨海区，运输车辆是东风牌货车闽 D52366，运输费不含税金额为 160 000 元。

　　销售给上海市红衣酒业有限公司的梦之光白酒发生退货 50 箱，蓝字发票如图 2-1 所示，上海市红衣酒业有限公司未作用途确认及入账确认。

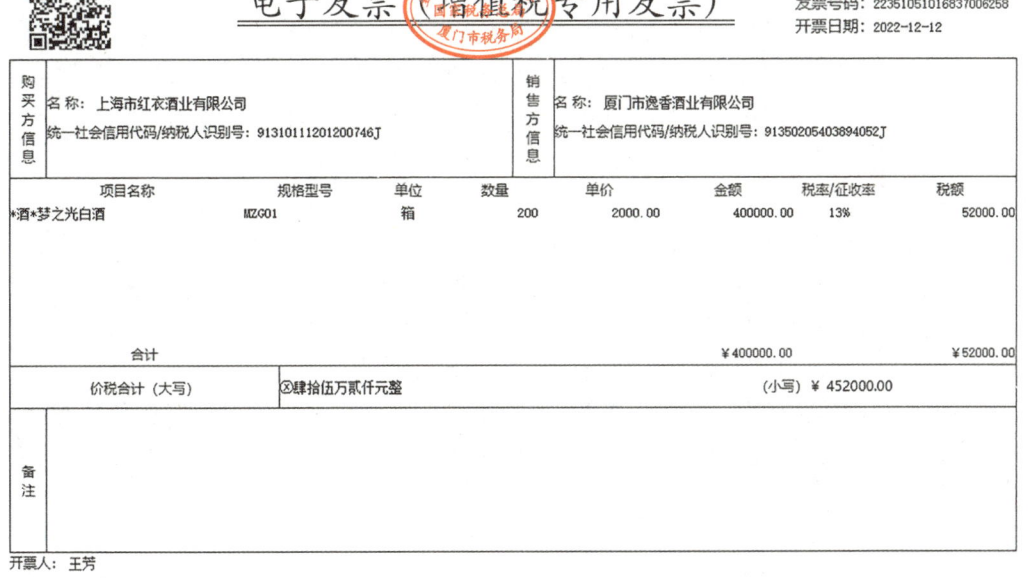

图 2-1　蓝字发票

任务要求

　　如果你是王芳，请完成以下任务：

(1)开具蓝字全电发票。

(2)计算当月剩余可用额度(开具金额总额度为750万元,当月已通过电子发票服务平台开具发票500万元)。

(3)填写红字发票信息确认单。

(4)绘制发票抵扣类勾选确认操作流程图。

(5)绘制发票入账操作流程图。

 **任务准备**

一、增值税发票的种类

根据增值税抵扣凭证可以将增值税发票分为增值税专用发票和增值税普通发票两类。

增值税专用发票,是指增值税一般纳税人销售货物、提供应税劳务、销售服务、无形资产和不动产开具的发票,是购买方支付增值税税额并可按照增值税有关规定据以抵扣增值税进项税额的凭证。增值税专用发票分为纸质发票和电子发票。

增值税普通发票是相对于增值税专用发票而言的,除机动车销售统一发票、农产品销售发票、通行费发票、收费公路通行费增值税电子普通发票,以及国内旅客运输服务的增值税电子普通发票、航空运输电子客票行程单、铁路车票和公路、水路等其他客票外,增值税普通发票不能作为抵扣增值税进项税额的凭证。目前,常用增值税普通发票主要有:增值税纸质普通发票、增值税电子普通发票、机动车销售统一发票、收费公路通行费增值税电子普通发票、增值税普通发票(卷式)增值税普通发票(折叠式)、门票、过路(过桥)费发票、定额发票、二手车销售统一发票和印有本单位名称的增值税普通发票等。

二、全电发票

知新:增值税纸质发票

知新:增值税电子发票

全电发票,是指全面数字化的电子发票,是与纸质发票具有同等法律效力的全新发票,不以纸质形式存在、不用介质开具、不需申请领用,而是将纸质发票的票面信息全面数字化,通过标签管理将多个票种集成归并为电子发票单一票种,设立税务数字账户,实现全国统一赋码、智能赋予发票开具金额总额度、自动流转交付。

全电发票的法律效力、基本用途等与现有纸质发票相同。其中,带有"增值税专用发票"字样的全电发票,其法律效力、基本用途与现有增值税专用发票相同;带有"普通发票"字样的全电发票,其法律效力、基本用途与现有普通发票相同。

(一)推行全电发票的意义

全电发票以要素化数据电文承载交易信息,具备条件的纳税人可以电子化入账,有利于会计核算的全程无纸化,大幅降低纳税人用票成本。

推行全电发票节约大量纸质发票印制成本,减少了票种核定、票量审批等人工干预环节,大幅提升了发票管理效率。

(二)全电发票的优点

1.领票流程更简化

开业开票"无缝衔接"。全电发票实现"去介质",纳税人不再需要预先领取专用税控设备;通过"赋码制"取消特定发票号段申领,发票信息生成后,系统自动分配唯一的发票号码;通过"授信制"自动为纳税人赋予开具金额总额度,实现开票"零前置"。基于此,新办纳税人可实现"开业即可开票"。

2. 开票用票更便捷

一是发票服务"一站式"更便捷。纳税人登录电子发票服务平台后,可进行发票开具、交付、查验以及用途勾选等系列操作,享受"一站式"服务,不再像以前需登录多个平台才能完成相关操作。

二是发票数据应用更广泛。通过"一户式""一人式"发票数据归集,加强各税费数据联动,为实现"一表集成"式税费申报预填服务奠定数据基础。

三是发票使用满足个性业务需求。全电发票破除特定版式要求,增加了 XML 的数据电文格式便利交付,同时保留 PDF、OFD 等格式,降低发票使用成本,提升纳税人用票的便利度和获得感。全电发票样式根据不同业务进行差异化展示,为纳税人提供更优质的个性化服务。

四是纳税服务渠道更畅通。电子发票服务平台提供征纳互动相关功能,如增加智能咨询,纳税人在开票、受票等过程中,平台自动接收纳税人业务处理过程中存在的问题并进行智能答疑;增设异议提交功能,纳税人对开具金额总额度有异议时,可以通过平台向税务机关提出。

3. 入账归档一体化

通过制发电子发票数据规范、出台电子发票国家标准,实现全电发票全流程数字化流转,进一步推进企业和行政事业单位会计核算、财务管理信息化。

(三) 全电发票的开具

全电发票的票面信息包括基本内容和特定内容。全电发票无联次,基本内容主要包括:发票号码、开票日期、购买方信息、销售方信息、项目名称、规格型号、单位、数量、单价、金额、税率/征收率、税额、合计、价税合计(大写、小写)、备注、开票人等。

试点纳税人从事特定行业、发生特定应税行为及特定应用场景业务(包括但不限于稀土、建筑服务、旅客运输服务、货物运输服务、不动产销售、不动产经营租赁服务、农产品收购、光伏收购、代收车船税、自产农产品销售、差额征税等)的,试点纳税人在开具全电发票时,可以按照实际业务开展情况,选择特定业务,将按规定应填写在发票备注等栏次的信息,填写在特定内容栏次,进一步规范发票票面内容,便利纳税人使用。特定业务的全电发票票面按照特定内容展示相应信息,同时票面左上角展示该业务类型的字样。

全电发票通过电子发票服务平台开具,电子发票服务平台支持开具增值税纸质专用发票和增值税纸质普通发票。全电发票的发票号码为20位,其中:第1、第2位代表公历年度后两位,第3、第4位代表省级行政区划代码,第5位代表全电发票开具渠道等信息,第6至第20位代表顺序编码等信息。

知新:全电发票样式

1. 基本要求

销售商品、提供服务以及从事其他经营活动的单位和个人,对外发生经营业务收取款项,收款方应向付款方开具发票;特殊情况下由付款方向收款方开具发票。

在开具发票时,应当按照规定的时限,做到按照号码顺序填开,填写项目齐全,内容真实,字迹清楚。开具发票应当使用中文,民族自治地方可以同时使用当地通用的一种民族文字。任何单位和个人不得有下列虚开发票行为：

（1）为他人、为自己开具与实际经营业务情况不符的发票。

（2）让他人为自己开具与实际经营业务情况不符的发票。

（3）介绍他人开具与实际经营业务情况不符的发票。

2．备注栏注明信息要求

必须在备注栏注明相关信息的经营业务如表 2-5 所示。

表 2-5　特定业务备注栏信息填写要求

序号	业务类型	备注栏信息	文件依据
1	货物运输服务	填写起运地、到达地、车种车号以及运输货物信息等	国家税务总局公告 2015 年第 99 号
2	提供建筑服务	注明建筑服务发生地县（市、区）名称及项目名称	国家税务总局公告 2016 年第 23 号
3	销售不动产	在发票"货物或应税劳务、服务名称"栏填写不动产名称及房屋产权证书号码（无房屋产权证书的可不填写），"单位"栏填写面积单位，备注栏注明不动产的详细地址	国家税务总局公告 2016 年第 23 号
4	出租不动产	注明不动产的详细地址	国家税务总局公告 2016 年第 23 号
5	差额征税开票	自动打印"差额征税"	国家税务总局公告 2016 年第 23 号
6	个人保险代理人汇总代开	备注"个人保险代理人汇总代开"	国家税务总局公告 2016 年第 45 号
7	保险公司代收车船税	注明保险单号、税款所属期（详细至月）、代收车船税金额、滞纳金金额、金额合计等	国家税务总局公告 2016 年第 51 号
8	销售预付卡	注明"收到预付卡结算款"	国家税务总局公告 2016 年第 53 号
9	生产企业代办退税	注明"代办退税专用"	国家税务总局公告 2017 年第 35 号

注：开具特定业务全电发票时，按照上述填写要求，填写在特定内容栏次。

3．开具金额总额度管理

开具金额总额度，是指一个自然月内，试点纳税人发票开具总金额（不含增值税）的上限额度。

（1）试点纳税人通过电子发票服务平台开具的全电发票、纸质专票和纸质普票以及通过增值税发票管理系统开具的纸质专票、纸质普票、增值税普通发票（卷票）、增值税电子专用发票（以下简称电子专票）和增值税电子普通发票，共用同一个开具金额总额度。

（2）税务机关依据试点纳税人的税收风险程度、纳税信用级别、实际经营情况等因素，确定初始开具金额总额度，并进行定期调整、临时调整或人工调整。

定期调整是指电子发票服务平台每月自动对试点纳税人开具金额总额度进行调整。

临时调整是指税收风险程度较低的试点纳税人当月开具发票金额首次达到开具金额

实操：开具
蓝字全电发
票

总额度一定比例时,电子发票服务平台自动为其临时增加一次开具金额总额度。

人工调整是指试点纳税人因实际经营情况发生变化申请调整开具金额总额度,主管税务机关依法依规审核未发现异常的,为纳税人调整开具金额总额度。

(3)试点纳税人在增值税申报期内,完成增值税申报前,在电子发票服务平台中可以在上月剩余可用额度且不超过当月开具金额总额度的范围内开具发票。试点纳税人按规定完成增值税申报且比对通过后,在电子发票服务平台中可以按照当月剩余可用额度开具发票。

【学中做 2-1】A 公司通过电子发票服务平台开具全电发票,同时通过增值税发票管理系统开具纸质专票和纸质普票,2023 年 2 月开具金额总额度为 800 万元。

2023 年 2 月 1 日至 25 日,A 公司领用 10 万元版增值税专用发票 50 份,通过增值税发票管理系统开具了 38 份纸质专票,合计金额 400 万元,通过电子发票服务平台开具全电发票金额 250 万元,则 2 月 25 日后,A 公司的剩余可用额度是多少?

解析:试点纳税人通过电子发票服务平台开具纸质专票和纸质普票时,单份发票开具金额不得超过单份最高开票限额且不得超过当月剩余可用额度,并根据实际开票金额扣除当月剩余可用额度。试点纳税人通过增值税发票管理系统开具的纸质专票、纸质普票、卷式发票、电子专票和电子普票的,在领用发票时按领用份数与单份发票最高开票限额之积扣除当月剩余可用额度,开具时不再扣除当月剩余可用额度。因此,领用的 50 份 10 万元版增值税专用发票应从开具金额总额度中扣除 500 万元(50×10),实际开具的 400 万元不再重复扣除,通过电子发票服务平台开具的发票金额 250 万元开具时从总额度中扣除。

剩余可用额度 = 800 - 500 - 250 = 50(万元)

4. 开具红字发票

试点纳税人发生开票有误、销货退回、服务中止、销售折让等情形,需要通过电子发票服务平台开具红字全电发票或红字纸质发票的,按以下规定执行:

(1)受票方未进行用途确认及入账确认的,开票方填开《红字发票信息确认单》(以下简称《确认单》)后全额开具红字全电发票或红字纸质发票,无须受票方确认。

(2)受票方已进行用途确认或入账确认的,开票方或受票方可以填开《确认单》,经对方确认后,开票方依据《确认单》开具红字发票。

(3)受票方已将发票用于增值税申报抵扣的,应当暂依《确认单》所列增值税税额从当期进项税额中转出,待取得开票方开具的红字发票后,与《确认单》一并作为记账凭证。

(4)试点纳税人通过电子发票服务平台开具的全电发票或纸质发票已用于申请出口退税、代办退税的,暂不允许开具红字发票。

知新:《红字发票信息确认单》

(四)全电发票的查验

查验发票的真伪是使用发票的首要内容,单位和个人可以通过全国增值税发票查验平台(https://inv-veri.chinatax.gov.cn)查验全电发票信息。同时,试点纳税人还可以通过电子发票服务平台查验全电发票信息。

实操:开具红字全电发票

(五)全电发票的用途确认

试点纳税人可以通过电子发票服务平台税务数字账户使用增值税发票综合服务平台具备的发票用途确认、风险提示、信息下载等功能。

　　试点纳税人取得通过电子发票服务平台开具的带有"增值税专用发票"字样的全电发票、带有"普通发票"字样的全电发票、纸质专票和纸质普票等符合规定的增值税扣税凭证,如需用于申报抵扣增值税进项税额或申请出口退税、代办退税的,应当通过电子发票服务平台税务数字账户或增值税发票综合服务平台确认用途。非试点纳税人继续通过增值税发票综合服务平台使用相关增值税扣税凭证功能,取得通过电子发票服务平台开具的带有"增值税专用发票"字样的全电发票、带有"普通发票"字样的全电发票、纸质专票和纸质普票等符合规定的增值税扣税凭证,用于申报抵扣增值税进项税额或申请出口退税、代办退税的,应通过增值税发票综合服务平台确认用途。

（六）全电发票的入账归档

　　试点纳税人可通过电子发票服务平台税务数字账户标记发票入账标识,纳税人使用该功能时,系统将同步为发票赋予入账状态字样,供财务人员及时查验,避免重复报销入账。纳税人以全电发票报销入账归档的,按照财政和档案部门的相关规定执行。纳税人可以根据《财政部 国家档案局关于规范电子会计凭证报销入账归档的通知》第三条、第五条的规定,仅使用全电发票电子件进行报销入账归档的,可不再另以纸质形式保存。纳税人如果需要以全电发票的纸质打印件作为报销入账归档依据的,应当同时保存全电发票电子件。

实操:发票勾选确认

实操:发票入账

任务实施

　　（1）请将开具的蓝字全电发票补充完整,如图2-2所示。

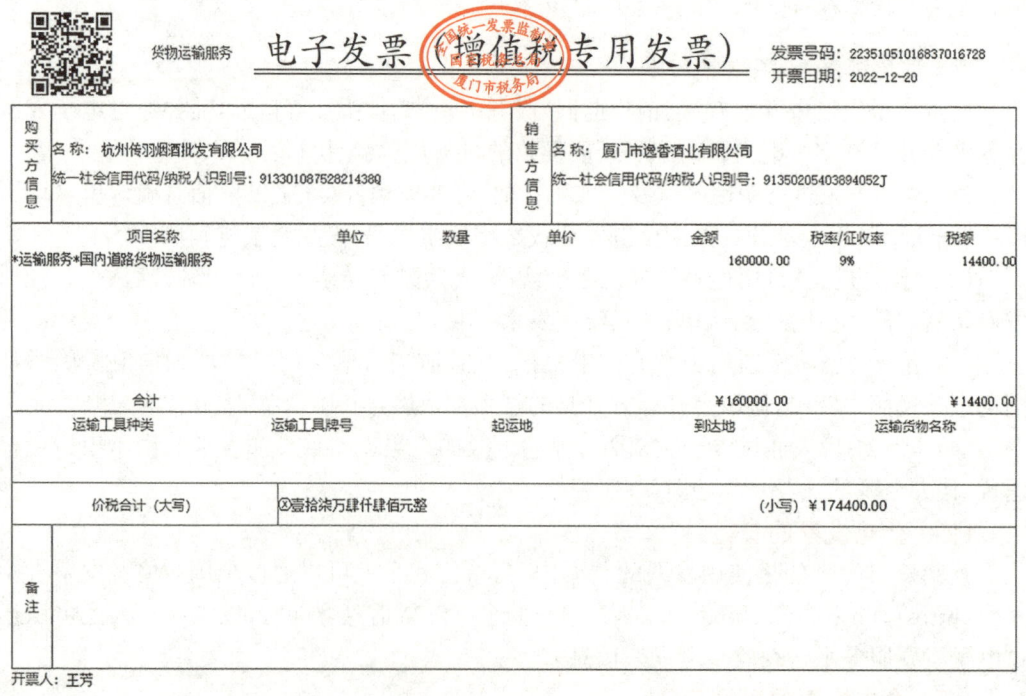

图2-2　蓝字发票

（2）请将当月剩余可用额度的计算过程写到下面的横线上。

_____

_____

（3）请填写《红字发票信息确认单》，如表 2-6 所示。

表 2-6 红字发票信息确认单

填开日期：2023 年 01 月 18 日

销售方	纳税人名称（销方）		购买方	纳税人名称（购方）		
	统一社会信用代码/纳税人识别号（销方）			统一社会信用代码/纳税人识别号（购方）		
开具红字发票确认信息内容	项目名称	数量	单价	金额	税率/征收率	税额
	合计	—	—		—	
	一、录入方身份：　1. 销售方 □　2. 购买方 □ 二、冲红原因：　1. 开票有误 □　2. 销货退回 □　3. 服务中止 □　4.销售折让 □ 三、对应蓝字发票抵扣增值税销项税额情况： 　1. 已抵扣 □　2. 未抵扣 □ 　对应蓝字发票的代码：_____ 号码：_____ 四、是否涉及数量（仅限成品油、机动车等业务填写） 　涉及销售数量 □　仅涉及销售金额 □						
红字发票信息确认单编号	系统自动生成					

（4）请绘制发票抵扣类勾选确认操作流程图。

（5）请绘制发票入账操作流程图。

税收热点畅谈

青年强，则国家强。新时代的青年要讲诚信，财税人员更要讲诚信，坚决杜绝虚开发票行为。请你观看"虚开发票案"后谈谈虚开发票的危害。

新闻：虚开
发票案

任务总结

在完成上述任务后,请你分享学到的知识或技能。

任务评价

表 2-7 任务评价表   单位:分

项目	评价内容	分值	自评	组评	师评	其他
素养 (20)	到岗出勤	2				
	学习、工作用品准备	2				
	探究问题、积极发言	2				
	按时完成任务	2				
	团队协作	2				
	分析问题、解决问题的能力	2				
	关注财税政策	2				
	数字化理念	3				
	诚信意识	3				
知识 (30)	发票的种类	2				
	发票开具要求	4				
	发票开具金额总额度	6				
	开具红字发票的情形	5				
	发票查验的规定	5				
	发票的用途确认	5				
	发票的入账归档	3				
能力 (50)	正确开具蓝字发票	8				
	正确开具红字发票	8				
	会使用开票金额总额度	8				
	会进行发票查验	8				
	会进行发票用途确认	8				
能力 (50)	会进行发票入账归档	5				
	文字描述准确、语言表达流畅	5				
小计						
总计(评分细则及各主体评分占比,由教师根据教学实际确定)						

任务拓展

对比纸质发票和全电发票。

知新:纸质
发票 vs 全电
发票

任务情境

逸香酒业采用投入产出法计算农产品增值税进项税额,2022 年 12 月发生的经济业务如下。

(1) 业务 1 的发票如图 2-3 所示。

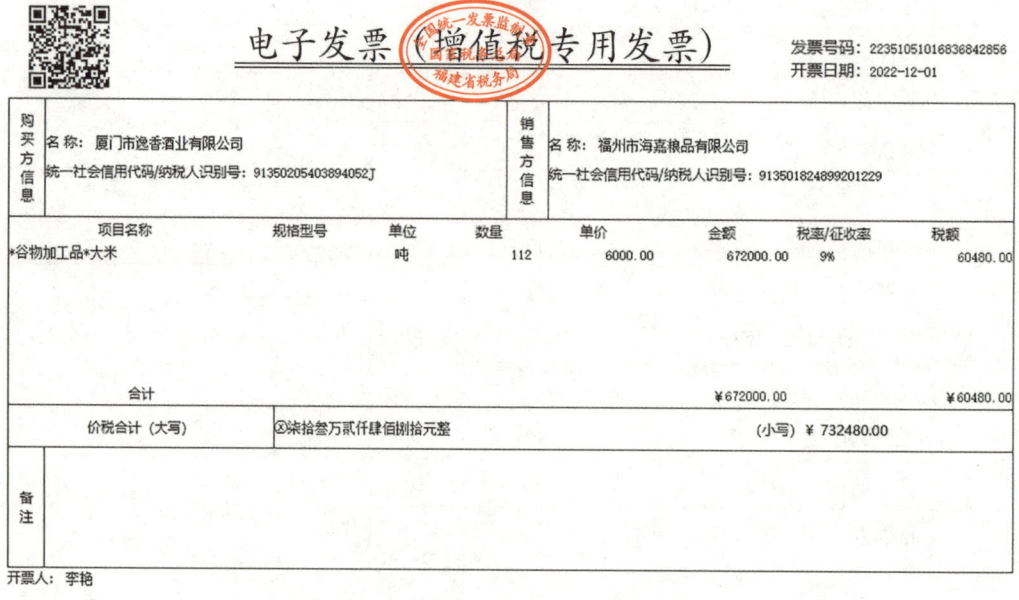

图 2-3　电子发票(增值税专用发票)1

（2）业务 2 的发票如图 2-4 所示。

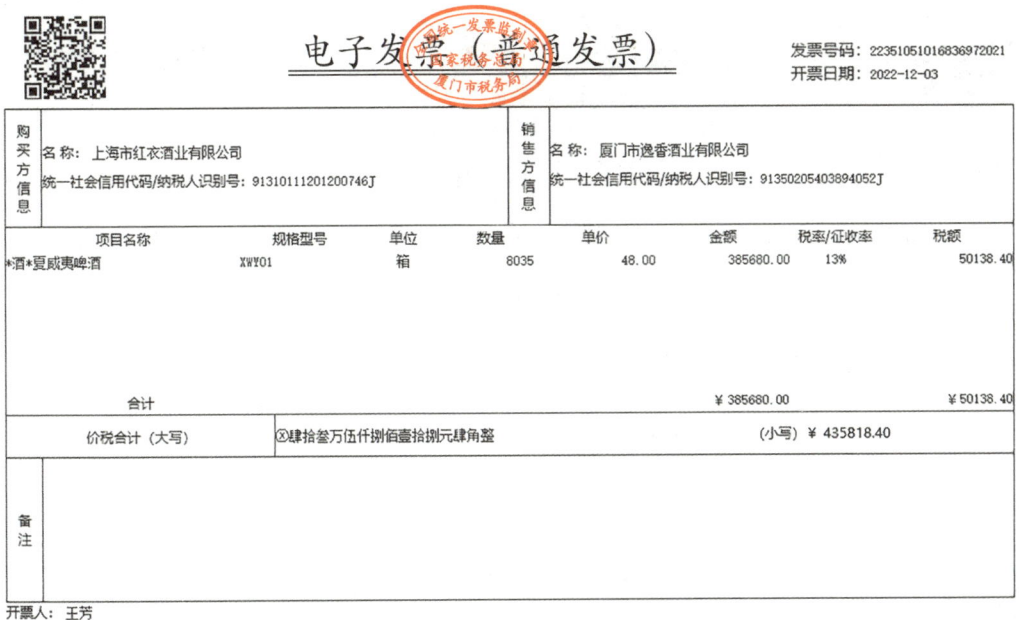

图 2-4 电子发票(普通发票)1

（3）业务 3 的发票如图 2-5 所示。

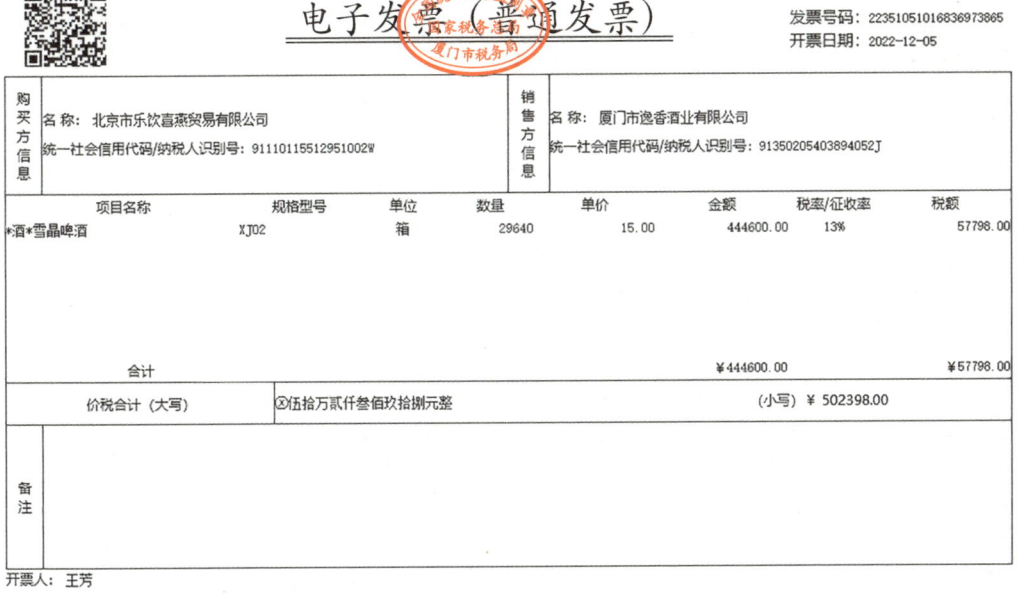

图 2-5 电子发票(普通发票)2

（4）业务4的发票如图2-6所示。

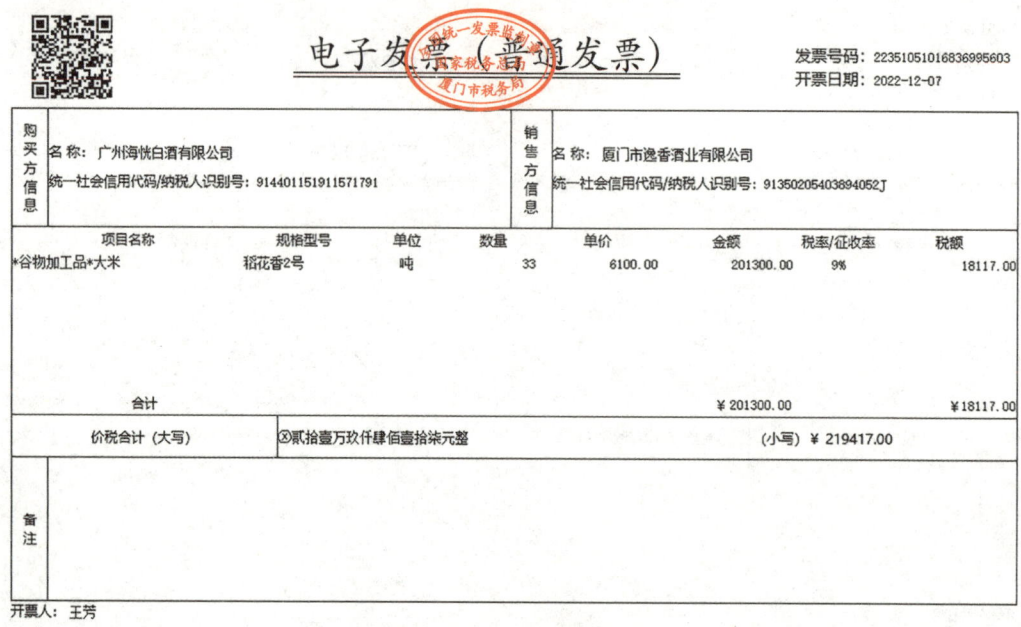

图 2-6　电子发票(普通发票)3

（5）业务5的发票如图2-7所示。

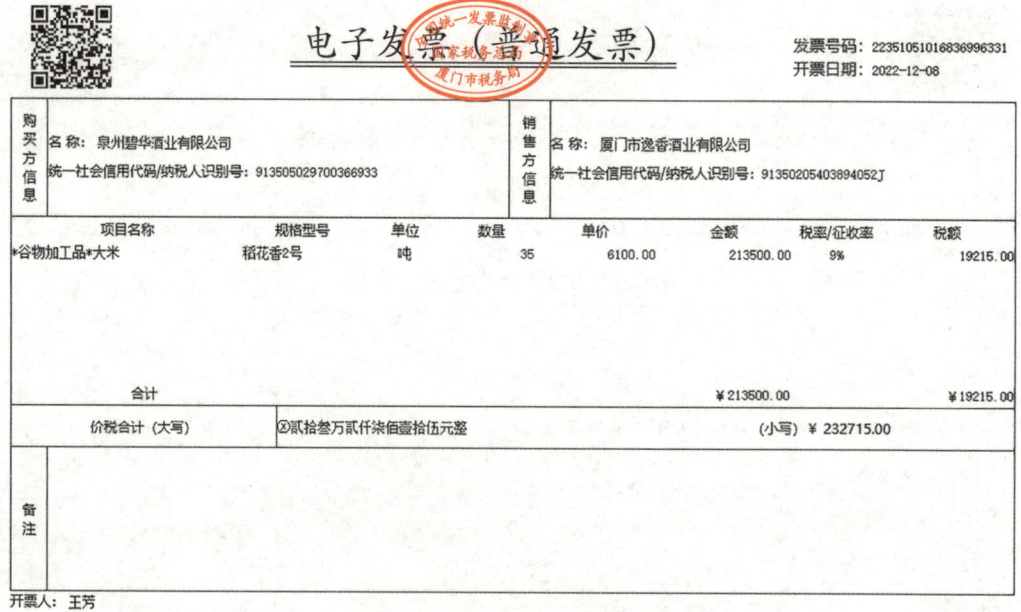

图 2-7　电子发票(普通发票)4

（6）业务6的发票如图2-8所示。

图2-8 电子发票(增值税专用发票)2

（7）业务7的发票如图2-9所示。

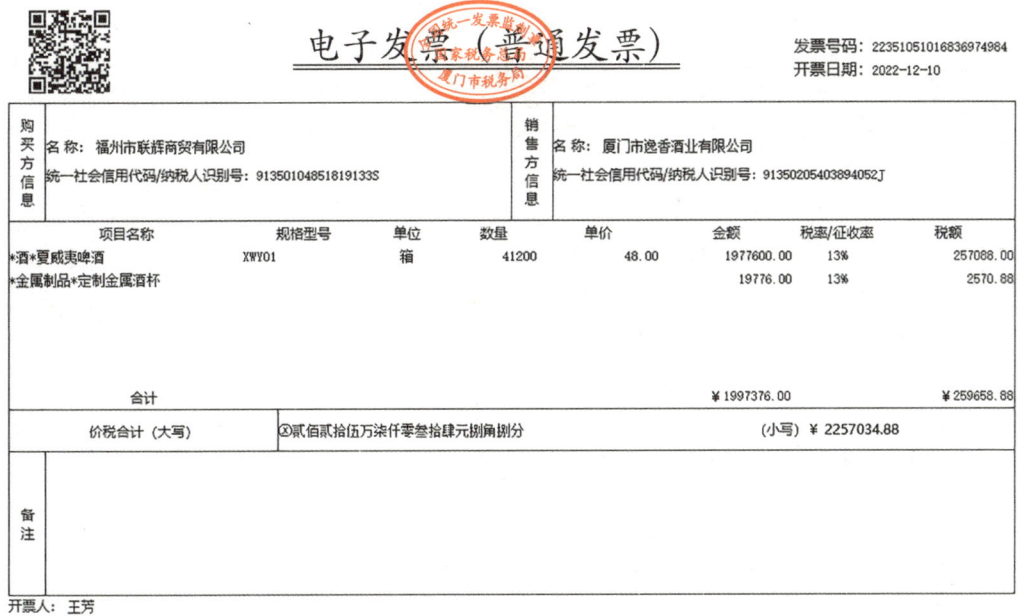

图2-9 电子发票(普通发票)5

（8）业务 8 的发票如图 2-10 所示。

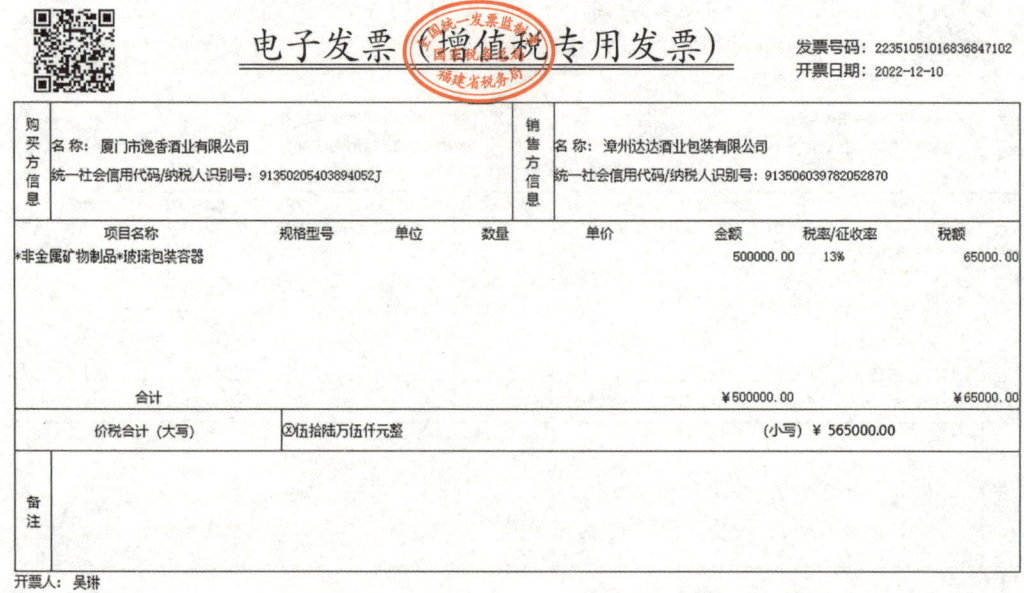

电子发票（增值税专用发票）

发票号码：22351051016836846365
开票日期：2022-12-10

购买方信息	名 称：厦门市逸香酒业有限公司 统一社会信用代码/纳税人识别号：91350205403894052J			销售方信息	名 称：福州小宇酒业包装有限公司 统一社会信用代码/纳税人识别号：91350111081617115H			
项目名称	规格型号	单位	数量	单价	金额	税率/征收率	税额
*纸制品*包装箱					300000.00	13%	39000.00
合计					￥300000.00		￥39000.00
价税合计（大写）	㊣叁拾叁万玖仟元整				（小写）￥ 339000.00		
备注							

开票人：林宇

图 2-10　电子发票(增值税专用发票)3

（9）业务 9 的发票如图 2-11 所示。

电子发票（增值税专用发票）

发票号码：22351051016836847102
开票日期：2022-12-10

购买方信息	名 称：厦门市逸香酒业有限公司 统一社会信用代码/纳税人识别号：91350205403894052J			销售方信息	名 称：漳州达达酒业包装有限公司 统一社会信用代码/纳税人识别号：9135060397 82052870			
项目名称	规格型号	单位	数量	单价	金额	税率/征收率	税额
*非金属矿物制品*玻璃包装容器					500000.00	13%	65000.00
合计					￥500000.00		￥65000.00
价税合计（大写）	㊣伍拾陆万伍仟元整				（小写）￥ 565000.00		
备注							

开票人：吴琳

图 2-11　电子发票(增值税专用发票)4

（10）业务 10 的发票如图 2-12 所示。

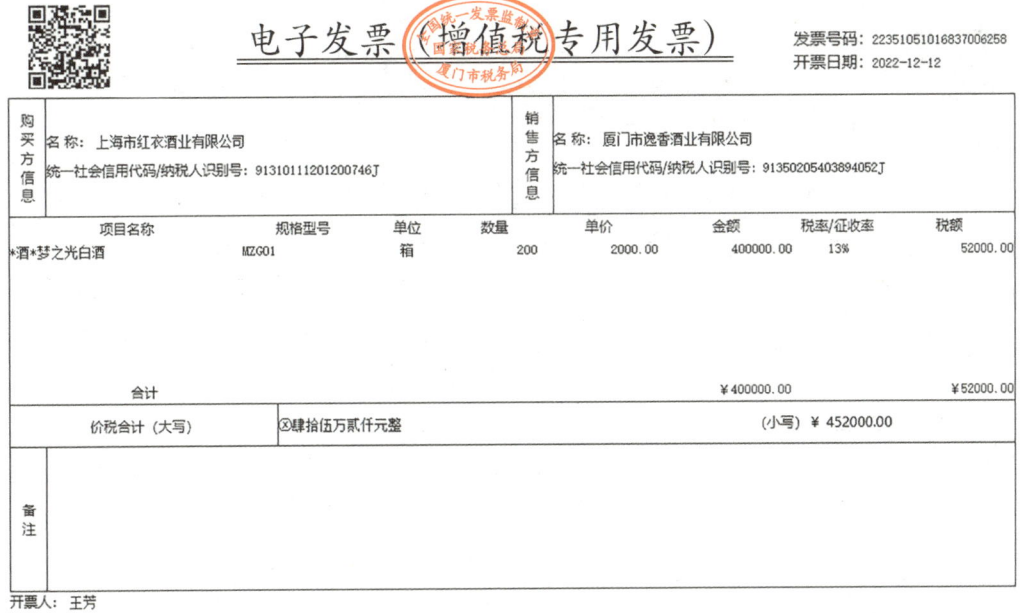

图 2-12　电子发票(增值税专用发票)5

（11）业务 11 的发票如图 2-13 所示。

电子发票（增值税专用发票）

发票号码：22351051016837006258
开票日期：2022-12-12

购买方信息	名　称：上海市红衣酒业有限公司
	统一社会信用代码/纳税人识别号：91310111201200746J

销售方信息	名　称：厦门市逸香酒业有限公司
	统一社会信用代码/纳税人识别号：913502054038940552J

项目名称	规格型号	单位	数量	单价	金额	税率/征收率	税额
*酒*梦之光白酒	MZG01	箱	200	2000.00	400000.00	13%	52000.00
合计					¥400000.00		¥52000.00

价税合计（大写）	⊗肆拾伍万贰仟元整	（小写）¥ 452000.00

备注	

开票人：王芳

图 2-13　电子发票(增值税专用发票)6

（12）业务 12 的发票如图 2-14 所示。

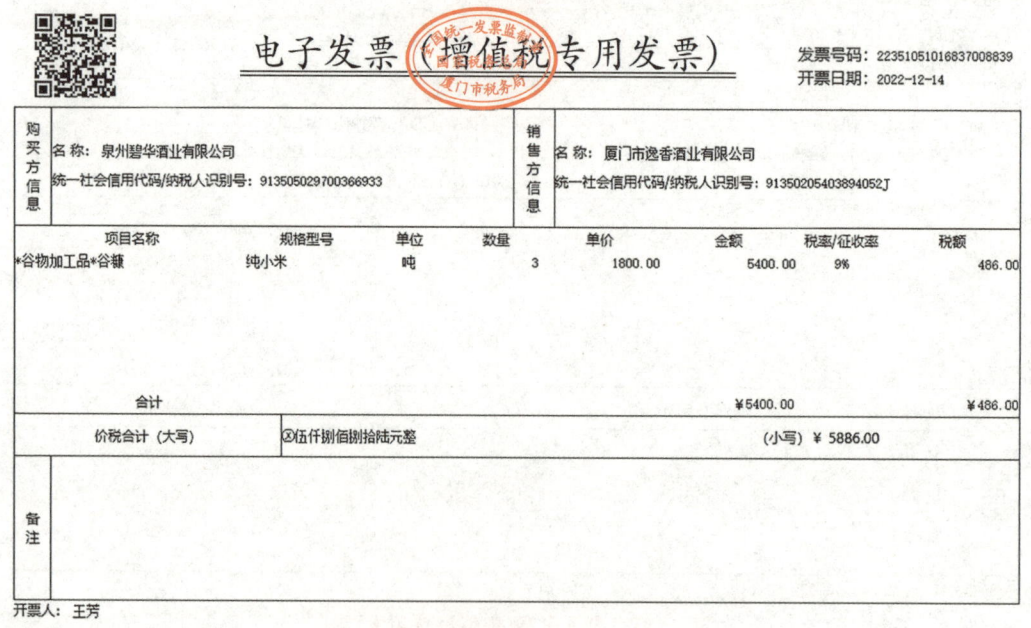

发票号码：						22351051016837007742	
开票日期：						2022-12-13	

电子发票（增值税专用发票）

购买方信息　名称：厦门旺海粮食批发有限公司
统一社会信用代码/纳税人识别号：913502038340074444W

销售方信息　名称：厦门市逸香酒业有限公司
统一社会信用代码/纳税人识别号：91350205403894052J

项目名称	规格型号	单位	数量	单价	金额	税率/征收率	税额
*谷物加工品*谷糠	纯小米	吨	2	1800.00	3600.00	9%	324.00
合计					¥3600.00		¥324.00

价税合计（大写）　⊗叁仟玖佰贰拾肆元整　　　　（小写）¥3924.00

备注

开票人：王芳

图 2-14　电子发票(增值税专用发票)7

（13）业务 13 的发票如图 2-15 所示。

电子发票（增值税专用发票）

发票号码：22351051016837008839
开票日期：2022-12-14

购买方信息　名称：泉州碧华酒业有限公司
统一社会信用代码/纳税人识别号：91350502970036693J

销售方信息　名称：厦门市逸香酒业有限公司
统一社会信用代码/纳税人识别号：91350205403894052J

项目名称	规格型号	单位	数量	单价	金额	税率/征收率	税额
*谷物加工品*谷糠	纯小米	吨	3	1800.00	5400.00	9%	486.00
合计					¥5400.00		¥486.00

价税合计（大写）　⊗伍仟捌佰捌拾陆元整　　　　（小写）¥5886.00

备注

开票人：王芳

图 2-15　电子发票(增值税专用发票)8

（14）业务 14 的发票如图 2-16 所示。

电子发票（增值税专用发票）

发票号码：22351051016836848389
开票日期：2022-12-12

购买方信息	名称：厦门市逸香酒业有限公司 统一社会信用代码/纳税人识别号：91350205403894052J	销售方信息	名称：漳州市百佳粮品有限公司 统一社会信用代码/纳税人识别号：913506814892656651

项目名称	规格型号	单位	数量	单价	金额	税率/征收率	税额
*谷物加工品*大米		吨	100	6000.00	600000.00	9%	54000.00
合计					¥600000.00		¥54000.00
价税合计（大写）	⊗陆拾伍万肆仟元整				（小写）¥ 654000.00		
备注							

开票人：季云

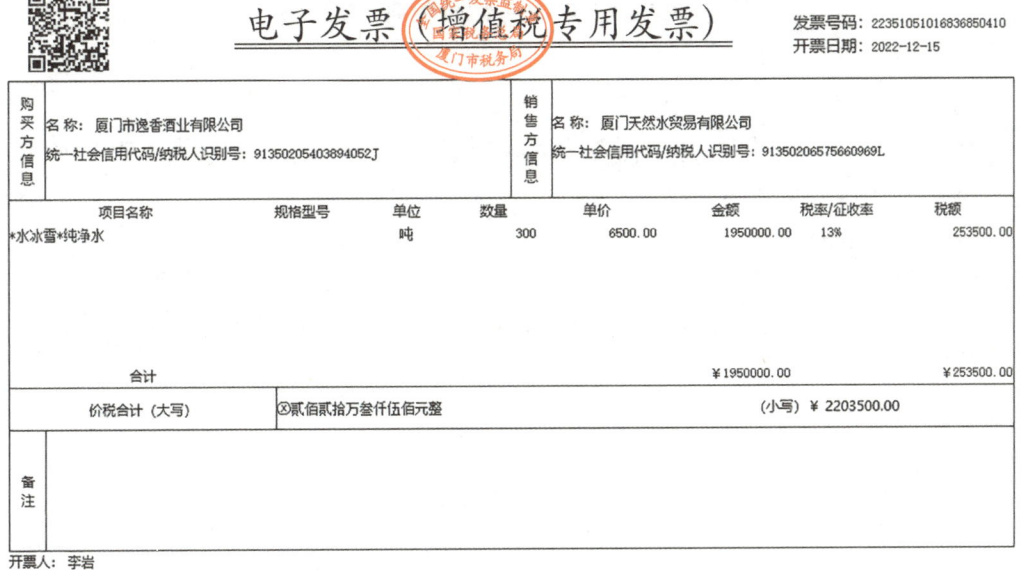

图 2-16　电子发票(增值税专用发票)9

（15）业务 15 的发票如图 2-17 所示。

电子发票（增值税专用发票）

发票号码：22351051016836850410
开票日期：2022-12-15

购买方信息	名称：厦门市逸香酒业有限公司 统一社会信用代码/纳税人识别号：91350205403894052J	销售方信息	名称：厦门天然水贸易有限公司 统一社会信用代码/纳税人识别号：91350206575660969L

项目名称	规格型号	单位	数量	单价	金额	税率/征收率	税额
*水冰雪*纯净水		吨	300	6500.00	1950000.00	13%	253500.00
合计					¥1950000.00		¥253500.00
价税合计（大写）	⊗贰佰贰拾万叁仟伍佰元整				（小写）¥ 2203500.00		
备注							

开票人：李岩

图 2-17　电子发票(增值税专用发票)10

（16）业务 16 的发票如图 2-18、图 2-19、图 2-20、图 2-21 所示。

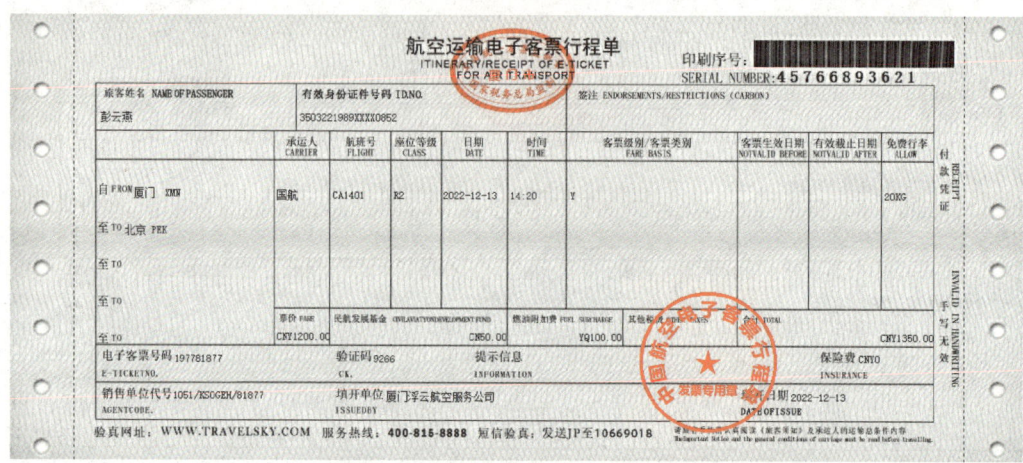

图 2-18 航空运输电子客票行程单

图 2-19 火车票

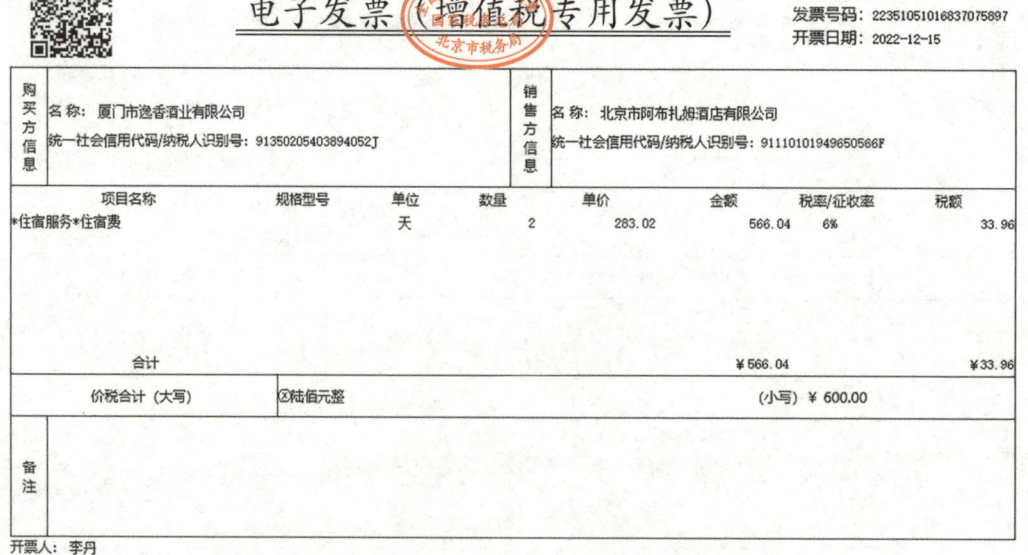

图 2-20 电子发票(增值税专用发票)11

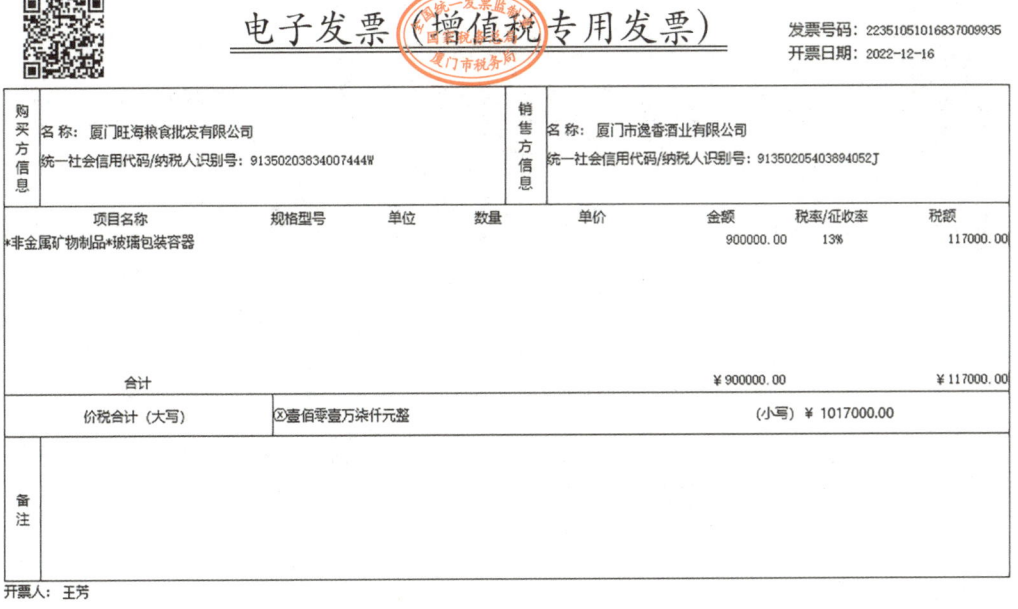

图 2-21　电子发票(普通发票)6

（17）业务 17 的发票如图 2-22 所示。

电子发票（增值税专用发票）

发票号码：22351051016837009935
开票日期：2022-12-16

购买方信息	名称：厦门旺海粮食批发有限公司				销售方信息	名称：厦门市逸香酒业有限公司			
	统一社会信用代码/纳税人识别号：91350203834007444W					统一社会信用代码/纳税人识别号：91350205403894052J			

项目名称	规格型号	单位	数量	单价	金额	税率/征收率	税额
*非金属矿物制品*玻璃包装容器					900000.00	13%	117000.00
合计					￥900000.00		￥117000.00

价税合计（大写）	⊗壹佰零壹万柒仟元整	（小写）￥1017000.00

备注	

开票人：王芳

图 2-22　电子发票(增值税专用发票)12

（18）业务 18 的发票如图 2-23 所示。

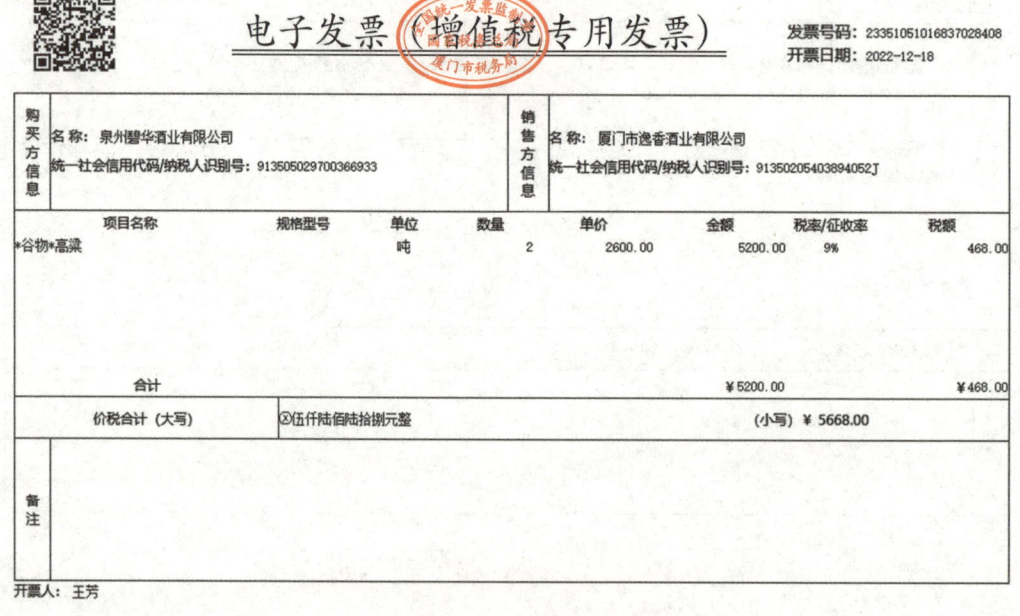

项目名称	规格型号	单位	数量	单价	金额	税率/征收率	税额
*纸制品*包装箱					900000.00	13%	117000.00

电子发票（增值税专用发票）

发票号码：22351051016837012560
开票日期：2022-12-17

购买方信息
名 称：漳州达达酒业包装有限公司
统一社会信用代码/纳税人识别号：913506039782052870

销售方信息
名 称：厦门市逸香酒业有限公司
统一社会信用代码/纳税人识别号：91350205403894052J

合计 ￥900000.00 ￥117000.00

价税合计（大写）　㊀壹佰零壹万染仟元整　（小写）￥1017000.00

备注

开票人：王芳

图 2-23　电子发票(增值税专用发票)13

（19）业务 19 的发票如图 2-24 所示。

电子发票（增值税专用发票）

发票号码：23351051016837028408
开票日期：2022-12-18

购买方信息
名 称：泉州慧华酒业有限公司
统一社会信用代码/纳税人识别号：913505029700366933

销售方信息
名 称：厦门市逸香酒业有限公司
统一社会信用代码/纳税人识别号：91350205403894052J

项目名称	规格型号	单位	数量	单价	金额	税率/征收率	税额
*谷物*高粱		吨	2	2600.00	5200.00	9%	468.00

合计 ￥5200.00 ￥468.00

价税合计（大写）　㊀伍仟陆佰陆拾捌元整　（小写）￥5668.00

备注

开票人：王芳

图 2-24　电子发票(增值税专用发票)14

（20）业务 20 的发票如图 2-25 所示。

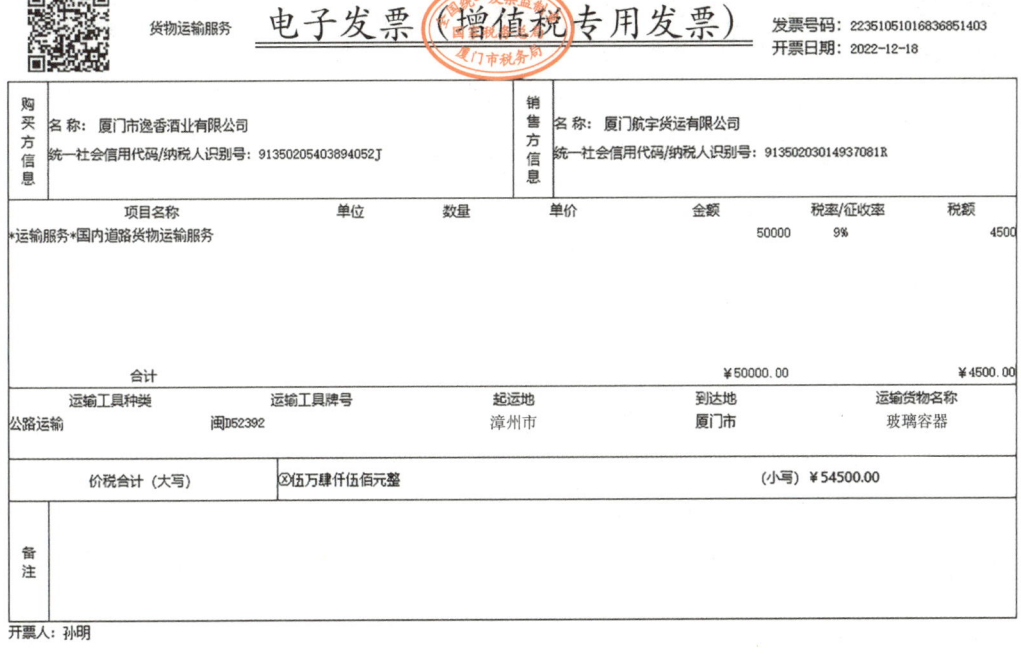

图 2-25 电子发票(增值税专用发票)15

（21）业务 21 的发票如图 2-26 所示。

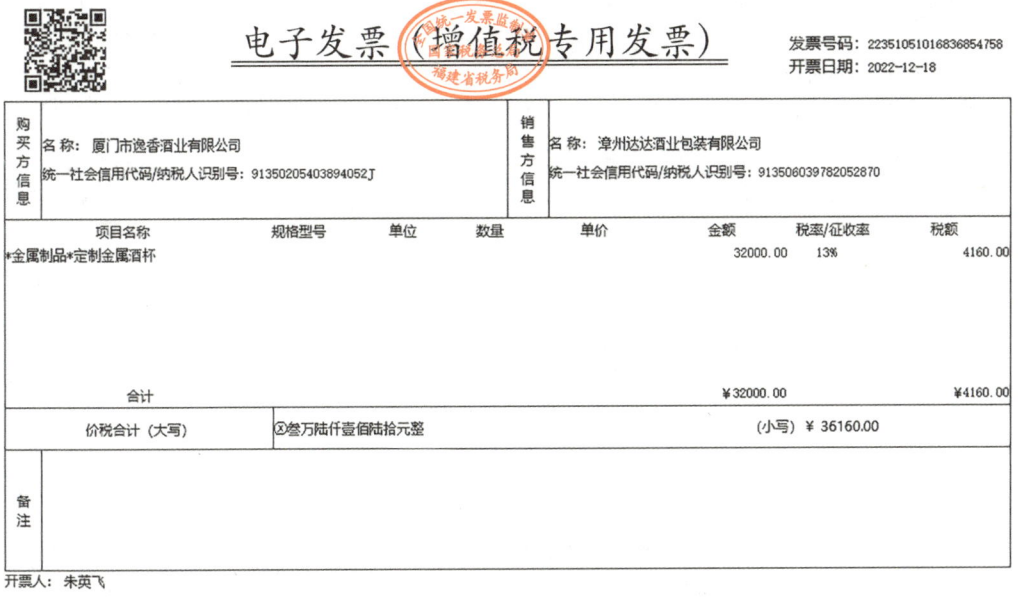

图 2-26 电子发票(增值税专用发票)16

（22）业务22的发票如图2-27所示。

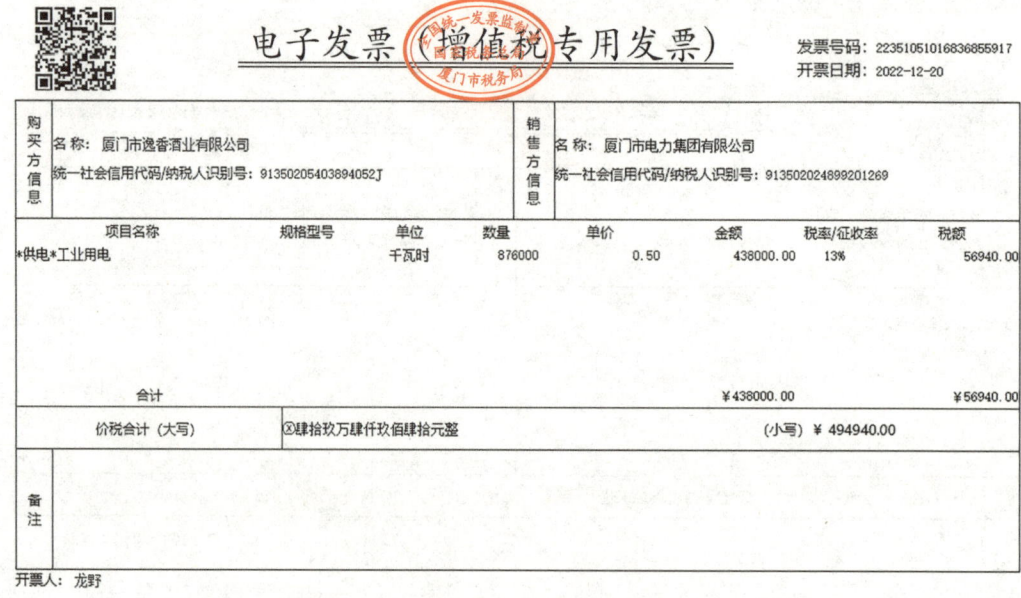

电子发票（增值税专用发票）

发票号码：22351051016836855118
开票日期：2022-12-19

购买方信息	名 称： 厦门市逸香酒业有限公司 统一社会信用代码/纳税人识别号：91350205403894052J					销售方信息	名 称： 厦门润华燃气有限公司 统一社会信用代码/纳税人识别号：913502123775233268			
项目名称	规格型号	单位	数量	单价	金额	税率/征收率	税额
*液化天然气*液化天然气		吨	100	4600.00	460000.00	9%	41400.00
合计					¥460000.00		¥41400.00
价税合计（大写）	⊗伍拾万壹仟肆佰元整					(小写) ¥501400.00	
备注							

开票人：华敏

图2-27　电子发票(增值税专用发票)17

（23）业务23的发票如图2-28所示。

电子发票（增值税专用发票）

发票号码：22351051016836855917
开票日期：2022-12-20

购买方信息	名 称： 厦门市逸香酒业有限公司 统一社会信用代码/纳税人识别号：91350205403894052J					销售方信息	名 称： 厦门市电力集团有限公司 统一社会信用代码/纳税人识别号：913502024899201269			
项目名称	规格型号	单位	数量	单价	金额	税率/征收率	税额
*供电*工业用电		千瓦时	876000	0.50	438000.00	13%	56940.00
合计					¥438000.00		¥56940.00
价税合计（大写）	⊗肆拾玖万肆仟玖佰肆拾元整					(小写) ¥494940.00	
备注							

开票人：龙野

图2-28　电子发票(增值税专用发票)18

（24）业务 24 的发票如图 2-29 所示。

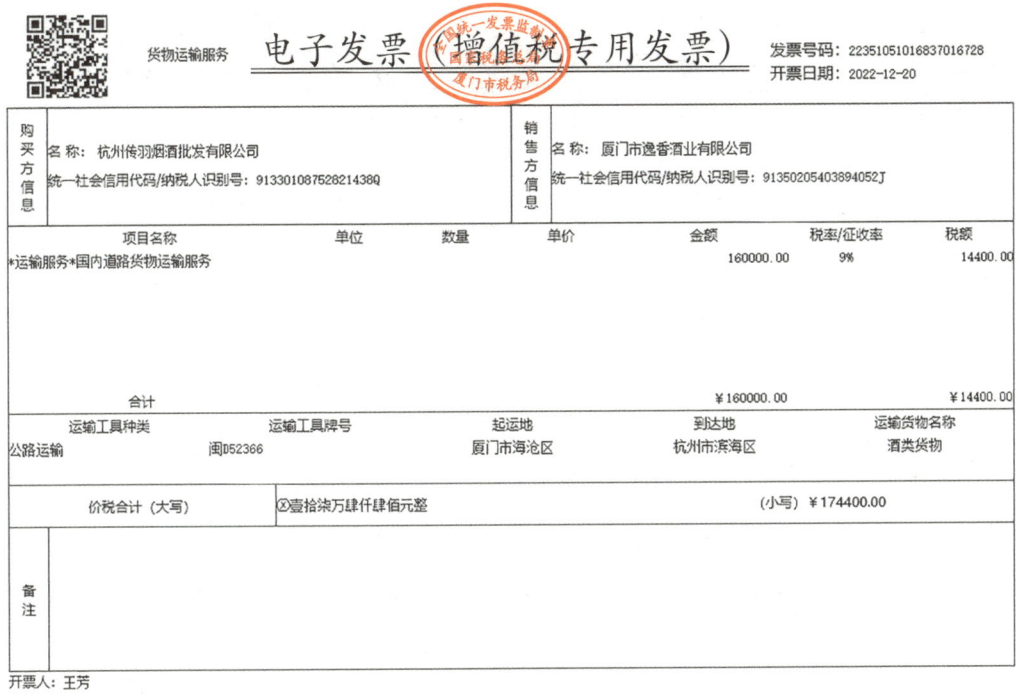

货物运输服务　电子发票（增值税专用发票）

发票号码：22351051016837016728
开票日期：2022-12-20

| 购买方信息 | 名　称：杭州传羽烟酒批发有限公司 |
| | 统一社会信用代码/纳税人识别号：913301087528214380 |

| 销售方信息 | 名　称：厦门市逸香酒业有限公司 |
| | 统一社会信用代码/纳税人识别号：91350205403894052J |

项目名称	单位	数量	单价	金额	税率/征收率	税额
*运输服务*国内道路货物运输服务				160000.00	9%	14400.00
合计				¥160000.00		¥14400.00

运输工具种类	运输工具牌号	起运地	到达地	运输货物名称
公路运输	闽D52366	厦门市海沧区	杭州市滨海区	酒类货物

| 价税合计（大写） | ⊗壹拾柒万肆仟肆佰元整 | （小写）¥174400.00 |

| 备注 | |

开票人：王芳

图 2-29　电子发票（增值税专用发票）19

（25）业务 25 的发票如图 2-30 所示。

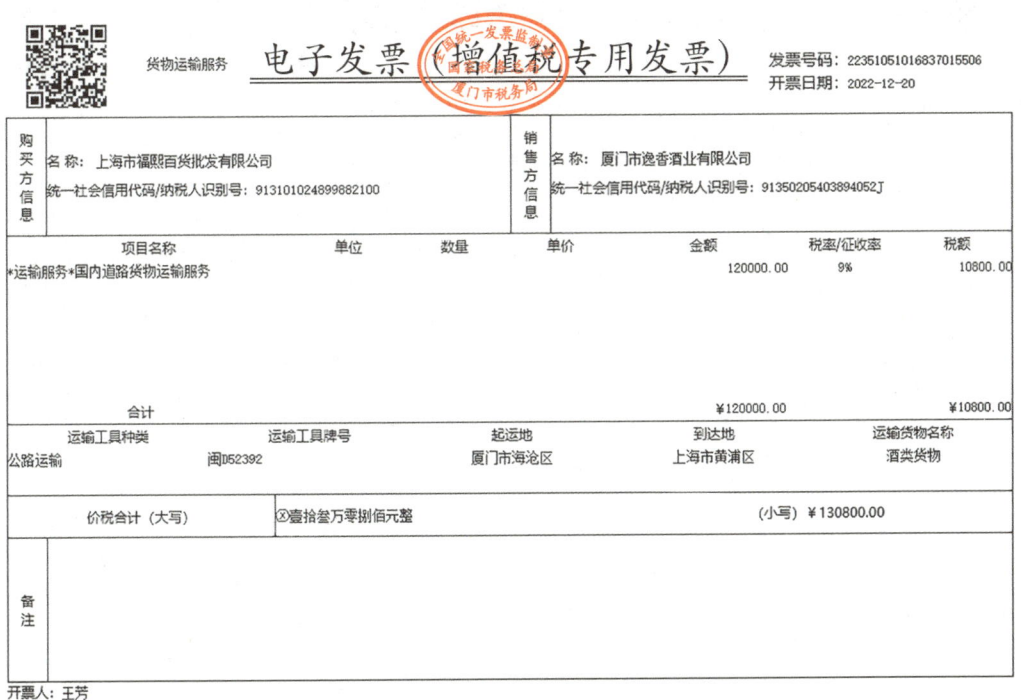

货物运输服务　电子发票（增值税专用发票）

发票号码：22351051016837015506
开票日期：2022-12-20

| 购买方信息 | 名　称：上海市福熙百货批发有限公司 |
| | 统一社会信用代码/纳税人识别号：913101024899882100 |

| 销售方信息 | 名　称：厦门市逸香酒业有限公司 |
| | 统一社会信用代码/纳税人识别号：91350205403894052J |

项目名称	单位	数量	单价	金额	税率/征收率	税额
*运输服务*国内道路货物运输服务				120000.00	9%	10800.00
合计				¥120000.00		¥10800.00

运输工具种类	运输工具牌号	起运地	到达地	运输货物名称
公路运输	闽D52392	厦门市海沧区	上海市黄浦区	酒类货物

| 价税合计（大写） | ⊗壹拾叁万零捌佰元整 | （小写）¥130800.00 |

| 备注 | |

开票人：王芳

图 2-30　电子发票（增值税专用发票）20

（26）业务 26 的发票如图 2-31 所示。

电子发票（增值税专用发票）

发票号码：22351051016836856465
开票日期：2022-12-21

购买方信息	销售方信息
名称：厦门市逸香酒业有限公司 统一社会信用代码/纳税人识别号：91350205403894052J	名称：厦门市水务集团有限公司 统一社会信用代码/纳税人识别号：913501024899201277

项目名称	规格型号	单位	数量	单价	金额	税率/征收率	税额
*水冰雪*工业用水		吨	19250	3.30	63525.00	9%	5717.25
合计					¥63525.00		¥5717.25
价税合计（大写）	⊗陆万玖仟贰佰肆拾贰元贰角伍分				（小写）¥69242.25		
备注							

开票人：张纪云

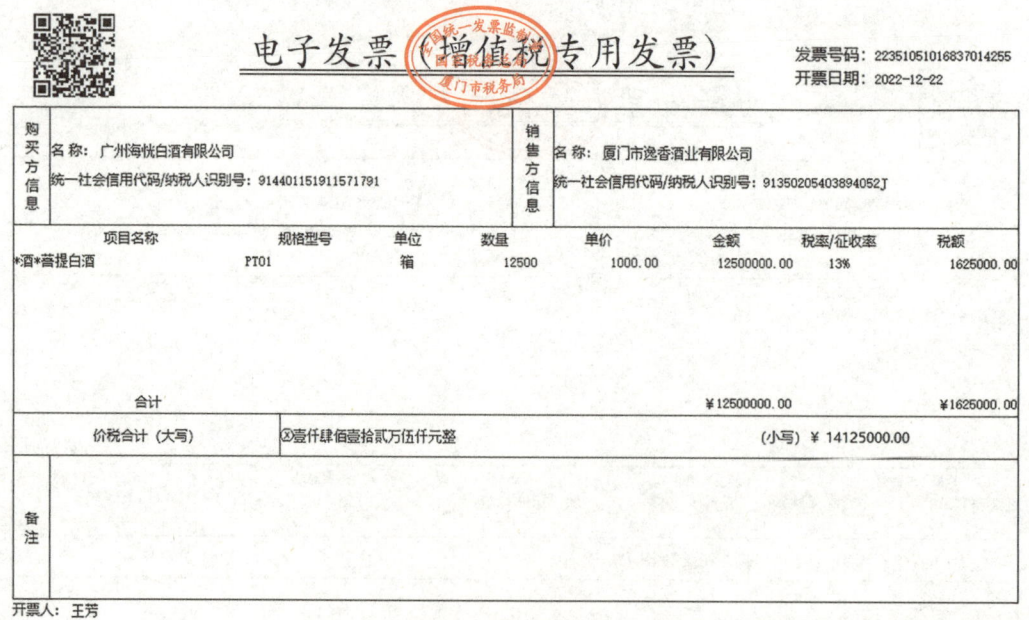

图 2-31　电子发票（增值税专用发票）21

（27）业务 27 的发票如图 2-32 所示。

电子发票（增值税专用发票）

发票号码：22351051016837014255
开票日期：2022-12-22

购买方信息	销售方信息
名称：广州海忱白酒有限公司 统一社会信用代码/纳税人识别号：914401151911571791	名称：厦门市逸香酒业有限公司 统一社会信用代码/纳税人识别号：91350205403894052J

项目名称	规格型号	单位	数量	单价	金额	税率/征收率	税额
*酒*菩提白酒	PT01	箱	12500	1000.00	12500000.00	13%	1625000.00
合计					¥12500000.00		¥1625000.00
价税合计（大写）	⊗壹仟肆佰壹拾贰万伍仟元整				（小写）¥14125000.00		
备注							

开票人：王芳

图 2-32　电子发票（增值税专用发票）22

（28）业务 28 的发票如图 2-33 所示。

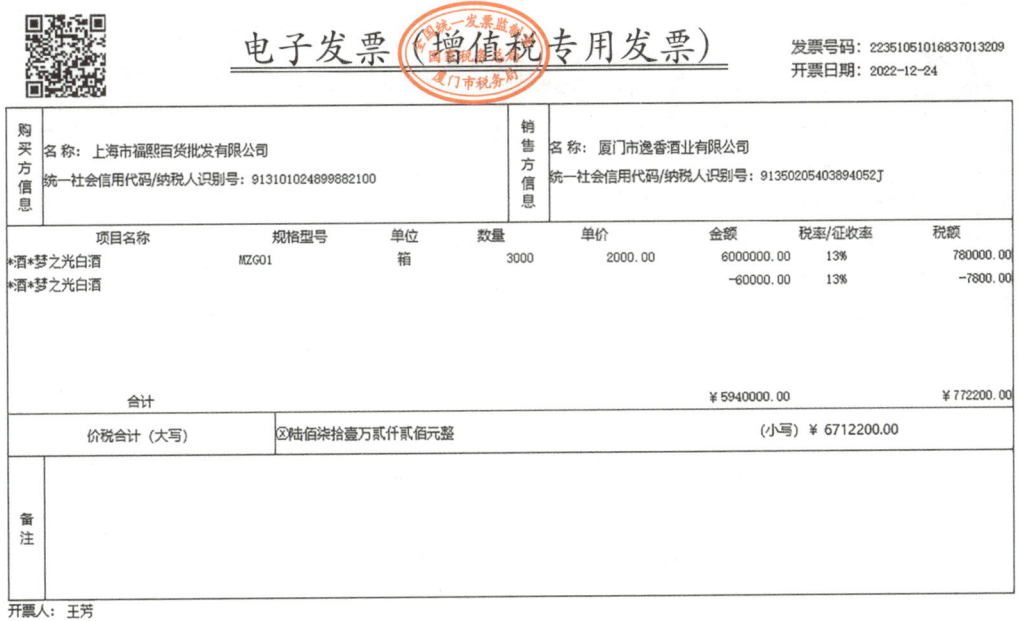

图 2-33　电子发票（增值税专用发票）23

（29）业务 29 的原始单据如图 2-34 所示。

图 2-34　海关进口增值税专用缴款书

（30）业务 30 的发票如图 2-35 所示。

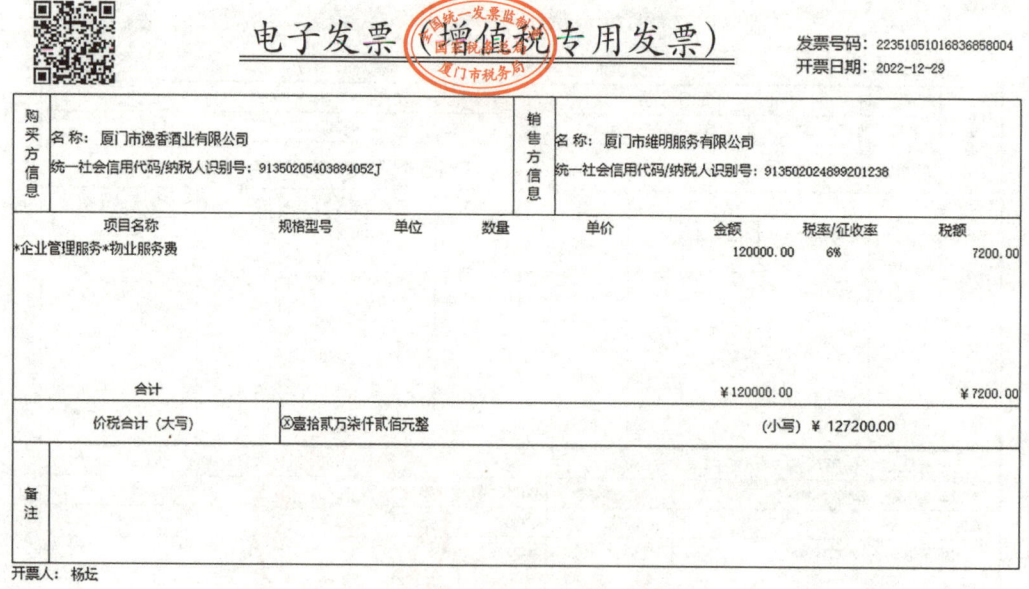

图 2-35　电子发票(增值税专用发票)24

（31）业务 31 的发票如图 2-36 所示。

电子发票(增值税专用发票)

发票号码：22351051016836858004
开票日期：2022-12-29

购买方信息	名　称：厦门市逸香酒业有限公司 统一社会信用代码/纳税人识别号：91350205403894052J	销售方信息	名　称：厦门市维明服务有限公司 统一社会信用代码/纳税人识别号：913502024899201238

项目名称	规格型号	单位	数量	单价	金额	税率/征收率	税额
*企业管理服务*物业服务费					120000.00	6%	7200.00
合计					￥120000.00		￥7200.00

价税合计（大写）	⊗壹拾贰万柒仟贰佰元整	（小写）￥127200.00

备注

开票人：杨坛

图 2-36　电子发票(增值税专用发票)25

（32）业务32的发票如图2-37所示。

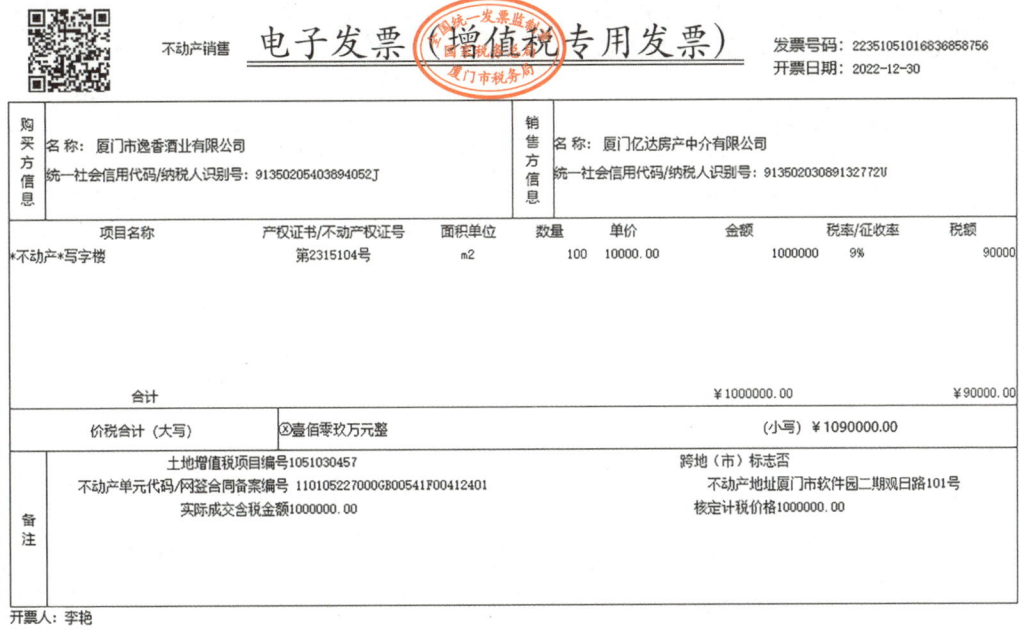

图 2-37　电子发票(增值税专用发票)26

（33）业务33的发票如图2-38所示。

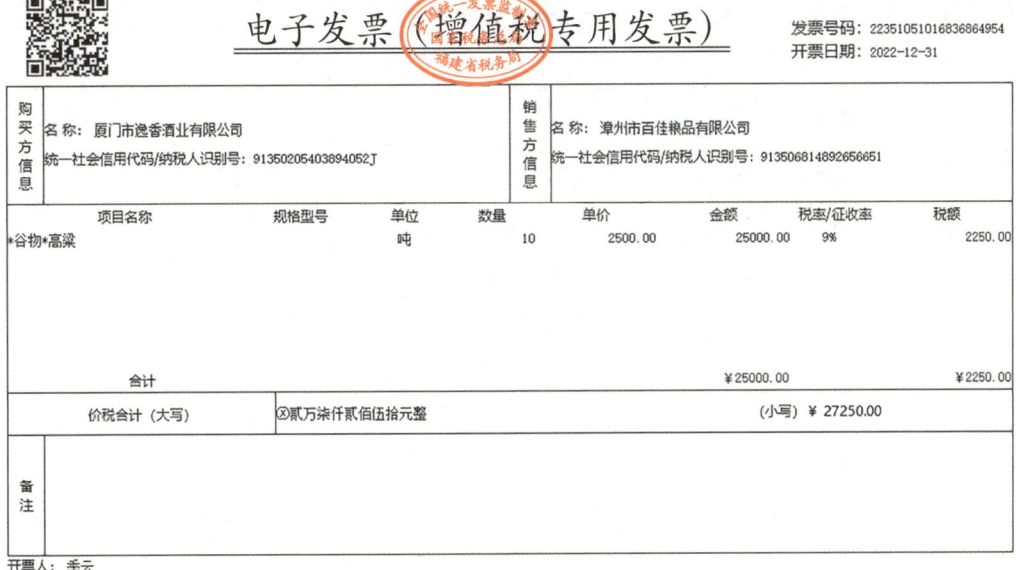

图 2-38　电子发票(增值税专用发票)27

（34）业务 34 的发票如图 2-39 所示。

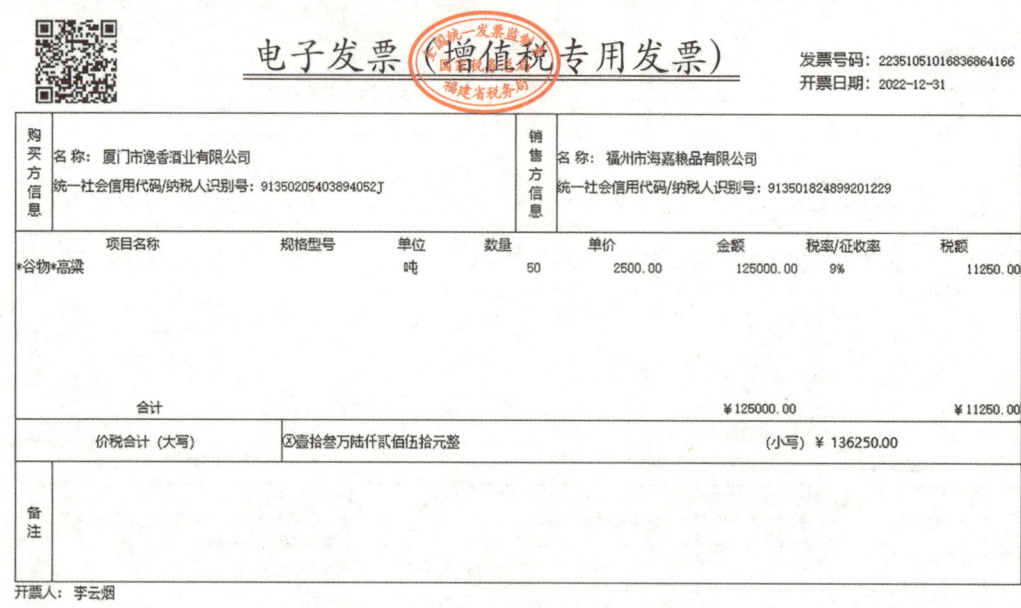

图 2-39　电子发票(增值税专用发票)28

（35）12 月份,逸香酒业销售酒糟取得收入 504 000 元,应客户要求未开具增值税发票,生产酒糟涉及的原材料如图 2-40 所示。

生产酒糟涉及的原材料统计表

开票情况	应税项目	应税项目代码	金额	税率	税额	备注
增值税专用发票	*谷物加工品*大米	10301020101	1272000.00	9%	114480.00	
增值税专用发票	*谷物加工品*谷糠	103010202	16000.00	9%	1440.00	
增值税专用发票	*谷物*高粱	101010105	150000.00	9%	13500.00	
增值税专用发票	*液化天然气*液化天然气	10301020101	460000.00	9%	41400.00	
增值税专用发票	*供电*工业用电	110010102	438000.00	13%	56940.00	
增值税专用发票	*水冰雪*工业用水	110030101	63525.00	9%	5717.25	
增值税专用发票	*水冰雪*纯净水	1100399	1950000.00	13%	253500.00	
合计			4349525.00		486977.25	

图 2-40　生产酒糟涉及的原材料统计表

（36）12 月份,逸香酒业将自行生产的不含税价格为 100 000 元的菩提白酒和不含税价格为 7 920 元的夏威夷啤酒用于招待客户,未开具增值税发票,菩提白酒和夏威夷啤酒成本合计 90 000 元。

逸香酒业 12 月份取得的符合增值税抵扣规定的发票均在当月通过电子发票服务平台税务数字账户进行了勾选确认抵扣。应纳的增值税于 2023 年 1 月如实缴纳。

王芳根据本月发生的经济业务计算增值税销项税额、进项税额和应纳税额以及应纳的附加税费并作出相应的会计处理。

 **任务要求**

如果你是王芳,请完成以下任务:

(1) 分析业务 36 的增值税处理。

(2) 分别将用于计算销项税额和进项税额的业务进行归类。

(3) 计算 12 月份的销项税额。

(4) 分析业务 35 的增值税处理。

(5) 采用投入产出法计算农产品可以抵扣的进项税额。

(6) 计算 12 月份的进项税额。

(7) 计算 12 月份增值税应纳税额并作出会计处理。

(8) 计算 12 月份应纳的附加税费并作出会计处理

 **任务准备**

增值税的计税方法,包括一般计税方法和简易计税方法。一般纳税人发生应税行为适用一般计税方法计税。一般纳税人发生财政部和国家税务总局规定的特定应税行为,可以选择适用简易计税方法计税,但一经选择,36 个月内不得变更。小规模纳税人发生应税行为适用简易计税方法计税。

境外单位或者个人在境内发生应税行为,在境内未设有经营机构的,扣缴义务人按照下列公式计算应扣缴税额:

$$应扣缴税额 = 购买方支付的价款 \div (1 + 税率) \times 税率$$

一、一般计税方法计算增值税

一般计税方法的应纳税额为当期销项税额抵扣当期进项税额后的余额。应纳税额的计算公式如下:

$$应纳税额 = 当期销项税额 - 当期进项税额$$

当期销项税额小于当期进项税额不足抵扣时,其不足部分可以结转下期继续抵扣。

因此,一般计税方法计算增值税的应纳税额关键在于确定当期的销项税额和当期的进项税额。

(一) 计算销项税额

纳税人发生应税销售行为,按照销售额和规定的增值税税率计算收取的增值税税额,为销项税额。销项税额的计算公式如下:

$$销项税额 = 销售额 \times 税率$$

纳税人采用销售额和销项税额合并定价方法的,按照下列公式计算销售额:

$$销售额 = 含税销售额 \div (1 + 税率)$$

在税率既定情况下,计算销项税额关键在于确定销售额。

1. 一般规定

销售额为纳税人发生应税销售行为收取的全部价款和价外费用,但是不包括收取的销项税额。价外费用,是指价外收取的各种性质的收费,包括价外向购买方收取的手续费、补贴、基金、集资费、返还利润、奖励费、违约金、滞纳金、延期付款利息、赔偿金、代收款项、代垫款项、包装费、包装物租金、储备费、优质费、运输装卸费以及其他各种性质的价外收费。但下列项目不包括在内:

(1) 受托加工应征消费税的消费品所代收代缴的消费税。

(2) 同时符合以下条件的代垫运输费用:①承运部门的运输费用发票开具给购买方的;②纳税人将该项发票转交给购买方的。

(3) 同时符合以下条件代为收取的政府性基金或者行政事业性收费:①由国务院或者财政部批准设立的政府性基金,由国务院或者省级人民政府及其财政、价格主管部门批准设立的行政事业性收费;②收取时开具省级以上财政部门印制的财政票据;③所收款项全额上缴财政。

(4) 销售货物的同时代办保险等而向购买方收取的保险费,以及向购买方收取的代购买方缴纳的车辆购置税、车辆牌照费。

销售额以人民币计算。纳税人按照人民币以外的货币结算销售额的,应当折合成人民币计算,折合率可以选择销售额发生的当天或者当月1日的人民币汇率中间价。纳税人应当在事先确定采用何种折合率,确定后12个月内不得变更。

纳税人发生应税销售行为的价格明显偏低并无正当理由的,由主管税务机关核定其销售额。

知新:增值税会计处理规定

【学中做2-2】 甲公司为增值税一般纳税人,适用税率为13%,2022年12月份销售A产品,不含税价款为10 000元,款项尚未收到。其代垫运输费为1 000元,运输费用发票开具给购买方。请计算甲公司应确认的销项税额,并作出会计处理。

解析:销项税额 = 10 000×13% = 1 300(元)

增值税一般纳税人应在"应交增值税"明细账内设置"进项税额""销项税额抵减""已交税金""转出未交增值税""减免税款""出口抵减内销产品应纳税额""销项税额""出口退税""进项税额转出""转出多交增值税"等专栏。其中,"销项税额"专栏,记录一般纳税人销售货物、加工修理修配劳务、服务、无形资产或不动产应收取的增值税税额。其会计处理如下:

借:应收账款 12 300
　　贷:主营业务收入 10 000
　　　　应交税费——应交增值税(销项税额) 1 300
　　　　银行存款 1 000

2. 折扣销售

折扣销售,是指销售方在发生应税销售行为时,因购买方需求量大等原因给予的价格方面的优惠。纳税人发生折扣销售行为,将价款和折扣额在同一张发票上分别注明的,以折扣后的价款为销售额;未在同一张发票上分别注明的,以价款为销售额,不得扣减折扣额。

3. 销售折扣

销售折扣(现金折扣)通常是销售方为了及时收回货款而给予购货方的折扣优待,发生在销货之后,现金折扣不得从销售额中减除。

4. 销货退回或销售折让

一般纳税人因销售退回或者折让而退还给购买方的增值税税额,应从发生销售退回或者折让当期的销项税额中扣减。一般纳税人开具增值税专用发票后,发生销售退回或折让情形,应按国家税务总局的规定开具红字增值税专用发票。未按规定开具红字增值税专用发票的,增值税税额不得从销项税额中扣减。

【学中做 2-3】甲公司为增值税一般纳税人,增值税税率为 13%,2022 年 12 月销售给乙公司 10 000 件 A 产品,每件不含税价格为 20 元。由于乙公司购买数量多,甲公司给予其原价 7 折的优惠,折扣额与销售额开在同一张发票上,在"金额"栏中注明折扣额,并提供"1/10,N/20"的销售折扣(合同约定折扣按不含税价款计算),乙公司于 10 日内付款。请计算甲公司此项业务的销项税额并作出会计处理。

解析:销项税额 = 20 × 10 000 × 70% × 13% = 18 200(元)。

对于折扣销售,销售额和折扣额在同一发票的"金额"栏注明,可以按照折扣后的金额计算销售额,而现金折扣属于一种融资性质的理财费用,不得从销售额中扣减。其会计处理如下:

销售时:

借:应收账款	158 200	
贷:主营业务收入		140 000
应交税费——应交增值税(销项税额)		18 200

收到款项时:

借:银行存款	144 200	
财务费用	14 000	
贷:应收账款		158 200

5. 以旧换新

以旧换新,是指销售方折价收回同类旧货物,并以折价款部分冲减货物价款的一种销售方式。纳税人采取以旧换新方式销售货物的(金银首饰除外)应按新货物的同期销售价格确定销售额。

6. 还本销售

还本销售,是指销售方将货物出售之后,按约定的时间,一次或分次将购货款部分或全部退还给购买方,退还的货款即还本支出。纳税人采取还本销售货物的,不得从销售额中减除还本支出。

7. 以物易物

以物易物,是指购销双方不是以货币结算,而是以同等价款的货物相互结算,实现货物购销的一种方式。以物易物双方作购销处理,以各自发出的货物核算销售额并计算销项税额,以各自收到的货物核算购货额及进项税额,并且双方应各自开具合法的票据。

8. 包装物押金

纳税人为销售货物而出租出借包装物收取的押金,单独记账的,时间在 1 年内又未过期的,不并入销售额征税。对逾期未收回不再退还的包装物押金,应按所包装货物的适用税率计算纳税。逾期,是指按合同约定实际逾期或以 1 年(12 个月)为期限,对收取 1 年以上的押金,无论是否退还均并入销售额征税。押金属于含税收入,应先将其换算为不含税销售额再并入销售额征税。另外,包装物押金与包装物租金不同,包装物租金属于价外费用,在收取时并入销售额征税。

对销售除啤酒、黄酒以外的其他酒类产品收取的包装物押金,无论是否返还以及会计上如何核算,均应并入当期销售额征税。

【学中做 2-4】甲啤酒厂为增值税一般纳税人,2022 年 12 月销售啤酒取得不含税销售额 100 万元,已开具增值税专用发票,收取包装物押金 11.3 万元,款项已存入银行,本月逾期未退还包装物押金 22.6 万元。请计算 2022 年 12 月该啤酒厂增值税销项税额并作出会计处理。

解析:啤酒包装物押金在 1 年内未过期的,不并入销售额征税,在逾期时才缴纳增值税,因此销售时收取的 11.3 万元押金,不并入当期销售额,而逾期未退换的包装物押金22.6 万元,应并入当期的销售额。

当期销售额 $=100+22.6\div(1+13\%)=120(万元)$

当期销项税额 $=120\times13\%=15.6(万元)$

其会计处理如下:

借:银行存款	1 243 000	
贷:主营业务收入		1 000 000
应交税费——应交增值税(销项税额)		130 000
其他应付款		113 000
借:其他应付款	226 000	
贷:其他业务收入		200 000
应交税费——应交增值税(销项税额)		26 000

9. 核定销售额

纳税人发生应税行为价格明显偏低或者偏高且不具有合理商业目的的,或者发生视同销售行为而无销售额的,主管税务机关有权按照下列顺序确定销售额:

(1)按照纳税人最近时期销售同类服务、无形资产或者不动产的平均价格确定。

(2)按照其他纳税人最近时期销售同类服务、无形资产或者不动产的平均价格确定。

(3)按照组成计税价格确定。组成计税价格的公式如下:

$$组成计税价格 = 成本\times(1+成本利润率)$$

成本利润率由国家税务总局确定。

不具有合理商业目的,是指以谋取税收利益为主要目的,通过人为安排,减少、免除、推迟缴纳增值税税款,或者增加退还增值税税款。

【学中做 2-5】某手机生产厂商为增值税一般纳税人,2022 年 12 月将自产的新款手机作为福利发给公司职工。该批手机制造成本(不含税)20 万元,成本利润率为 10%,无同类销售价格。请计算发给职工的手机应纳的增值税销项税额并作出会计处理。

解析:组成计税价格 = 20×(1 + 10%) = 22(万元)

销项税额 = 22×13% = 2.86(万元)

其会计处理如下:

借:应付职工薪酬——非货币性福利　　　　　　　　　　　　　　248 600
　　贷:主营业务收入　　　　　　　　　　　　　　　　　　　　220 000
　　　　应交税费——应交增值税(销项税额)　　　　　　　　　　28 600

借:主营业务成本　　　　　　　　　　　　　　　　　　　　　　200 000
　　贷:库存商品　　　　　　　　　　　　　　　　　　　　　　200 000

10. 差额征税

(1) 经纪代理服务,以取得的全部价款和价外费用,扣除向委托方收取并代为支付的政府性基金或者行政事业性收费后的余额为销售额。

(2) 纳税人提供人力资源外包服务,按照经纪代理服务缴纳增值税,其销售额不包括受客户单位委托代为向客户单位员工发放的工资和代理缴纳的社会保险、住房公积金。

(3) 航空运输企业的销售额,不包括代收的机场建设费和代售其他航空运输企业客票而代收转付的价款。

(4) 一般纳税人提供客运场站服务,以其取得的全部价款和价外费用,扣除支付给承运方运费后的余额为销售额。

(5) 纳税人提供旅游服务,可以选择以取得的全部价款和价外费用,扣除向旅游服务购买方收取并支付给其他单位或者个人的住宿费、餐饮费、交通费、签证费、门票费和支付给其他接团旅游企业的旅游费用后的余额为销售额。

(6) 金融商品转让,按照卖出价扣除买入价后的余额为销售额。转让金融商品出现的正负差,按盈亏相抵后的余额为销售额。若相抵后出现负差,可结转下一纳税期与下期转让金融商品销售额相抵,但年末时仍出现负差的,不得转入下一个会计年度。金融商品的买入价,可以选择按照加权平均法或者移动加权平均法进行核算,选择后 36 个月内不得变更。纳税人无偿转让股票时,转出方以该股票的买入价为卖出价,按照“金融商品转让”计算缴纳增值税。在转入方将该股票再转让时,以原转出方的卖出价为买入价,按照“金融商品转让”计算缴纳增值税。

【学中做 2-6】甲公司销售作为交易性金融资产管理的债券,获得收入 80 000 元,2021 年购入时的价格为 70 000 元。请计算该业务的增值税并作出会计处理。

解析:销售额 = (80 000 - 70 000)÷(1 + 6%) = 9 433.96(元)

应交的增值税 = 9 433.96×6% = 566.04(元)

“应交税费——转让金融商品应交增值税”明细科目,核算增值税纳税人转让金融商品发生的增值税税额。其会计处理如下:

借：其他货币资金	80 000.00	
贷：交易性金融资产		70 000.00
投资收益		10 000.00

| 借：投资收益 | 566.04 | |
| 贷：应交税费——转让金融商品应交增值税 | | 566.04 |

（二）计算进项税额

进项税额，是指纳税人购进货物、加工修理修配劳务、服务、无形资产或者不动产，支付或者负担的增值税税额。

1. 可以抵扣的进项税额

下列进项税额准予从销项税额中抵扣：

（1）从销售方取得的增值税专用发票（含税控机动车销售统一发票，下同）上注明的增值税税额。

（2）从海关取得的海关进口增值税专用缴款书上注明的增值税税额。

（3）购进农产品抵扣的进项税额。

取得一般纳税人开具的增值税专用发票或者海关进口增值税专用缴款书的，以增值税专用发票或海关进口增值税专用缴款书上注明的增值税税额为进项税额。取得依照3%征收率计算缴纳增值税的小规模纳税人开具（代开）增值税专用发票的，以增值税专用发票上注明的金额和9%的扣除率计算进项税额。除上述情形外，按照农产品收购发票或者销售发票上注明的农产品买价和9%的扣除率抵扣进项税额；其中，购进用于生产或委托加工13%税率货物的农产品，按照农产品收购发票或者销售发票上注明的农产品买价和10%的扣除率抵扣进项税额。其计算公式如下：

$$进项税额 = 买价 × 扣除率$$

买价，是指纳税人购进农产品在农产品收购发票或者销售发票上注明的价款和按照规定缴纳的烟叶税。

【学中做 2-7】 甲公司属于一般纳税人，2022 年 12 月购进某农场自产小麦一批，用于直接对外销售，销售发票注明价款为 100 000 元，已通过银行支付。请计算甲公司的进项税额并作出会计处理。

解析：甲公司购进农场自产小麦用于直接对外销售，按照销售发票上注明的金额和9%扣除率计算进项税额，所以，进项税额为 9 000 元（100 000×9%）。

"进项税额"专栏，记录一般纳税人购进货物、加工修理修配劳务、服务、无形资产或不动产而支付或负担的、准予从当期销项税额中抵扣的增值税税额。其会计处理如下：

借：库存商品	91 000	
应交税费——应交增值税（进项税额）	9 000	
贷：银行存款		100 000

纳税人购进农产品进项税额已实行核定扣除的，按核定扣除的相关规定执行。

自 2012 年 7 月 1 日起，以购进农产品为原料生产销售液体乳及乳制品、酒及酒精、植物油的增值税一般纳税人,纳入农产品增值税进项税额核定扣除试点范围。

其一,试点纳税人以购进农产品为原料生产货物的,农产品增值税进项税额可按照以下方法核定:

投入产出法:参照国家标准、行业标准(包括行业公认标准和行业平均耗用值)确定销售单位数量货物耗用外购农产品的数量(以下简称农产品单耗数量)。当期允许抵扣农产品增值税进项税额依据农产品单耗数量、当期销售货物数量、农产品平均购买单价(含税,下同)和农产品增值税进项税额扣除率(以下简称扣除率)计算。本办法规定的扣除率为销售货物的适用税率。其计算公式如下:

$$当期允许抵扣农产品增值税进项税额 = 当期农产品耗用数量 \times$$
$$农产品平均购买单价 \times 扣除率 \div (1 + 扣除率)$$
$$当期农产品耗用数量 = 当期销售货物数量(不含采购除农产品以外的半成品生产的货物数量) \times$$
$$农产品单耗数量$$

对以单一农产品原料生产多种货物或者多种农产品原料生产多种货物的,在核算当期农产品耗用数量和平均购买单价时,应依据合理的方法归集和分配。平均购买单价是指购买农产品期末平均买价,不包括买价之外单独支付的运费和入库前的整理费用。期末平均买价的计算公式如下:

$$期末平均买价 = (期初库存农产品数量 \times 期初平均买价 + 当期购进农产品数量 \times 当期买价) \div$$
$$(期初库存农产品数量 + 当期购进农产品数量)$$

成本法:依据试点纳税人年度会计核算资料,计算确定耗用农产品的外购金额占生产成本的比例(以下简称农产品耗用率)。当期允许抵扣农产品增值税进项税额依据当期主营业务成本、农产品耗用率以及扣除率计算。其计算公式如下:

$$当期允许抵扣农产品增值税进项税额 = 当期主营业务成本 \times 农产品耗用率 \times$$
$$扣除率 \div (1 + 扣除率)$$
$$农产品耗用率 = 上年投入生产的农产品外购金额 \div 上年生产成本$$

农产品外购金额(含税)不包括不构成货物实体的农产品(包括包装物、辅助材料、燃料、低值易耗品等)和在购进农产品之外单独支付的运费、入库前的整理费用。对以单一农产品原料生产多种货物或者多种农产品原料生产多种货物的,在核算当期主营业务成本以及核定农产品耗用率时,试点纳税人应依据合理的方法进行归集和分配。农产品耗用率由试点纳税人向主管税务机关申请核定。年度终了,主管税务机关应根据试点纳税人本年实际对当年已抵扣的农产品增值税进项税额进行纳税调整,重新核定当年的农产品耗用率,并作为下一年度的农产品耗用率。

参照法:新办的试点纳税人或者试点纳税人新增产品的,试点纳税人可参照所属行业或者生产结构相近的其他试点纳税人确定农产品单耗数量或者农产品耗用率。次年,试点纳税人向主管税务机关申请核定当期的农产品单耗数量或者农产品耗用率,并据此计算确定当年允许抵扣的农产品增值税进项税额,同时对上一年增值税进项税额进行调整。核定的进项税额超过实际抵扣增值税进项税额的,其差额部分可以结转下期继续抵扣;核定的进项税额低于实际抵扣增值税进项税额的,其差额部分应按现行增值税的有关规定将进项税额做转出处理。

其二,试点纳税人购进农产品直接销售的,农产品增值税进项税额按照以下方法核定扣除:

$$当期允许抵扣农产品增值税进项税额 = 当期销售农产品数量 \div (1 - 损耗率) \times$$
$$农产品平均购买单价 \times 13\% \div (1 + 13\%)$$

$$损耗率 = 损耗数量 \div 购进数量$$

其三,试点纳税人购进农产品用于生产经营且不构成货物实体的(包括包装物、辅助材料、燃料、低值易耗品等),增值税进项税额按照以下方法核定扣除:

$$当期允许抵扣农产品增值税进项税额 = 当期耗用农产品数量 \times 农产品平均购买单价 \times$$
$$13\% \div (1 + 13\%)$$

(4)从境外单位或者个人购进劳务、服务、无形资产或者不动产,自税务机关或者扣缴义务人取得的解缴税款的完税凭证上注明的增值税税额。

纳税人取得的增值税扣税凭证不符合法律、行政法规或者国家税务总局有关规定的,其进项税额不得从销项税额中抵扣。

(5)自2018年1月1日起,纳税人支付的道路、桥、闸通行费,按照以下规定抵扣进项税额:①纳税人支付的道路通行费,按照收费公路通行费增值税电子普通发票上注明的增值税税额抵扣进项税额。②纳税人支付的桥、闸通行费,暂凭取得的通行费发票上注明的收费金额按照下列公式计算可抵扣的进项税额:

$$桥、闸通行费可抵扣进项税额 = 桥、闸通行费发票上注明的金额 \div (1 + 5\%) \times 5\%$$

通行费,是指有关单位依法或者依规设立并收取的过路、过桥和过闸费用。

(6)纳税人购进国内旅客运输服务,其进项税额允许从销项税额中抵扣。

纳税人未取得增值税专用发票的,暂按照以下规定确定进项税额:

其一,取得增值税电子普通发票的,为发票上注明的税额。

其二,取得注明旅客身份信息的航空运输电子客票行程单的,按照下列公式计算进项税额:

$$航空旅客运输进项税额 = (票价 + 燃油附加费) \div (1 + 9\%) \times 9\%$$

其三,取得注明旅客身份信息的铁路车票的,按照下列公式计算进项税额:

$$铁路旅客运输进项税额 = 票面金额 \div (1 + 9\%) \times 9\%$$

其四,取得注明旅客身份信息的公路、水路等其他客票的,按照下列公式计算进项税额:

$$公路、水路等其他旅客运输进项税额 = 票面金额 \div (1 + 3\%) \times 3\%$$

【学中做2-8】甲公司为增值税一般纳税人,2022年12月5日,销售人员小张报销火车票费用300元,以银行存款支付。请计算甲公司的进项税额并作出会计处理。

解析:该业务的进项税额 = $300 \div (1 + 9\%) \times 9\% = 24.77(元)$

其会计处理如下:

借：销售费用   275.23
　应交税费——应交增值税(进项税额)   24.77
贷：银行存款   300.00

2. 增值税加计抵减政策

自 2023 年 1 月 1 日至 2023 年 12 月 31 日,增值税加计抵减政策按照以下规定执行：

做中学 2-5

(1)允许生产性服务业纳税人按照当期可抵扣进项税额加计 5%抵减应纳税额。生产性服务业纳税人,是指提供邮政服务、电信服务、现代服务、生活服务取得的销售额占全部销售额的比重超过 50%的纳税人。

(2)允许生活性服务业纳税人按照当期可抵扣进项税额加计 10%抵减应纳税额。生活性服务业纳税人,是指提供生活服务取得的销售额占全部销售额的比重超过 50%的纳税人。

(3)纳税人适用加计抵减政策的其他有关事项,按照《财政部 税务总局 海关总署关于深化增值税改革有关政策的公告》(财政部　税务总局　海关总署公告 2019 年第 39号)、《财政部　税务总局关于明确生活性服务业增值税加计抵减政策的公告》(财政部税务总局公告 2019 年第 87 号)等有关规定执行。

(4)按照现行规定不得从销项税额中抵扣的进项税额,不得计提加计抵减额;已计提加计抵减额的进项税额,按规定作进项税额转出的,应在进项税额转出当期,相应调减加计抵减额。其计算公式如下：

当期计提加计抵减额 = 当期可抵扣进项税额×5%(或 10%)

当期可抵减加计抵减额 = 上期末加计抵减额余额 + 当期计提加计抵减额 − 当期调减加计抵减额

3. 不得抵扣的进项税额

做中学 2-6

1) 不得从销项税额中抵扣进项税额的项目

(1)用于简易计税方法计税项目、免征增值税项目、集体福利或者个人消费的购进货物、加工修理修配劳务、服务、无形资产和不动产。其中涉及的固定资产、无形资产、不动产,仅指专用于上述项目的固定资产、无形资产(不包括其他权益性无形资产)、不动产。

纳税人的交际应酬消费属于个人消费。

(2)非正常损失的购进货物,以及相关的加工修理修配劳务和交通运输服务。

(3)非正常损失的在产品、产成品所耗用的购进货物(不包括固定资产)、加工修理修配劳务和交通运输服务。

(4)非正常损失的不动产,以及该不动产所耗用的购进货物、设计服务和建筑服务。

(5)非正常损失的不动产在建工程所耗用的购进货物、设计服务和建筑服务。

纳税人新建、改建、扩建、修缮、装饰不动产,均属于不动产在建工程。

(6)购进的贷款服务、餐饮服务、居民日常服务和娱乐服务。

(7)财政部和国家税务总局规定的其他情形。

第(4)项、第(5)项所称货物,是指构成不动产实体的材料和设备,包括建筑装饰材料和给排水、采暖、卫生、通风、照明、通信、煤气、消防、中央空调、电梯、电气、智能化楼宇设备及配套设施。

不动产、无形资产的具体范围,按照《销售服务、无形资产或者不动产注释》执行。

固定资产,是指使用期限超过 12 个月的机器、机械、运输工具以及其他与生产经营有关的设备、工具、器具等有形动产。

非正常损失,是指因管理不善造成货物被盗、丢失、霉烂变质,以及因违反法律法规造成货物或者不动产被依法没收、销毁、拆除的情形。

【学中做2-9】甲公司是一家服装销售企业,其将上月外购的不含税价格为100 000元的服装用于职工福利,这批服装上月已抵扣进项税额,请计算不得抵扣的进项税额并作出会计处理。

解析:不得抵扣的进项税额=100 000×13%=13 000(元)

"进项税额转出"专栏,记录一般纳税人购进货物、加工修理修配劳务、服务、无形资产或不动产等发生非正常损失以及其他原因而不应从销项税额中抵扣、按规定转出的进项税额。其会计处理如下:

借:应付职工薪酬——非货币性福利　　　　　　　　　　113 000
　　贷:库存商品　　　　　　　　　　　　　　　　　　　100 000
　　　　应交税费——应交增值税(进项税额转出)　　　　　13 000

2)不得抵扣进项税额的确认

(1)适用一般计税方法的纳税人,兼营简易计税方法计税项目、免征增值税项目而无法划分不得抵扣的进项税额,按照下列公式计算不得抵扣的进项税额:

$$不得抵扣的进项税额 = 当期无法划分的全部进项税额 × \left(\frac{当期简易计税方法计税项目销售额 + 免征增值税项目销售额}{当期全部销售额} \right)$$

主管税务机关可以按照上述公式依据年度数据对不得抵扣的进项税额进行清算。

(2)已抵扣进项税额的固定资产、无形资产或者不动产,发生不得抵扣进项税额情形的,按照下列公式计算不得抵扣的进项税额:

$$不得抵扣的进项税额 = 固定资产、无形资产或者不动产净值 × 适用税率$$

固定资产、无形资产或者不动产净值,是指纳税人根据财务会计制度计提折旧或摊销后的余额。

(3)有下列情形之一者,应当按照销售额和增值税税率计算应纳税额,不得抵扣进项税额,也不得使用增值税专用发票:①一般纳税人会计核算不健全,或者不能够提供准确税务资料的。②应当办理一般纳税人资格登记而未办理的。

(4)纳税人适用一般计税方法计税的,因销售折让、中止或者退回而退还给购买方的增值税税额,应当从当期的销项税额中扣减;因销售折让、中止或者退回而收回的增值税税额,应当从当期的进项税额中扣减。

(三)计算应纳税额

在确定了销项税额和进项税额后,就可以根据应纳税额计算公式算出应纳税额。

【学中做2-10】

甲公司为从事家电生产的增值税一般纳税人,2022年12月发生如下经济业务:

业务1,采取"以旧换新"方式销售自产家电,新产品不含税销售额14万元,取得的旧家电作价6万元,取得差价款8万元。

做中学2-7

知新:增值税期末留抵税额退税制度

业务 2,向当地一家商场销售一批家电,取得不含税销售收入 130 万元,收取包装物押金 9 万元并单独记账,同时还收取优质服务费 4.52 万元。

业务 3,3 月份销售的一批家电,由于质量问题而发生退货,2022 年 12 月已按规定开具了红字增值税专用发票,注明价款 4 万元。

业务 4,为其他家电企业提供家电运输服务,共取得不含税运费收入 6 万元。

业务 5,外购原材料一批,不含税价款 90 万元;采购过程中发生不含税运费 10 万元;均取得一般纳税人开具的增值税专用发票。

业务 6,本月收到的增值税专用发票上注明的电费 4 万元,增值税税款 0.52 万元,水费为 80 万元,增值税 2.4 万元,款项已通过银行支付。

业务 7,上月购入的已抵扣进项税额的原材料发生非正常损失,不含税金额为 10 万元。

以上取得的有关票据均通过税务机关的认证。请计算甲公司 2022 年 12 月的增值税应纳税额并作出月末未缴增值税的会计处理。

解析:

业务 1 的销项税额 $= 14 \times 13\% = 1.82$(万元)

业务 2 的销项税额 $= (130 + 4.52 \div 1.13) \times 13\% = 17.42$(万元)

业务 3 应冲减销项税额 $= 4 \times 13\% = 0.52$(万元)

业务 4 的销项税额 $= 6 \times 9\% = 0.54$(万元)

业务 5 的可抵扣进项税额 $= 90 \times 13\% + 10 \times 9\% = 12.6$(万元)

业务 6 的可抵扣进项税额 $= 0.52 + 2.4 = 2.92$(万元)

业务 7 的进项税额转出金额 $= 10 \times 13\% = 1.3$(万元)

本期销项税额 $= 1.82 + 17.42 - 0.52 + 0.54 = 19.26$(万元)

本期可抵扣的进项税额 $= 12.6 + 2.92 - 1.3 = 14.22$(万元)

应纳税额 $= 19.26 - 14.22 = 5.04$(万元)

月度终了,甲公司应当将当月应交未交或多交的增值税自"应交增值税"明细科目转入"未交增值税"明细科目。对于当月应交未交的增值税,借记"应交税费——应交增值税(转出未交增值税)"科目,贷记"应交税费——未交增值税"科目;对于当月多交的增值税,借记"应交税费——未交增值税"科目,贷记"应交税费——应交增值税(转出多交增值税)"科目。其会计处理如下:

借:应交税费——应交增值税(转出未交增值税)　　　　　　　　50 400

　　贷:应交税费——未交增值税　　　　　　　　　　　　　　　　50 400

二、简易计税方法计算增值税

简易计税方法的应纳税额,是指按照销售额和增值税征收率计算的增值税税额,不得抵扣进项税额。应纳税额的计算公式如下:

$$应纳税额 = 销售额 \times 征收率$$

简易计税方法的销售额不包括其应纳税额,纳税人采用销售额和应纳税额合并定价方法的,按照下列公式计算销售额:

$$销售额＝含税销售额÷(1＋征收率)$$

（一）小规模纳税人简易计税

（1）增值税小规模纳税人适用3%征收率。

（2）销售不动产、开展不动产租赁、转让土地使用权、提供劳务派遣服务、安全保护服务选择简易计税的，征收率为5%。

（3）个人出租住房，按照5%的征收率减按1.5%计算应纳税额。销售自己使用过的固定资产、旧货，按照3%的征收率减按2%征收增值税。

（4）其他个人销售其取得（不含自建）的不动产（不含其购买的住房），按照5%的征收率计算应纳税额。

（5）其他个人出租其取得的不动产（不含住房），应按照5%的征收率计算应纳税额。

（6）自2023年1月1日至2023年12月31日，增值税小规模纳税人适用3%征收率的应税销售收入，减按1%征收率征收增值税；适用3%预征率的预缴增值税项目，减按1%预征率预缴增值税。

（二）一般纳税人简易计税

（1）增值税一般纳税人提供的建筑服务，可以选择简易计税方法计算应纳增值税税额，征收率为3%。

（2）一般纳税人销售不动产或经营租赁不动产，选择简易方法计税的，征收率为5%。

（3）一般纳税人2016年4月30日前签订的不动产融资租赁合同，或以2016年4月30日前取得的不动产提供的融资租赁服务，选择适用简易计税方法的，按照5%的征收率计算缴纳增值税。

（4）房地产开发企业的一般纳税人销售自行开发的房地产老项目，选择适用简易计税方法的，征收率为5%。

（5）纳税人转让2016年4月30日前取得的土地使用权，可以选择适用简易计税方法，以取得的全部价款和价外费用减去取得该土地使用权的原价后的余额为销售额，按照5%的征收率计算缴纳增值税。

（6）一般纳税人提供劳务派遣服务，选择按照差额计税的，征收率为5%。

（7）一般纳税人提供人力资源外包服务，选择简易计税方法计税的，按照5%的征收率计算缴纳增值税。

（8）纳税人提供安全保护服务，选择差额纳税的，按照5%的征收率计算缴纳增值税。

（9）一般纳税人销售下列货物，可以选择适用简易计税方法，按照3%的征收率计算缴纳增值税：①县级及县级以下小型水力发电单位生产的电力。②建筑用和生产建筑材料所用的砂、土、石料。③以自己采掘的砂、土、石料或其他矿物连续生产的砖、瓦、石灰（不含粘土实心砖、瓦）。④用微生物、微生物代谢产物、动物毒素、人或动物的血液或组织制成的生物制品。⑤自来水。⑥商品混凝土（仅限于以水泥为原料生产的水泥混凝土）。⑦寄售商店代销寄售物品（包括居民个人寄售的物品在内）。⑧典当业销售死当物品。⑨生产销售和批发、零售罕见病药品及抗癌药。⑩单采血浆站销售非临床用人体血液。⑪药品经营企业销售生物制品。⑫兽用药品经营企业销售兽用生物制品。其中，第①到⑥项为纳税人自产货物。

（10）一般纳税人发生下列应税行为，可以选择适用简易计税方法计税：①公共交通

做中学 2-8

运输服务，包括轮客渡、公交客运、地铁、城市轻轨、出租车、长途客运、班车。②经认定的动漫企业为开发动漫产品提供的动漫脚本编撰、形象设计、背景设计、动画设计、分镜、动画制作、摄制、描线、上色、画面合成、配音、配乐、音效合成、剪辑、字幕制作、压缩转码(面向网络动漫、手机动漫格式适配)服务，以及在境内转让动漫版权(包括动漫品牌、形象或者内容的授权及再授权)。③电影放映服务、仓储服务、装卸搬运服务、收派服务和文化体育服务。④以纳入"营改增"试点之日前取得的有形动产为标的物提供的经营租赁服务。⑤在纳入"营改增"试点之日前签订的尚未执行完毕的有形动产租赁合同。

一般纳税人发生财政部和国家税务总局规定的特定应税行为，可以选择适用简易计税方法计税，但一经选择，36个月内不得变更。

【学中做2-11】甲建筑公司为增值税一般纳税人，2022年11月提供建筑服务，取得预收款10 300元，采用简易计税方式。请计算该业务需预交的增值税并作出会计处理。

解析：预交的增值税 = 10 300 ÷ (1 + 3%) × 3% = 300(元)

"应交税费——简易计税"科目，核算一般纳税人采用简易计税方法发生的增值税计提、扣减、预缴、缴纳等业务。其会计处理如下：

借：应交税费——简易计税　　　　　　　　　　　　　　　　　　300
　　贷：银行存款　　　　　　　　　　　　　　　　　　　　　　　　300

三、计算进口货物增值税

纳税人进口货物，按照组成计税价格和规定的税率计算应纳税额。组成计税价格和应纳税额的计算公式如下：

$$组成计税价格 = 关税完税价格 + 关税 + 消费税$$
$$应纳税额 = 组成计税价格 × 税率$$

【学中做2-12】甲商业企业进口一批货物，海关审定的关税完税价格为400万元，根据查询该货物的HS编码对应的关税税率为10%，增值税税率为13%。请计算该批货物进口环节应缴纳的增值税税额并作出会计处理。

解析：

关税 = 400 × 10% = 40(万元)

组成计税价格 = 400 + 40 = 440(万元)

应纳税额 = 440 × 13% = 57.2(万元)

其会计处理如下：

借：库存商品　　　　　　　　　　　　　　　　　　　　　4 400 000
　　应交税费——应交增值税(进项税额)　　　　　　　　　　 572 000
　　　贷：银行存款　　　　　　　　　　　　　　　　　　　　4 972 000

四、计算附加税费

(1) 城市维护建设税以纳税人依法实际缴纳的增值税、消费税(以下简称两税)税额为计税依据。

依法实际缴纳的增值税税额,是指纳税人依照增值税相关法律法规和税收政策规定计算应当缴纳的增值税税额,加上增值税免抵税额,扣除直接减免的增值税税额和期末留抵退税退还的增值税税额(以下简称留抵退税额)后的金额。

依法实际缴纳的消费税税额,是指纳税人依照消费税相关法律法规和税收政策规定计算应当缴纳的消费税税额,扣除直接减免的消费税税额后的金额。

应当缴纳的两税税额,不含因进口货物或境外单位和个人向境内销售劳务、服务、无形资产缴纳的两税税额。

纳税人自收到留抵退税额之日起,应当在下一个纳税申报期从城市维护建设税计税依据中扣除。

留抵退税额仅允许在按照增值税一般计税方法确定的城市维护建设税计税依据中扣除。当期未扣除完的余额,在以后纳税申报期按规定继续扣除。

(2)因纳税人多缴发生的两税退税,同时退还已缴纳的城市维护建设税。两税实行先征后返、先征后退、即征即退的,除另有规定外,不予退还随两税附征的城市维护建设税。

(3)教育费附加的计费依据与城市维护建设税的计税依据保持一致。

(4)地方教育附加的计费依据、计算公式与教育费附加的规定保持一致。

【学中做 2-13】承[学中做 2-10],甲公司所在地为市区,请计算甲公司 2022 年 12 月应缴纳的附加税费并作出计提税费的会计处理。

解析:

应纳城市维护建设税 $= 50\,400 \times 7\% = 3\,528$(元)

应纳教育费附加 $= 50\,400 \times 3\% = 1\,512$(元)

应纳地方教育附加 $= 50\,400 \times 2\% = 1\,008$(元)

其会计处理如下:

借:税金及附加　　　　　　　　　　　　　　　　　　6 048
　　贷:应交税费——应交城市维护建设税　　　　　　　3 528
　　　　　　　　——应交教育费附加　　　　　　　　　1 512
　　　　　　　　——应交地方教育附加　　　　　　　　1 008

任务实施

(1)请查阅资料,将业务 36 的增值税处理过程填入表 2-8。

表 2-8　业务 36 处理表

税收依据	计算	会计处理

（2）请将用于计算销项税额和进项税额的业务进行归类并填入表 2-9。

表 2-9　业务归类表

序号	项目	业务编号
1	计算销项税额的业务	
2	计算可抵扣进项税额的业务	
3	进项税额转出的业务	

（3）请填写 12 月份的销售情况统计表，如表 2-10 所示。

表 2-10　销售情况统计表

业务号	发票情况	应税项目	金额	税率	销项税额
2	普通发票	*酒*夏威夷啤酒	385 680.00	13%	50 138.40
		合计			

（4）请查阅资料，将业务 35 的增值税处理过程填入表 2-11。

表 2-11　业务 35 处理表

税收依据	计算	会计处理

（5）请补充完整投入产出法核定农产品增值税进项税额计算表，如表 2-12 所示。

表 2-12 投入产出法核定农产品增值税进项税额计算表

纳税人名称		纳税人识别号					税款所属时间 年 月				
序号	产品名称	耗用农产品名称	核定的单耗数量(吨) L1	期初库存农产品数量(吨) L2	期初平均买价(元/吨) L3	当期购进农产品数量(吨) L4	当期买价(元/吨) L5	平均购买单价(元/吨) $L6=(L2*L3+L4*L5)/(L2+L4)$	当期销售货物数量(吨) L7	扣除率(%) L8	当期允许抵扣农产品进项税额(元) $L9=L7*L1*L6*L8/(1+L8)$
1	谷物加工品	大米	0.10	5.00	6 086.80				480.00		
2	谷物	高粱	1.56	0.01	2 600.00				31.60		
3	谷物加工品	谷糠	0.05	0.01	1 800.00				31.60		
合 计											

注:1. 采用投入产出法计算农产品增值税进项税额的试点纳税人填列本表。
2. 投入多种农产品原料生产一种或多种产品的,应分别不同产品和农产品原料填列本表。
3. 各项数据均保留两位小数。

（6）请计算 12 月份的进项税额并填写表 2-13。

表 2-13 进项税额计算表

序号	项目	税额(元)
1	增值税专用发票	
2	海关进口增值税专用缴款书	
3	农产品收购发票或者销售发票	
4	购建不动产的扣税凭证	
5	旅客运输服务扣税凭证	
6	进项税额转出	
本期可抵扣进项税额(1＋2＋3＋5－6)		

注：计算结果保留 2 位小数。

（7）请计算 12 月份增值税应纳税额并作出会计处理，将过程写到下面的横线上。

计算：_____

会计处理：_____

_____

（8）请计算 12 月份应纳的附加税费并作出会计处理填入表 2-14。

表 2-14 附加税费计算表

税(费)种	计税(费)依据	税(费)率(%)	本期应纳税(费)额	会计处理
城市维护建设税				
教育费附加				
地方教育附加				
合计				

税收热点畅谈

2022 年 5 月 21 日，国家税务总局发布了《支持乡村振兴税费优惠政策指引》（http://www.chinatax.gov.cn/chinatax/c102128/common_list_zcxcjx.html）。党的二十大报告指出，全面推进乡村振兴。请你结合这些税收政策谈谈如何服务乡村振兴。

新闻：《支持乡村振兴税费优惠政策指引》

 **任务总结**

在完成上述任务后，请你分享学到的知识或技能。

任务评价

表 2-15　任务评价表
单位：分

项目	评价内容	分值	自评	组评	师评	其他
素养 （20）	到岗出勤	2				
	学习、工作用品准备	2				
	探究问题、积极发言	2				
	按时完成任务	2				
	团队协作	2				
	分析问题、解决问题的能力	3				
	关注财税政策	3				
	服务乡村振兴意识	4				
知识 （30）	销售额的规定	5				
	可以抵扣进项税额的规定	5				
	不得抵扣进项税额的规定	5				
	简易计税方法原理	5				
	进口货物的组成计税价格	5				
	附加税费的计税依据	5				
能力 （50）	能正确计算和处理销项税额	8				
	能正确计算和处理进项税额	8				
	会计算农产品抵扣税额	8				
	会用简易计税方法	8				
	会计算组成计税价格	8				
	能正确计算和处理附加税费	5				
	文字描述准确、语言表达流畅	5				
小计						
总计（评分细则及各主体评分占比，由教师根据教学实际确定）						

任务拓展

任务四　申报增值税及附加税费

任务情境

王芳于 2023 年 1 月 10 日,登录电子税务局完成 2022 年 12 月份的增值税及附加税费申报及税款缴纳工作并完成相应的会计处理。

任务要求

如果你是王芳,请完成以下任务:

(1) 填写增值税减免税申报明细表。

(2) 填写销售情况汇总表和增值税及附加税费申报表附列资料(一)。

(3) 填写增值税及附加税费申报表附列资料(三)。

(4) 填写增值税及附加税费申报表附列资料(二)。

(5) 填写增值税及附加税费申报表附列资料(五)。

(6) 填写增值税及附加税费申报表主表。

(7) 编制缴纳增值税及附加税费的会计凭证。

任务准备

一、增值税纳税义务发生时间

增值税纳税义务发生时间,是指增值税纳税义务人、扣缴义务人发生应税销售行为、扣缴税款行为应承担纳税义务、扣缴义务的时间。基本规定为:发生应税销售行为,为收讫销售款项或者取得索取销售款项凭据的当天;先开具发票的,为开具发票的当天。进口货物,为报关进口的当天。增值税扣缴义务发生时间为纳税人增值税纳税义务发生的当天。

具体规定如下:

(1) 采取直接收款方式销售货物,不论货物是否发出,均为收到销售款或者取得索取销售款凭据的当天。

(2) 采取托收承付和委托银行收款方式销售货物,为发出货物并办妥托收手续的当天。

(3) 采取赊销和分期收款方式销售货物,为书面合同约定的收款日期的当天,无书面合同的或者书面合同没有约定收款日期的,为货物发出的当天。

(4) 采取预收货款方式销售货物,为货物发出的当天,但生产销售生产工期超过 12 个月的大型机械设备、船舶、飞机等货物,为收到预收款或者书面合同约定的收款日期的当天。

（5）委托其他纳税人代销货物，为收到代销单位的代销清单或者收到全部或者部分货款的当天。未收到代销清单及货款的，为发出代销货物满180天的当天。

（6）销售应税劳务，为提供劳务同时收讫销售款或者取得索取销售款的凭据的当天。

（7）纳税人发生除将货物交付其他单位或者个人代销和销售代销货物以外的视同销售货物行为，为货物移送的当天。

（8）纳税人提供建筑服务、租赁服务采取预收款方式的，其纳税义务发生时间为收到预收款的当天。

（9）纳税人从事金融商品转让的，为金融商品所有权转移的当天。

（10）纳税人发生视同销售服务、无形资产或者不动产情形的，其纳税义务发生时间为服务、无形资产转让完成的当天或者不动产权属变更的当天。

二、增值税纳税期限

做中学 2-9

增值税的纳税期限分别为1日、3日、5日、10日、15日、1个月或者1个季度。纳税人的具体纳税期限，由主管税务机关根据纳税人应纳税额的大小分别核定；不能按照固定期限纳税的，可以按次纳税。

银行、财务公司、信托投资公司、信用社、财政部和国家税务总局规定的其他纳税人可选择按季申报。

纳税人以1个月或者1个季度为1个纳税期的，自期满之日起15日内申报纳税；以1日、3日、5日、10日或者15日为1个纳税期的，自期满之日起5日内预缴税款，于次月1日起15日内申报纳税并结清上月应纳税款。

纳税人享受减税、免税待遇的，在减税、免税期间应当按照规定办理纳税申报，填写申报表及其附表上的优惠栏目。

扣缴义务人解缴税款的期限，依照上述规定执行。

纳税人进口货物，应当自海关填发海关进口增值税专用缴款书之日起15日内缴纳税款。

三、增值税纳税地点

（一）固定业户的纳税地点

做中学 2-10

固定业户应当向其机构所在地或者居住地主管税务机关申报纳税。总机构和分支机构不在同一县（市）的，应当分别向各自所在地的主管税务机关申报纳税；经财政部和国家税务总局或者其授权的财政和税务机关批准，可以由总机构汇总向总机构所在地的主管税务机关申报纳税。

固定业户到外县（市）销售货物或者劳务，应当向其机构所在地的主管税务机关报告外出经营事项，并向其机构所在地的主管税务机关申报纳税；未报告的，应当向销售地或者劳务发生地的主管税务机关申报纳税；未向销售地或者劳务发生地的主管税务机关申报纳税的，由其机构所在地的主管税务机关补征税款。

（二）非固定业户的纳税地点

非固定业户应当向货物销售地或劳务发生地或应税行为发生地主管税务机关申报纳

税;未申报纳税的,由其机构所在地或者居住地主管税务机关补征税款。

(三) 进口货物的纳税地点

进口货物,应当向报关地海关申报纳税。

(四) 其他个人的纳税地点

其他个人提供建筑服务,销售或者租赁不动产,转让自然资源使用权,应向建筑服务发生地、不动产所在地、自然资源所在地主管税务机关申报纳税。

(五) 扣缴义务人的纳税地点

扣缴义务人应当向其机构所在地或者居住地的主管税务机关申报缴纳其扣缴的税款。

四、附加税费的征收管理

(一) 城市维护建设税的征收管理

城市维护建设税的纳税义务发生时间与两税的纳税义务发生时间一致,分别与两税同时缴纳。同时缴纳是指在缴纳两税时,应当在两税同一缴纳地点、同一缴纳期限内,一并缴纳对应的城市维护建设税。

采用委托代征、代扣代缴、代收代缴、预缴、补缴等方式缴纳两税的,应当同时缴纳城市维护建设税。

前款所述代扣代缴,不含因境外单位和个人向境内销售劳务、服务、无形资产代扣代缴增值税情形。

(二) 教育费附加的征收管理

教育费附加的缴费时间、缴费地点、缴费期限比照增值税、消费税的相应规定,教育费附加分别与增值税、消费税同时缴纳。

(三) 地方教育附加的征收管理

地方教育附加的缴费时间、缴费地点、缴费期限比照增值税、消费税的相应规定,教育费附加分别与增值税、消费税同时缴纳。

五、增值税及附加税费纳税申报

(一) 办理流程

增值税及附加税费申报办理流程如图 2-41 所示。

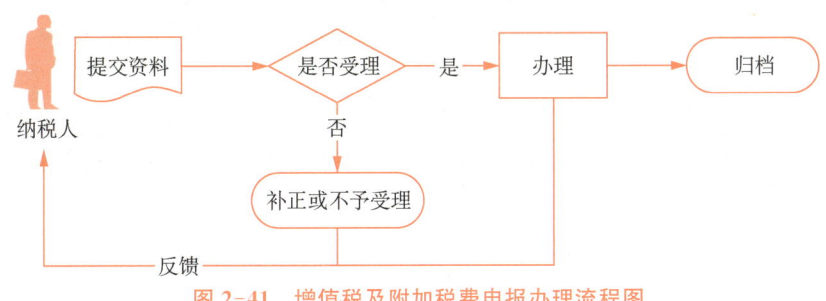

知新:增值税一般纳税人申报办理材料

图 2-41 增值税及附加税费申报办理流程图

(二) 办理资料

1. 增值税一般纳税人申报办理材料

增值税一般纳税人申报办理除提交《增值税及附加税费申报表(一般纳税人适用)》及

其附列资料外，需根据不同情形，提供规定的相应材料。

2．小规模纳税人申报办理材料

知新：增值税小规模纳税人申报办理材料

增值税小规模纳税人申报办理除提交《增值税及附加税费申报表（小规模纳税人适用）》及其附列资料外，需根据不同情形，提供规定的相应材料。

（三）增值税及附加税费纳税申报表

1．一般纳税人纳税申报表及附列资料

《增值税及附加税费申报表（一般纳税人适用）》及其附列资料，具体包括：

知新：《增值税及附加税费申报表（一般纳税人适用）》及其附列资料

（1）增值税及附加税费申报表（一般纳税人适用）。

（2）增值税及附加税费申报表附列资料（一）（本期销售情况明细）。

（3）增值税及附加税费申报表附列资料（二）（本期进项税额明细）。

（4）增值税及附加税费申报表附列资料（三）（服务、不动产和无形资产扣除项目明细）。

（5）增值税及附加税费申报表附列资料（四）（税额抵减情况表）。

（6）增值税及附加税费申报表附列资料（五）（附加税费情况表）。

（7）增值税减免税申报明细表。

2．小规模纳税人纳税申报表及附列资料

知新：《增值税及附加税费申报表（一般纳税人适用）》及其附列资料填写说明

《增值税及附加税费申报表（小规模纳税人适用）》及其附列资料，具体包括：

（1）增值税及附加税费申报表（小规模纳税人适用）。

（2）增值税及附加税费申报表（小规模纳税人适用）附列资料（一）（服务、不动产和无形资产扣除项目明细）。

（3）增值税及附加税费申报表（小规模纳税人适用）附列资料（二）（附加税费情况表）。

知新：《增值税及附加税费申报表（小规模纳税人适用）》及其附列资料

六、缴纳增值税及附加税费的会计处理

缴纳当月应交增值税的账务处理如下：

企业缴纳当月应交的增值税，借记"应交税费——应交增值税（已交税金）"科目（小规模纳税人应借记"应交税费——应交增值税"科目），贷记"银行存款"科目。

缴纳以前期间未交增值税的账务处理如下：

企业缴纳以前期间未交的增值税，借记"应交税费——未交增值税"科目，贷记"银行存款"科目。

知新：《增值税及附加税费申报表（小规模纳税人适用）》及其附列资料填写说明

实际缴纳城市维护建设税、教育费附加和地方教育附加时，借记"应交税费——应交城市维护建设税""应交税费——应交教育费附加""应交税费——应交地方教育附加"科目，贷记"银行存款"科目。

任务实施

（1）请根据任务三的结果填写增值税减免税申报明细表，如表 2-16 所示。

表 2-16　增值税减免税申报明细表

税款所属时间：自　年　月　日至　　年　月　日

纳税人名称(公章)：　　　　　　　　　　　　　　　　　　　　　　　　金额单位：元(列至角分)

一、减税项目						
减税性质代码及名称	栏次	期初余额	本期发生额	本期应抵减税额	本期实际抵减税额	期末余额
		1	2	3 = 1 + 2	4≤3	5 = 3 − 4
合　计	1					
	2					
	3					
	4					

二、免税项目						
免税性质代码及名称	栏次	免征增值税项目销售额	免税销售额扣除项目本期实际扣除金额	扣除后免税销售额	免税销售额对应的进项税额	免税额
		1	2	3 = 1 − 2	4	5
合　计	5					
出口免税	6		—	—	—	
其中:跨境服务	7		—	—	—	
01092202《财政部 国家税务总局关于饲料产品免征增值税问题的通知》	8					
	9					
	10					

（2）请根据任务三的结果填写增值税及附加税费申报表附列资料（一），如表2-17所示。

表2-17 增值税及附加税费申报表附列资料（一）

（本期销售情况明细）

纳税人名称：（公章）

税款所属时间： 年 月 日至 年 月 日　　　　　　　　　　金额单位：元（列至角分）

项目及栏次		开具增值税专用发票		开具其他发票		未开具发票		纳税检查调整		合计		价税合计	服务、不动产和无形资产扣除项目本期实际扣除金额	扣除后	
		销售额	销项(应纳)税额	销售额	销项(应纳)税额	销售额	销项(应纳)税额	销售额	销项(应纳)税额	销售额	销项(应纳)税额			含税(免税)销售额	销项(应纳)税额
		1	2	3	4	5	6	7	8	$9=1+3+5+7$	$10=2+4+6+8$	$11=9+10$	12	$13=11-12$	$14=13\div(100\%+$税率或征收率$)\times$税率或征收率
一、一般计税方法计税 全部征税项目	13%税率的货物及加工修理修配劳务 1												—	—	—
	13%税率的服务、不动产和无形资产 2														
	9%税率的货物及加工修理修配劳务 3												—	—	—
	9%税率的服务、不动产和无形资产 4														
	6%税率 5														
其中：即征即退项目	即征即退货物及加工修理修配劳务 6												—	—	—
	即征即退服务、不动产和无形资产 7														

（续表）

项目及栏次	行次	开具增值税专用发票 销售额(应纳销售额)税额	开具增值税专用发票 销项(应纳)税额	开具其他发票 销售额(应纳)销售额	开具其他发票 销项(应纳)税额	未开具发票 销售额(应纳)销售额	未开具发票 销项(应纳)税额	纳税检查调整 销售额(应纳)销售额	纳税检查调整 销项(应纳)税额	合计 销售额	合计 销项(应纳)税额	合计 价税合计	服务、不动产和无形资产项目本期实际扣除金额	扣除后 含税(免税)销售额	扣除后 销项(应纳)税额
栏次		1	2	3	4	5	6	7	8	$9=1+3+5+7$	$10=2+4+6+8$	$11=9+10$	12	$13=11-12$	$14=13\div(100\%+税率或征收率)\times税率或征收率$
二、简易计税方法计税 — 全部征税项目 — 6%征收率	8											—	—	—	—
5%征收率的货物及加工修理修配劳务	9a											—	—	—	—
5%征收率的服务、不动产和无形资产	9b											—	—	—	—
4%征收率	10											—	—	—	—
3%征收率的货物及加工修理修配劳务	11											—	—	—	—
3%征收率的服务、不动产和无形资产	12											—	—	—	—
预征率　　%	13a											—	—	—	—
预征率　　%	13b											—	—	—	—
预征率　　%	13c											—	—	—	—
其中:即征即退项目 — 即征即退货物及加工修理修配劳务	14											—	—	—	—
即征即退服务、不动产和无形资产	15											—	—	—	—

（续表）

项目及栏次			开具增值税专用发票		开具其他发票		未开具发票		纳税检查调整		合计			服务、不动产和无形资产项目本期实际扣除金额	扣除后	
			销售额（应纳）销售额	销项（应纳）税额	销售额（应纳）销售额	销项（应纳）税额	销售额（应纳）销售额	销项（应纳）税额	销售额（应纳）	销项（应纳）税额	销售额	销项（应纳）税额	价税合计		含税（免税）销售额	销项（应纳）税额
			1	2	3	4	5	6	7	8	9=1+3+5+7	10=2+4+6+8	11=9+10	12	13=11-12	14=13÷（100%+税率或征收率）×税率或征收率
三、免抵退税	货物及加工修理修配劳务	16	—	—	—	—	—	—	—	—	—	—	—	—	—	—
	服务、不动产和无形资产	17	—	—	—	—	—	—	—	—	—	—	—	—	—	—
四、免税	货物及加工修理修配劳务	18	—	—	—	—	—	—	—	—	—	—	—	—	—	—
	服务、不动产和无形资产	19	—	—	—	—	—	—	—	—	—	—	—	—	—	—

（3）请根据任务三的结果填写增值税及附加税费申报表附列资料（三），如表 2-18 所示。

表 2-18 增值税及附加税费申报表附列资料（三）

（服务、不动产和无形资产扣除项目明细）

税款所属时间： 年 月 日至 年 月 日

纳税人名称：（公章）　　　　　　　　　　　　　　　　　　　　　　　　金额单位：元（列至角分）

项目及栏次		本期服务、不动产和无形资产价税合计额（免税销售额）	服务、不动产和无形资产扣除项目				
			期初余额	本期发生额	本期应扣除金额	本期实际扣除金额	期末余额
		1	2	3	4＝2＋3	5（5≤1且5≤4）	6＝4－5
13%税率的项目	1						
9%税率的项目	2						
6%税率的项目（不含金融商品转让）	3						
6%税率的金融商品转让项目	4						
5%征收率的项目	5						
3%征收率的项目	6						
免抵退税的项目	7						
免税的项目	8						

（4）请根据任务三的结果填写增值税及附加税费申报表附列资料（二），如表 2-19 所示。

表 2-19 增值税及附加税费申报表附列资料（二）

（本期进项税额明细）

税款所属时间：年 月 日至 年 月 日

纳税人名称：（公章）　　　　　　　　　　　　　　　　　　　　　　　　金额单位：元（列至角分）

一、申报抵扣的进项税额				
项目	栏次	份数	金额	税额
（一）认证相符的增值税专用发票	1＝2＋3			
其中：本期认证相符且本期申报抵扣	2			
前期认证相符且本期申报抵扣	3			
（二）其他扣税凭证	4＝5＋6＋7＋8a＋8b			
其中：海关进口增值税专用缴款书	5			
农产品收购发票或者销售发票	6			
代扣代缴税收缴款凭证	7		—	
加计扣除农产品进项税额	8a	—	—	
其他	8b			

（续表）

项目	栏次	份数	金额	税额
（三）本期用于购建不动产的扣税凭证	9			
（四）本期用于抵扣的旅客运输服务扣税凭证	10			
（五）外贸企业进项税额抵扣证明	11	—	—	
当期申报抵扣进项税额合计	12 = 1 + 4 + 11			

二、进项税额转出额

项目	栏次	税额
本期进项税额转出额	13 = 14 至 23 之和	
其中：免税项目用	14	
集体福利、个人消费	15	
非正常损失	16	
简易计税方法征税项目用	17	
免抵退税办法不得抵扣的进项税额	18	
纳税检查调减进项税额	19	
红字专用发票信息表注明的进项税额	20	
上期留抵税额抵减欠税	21	
上期留抵税额退税	22	
异常凭证转出进项税额	23a	
其他应作进项税额转出的情形	23b	

三、待抵扣进项税额

项目	栏次	份数	金额	税额
（一）认证相符的增值税专用发票	24	—	—	—
期初已认证相符但未申报抵扣	25			
本期认证相符且本期未申报抵扣	26			
期末已认证相符但未申报抵扣	27			
其中：按照税法规定不允许抵扣	28			
（二）其他扣税凭证	29 = 30 至 33 之和			
其中：海关进口增值税专用缴款书	30			
农产品收购发票或者销售发票	31			
代扣代缴税收缴款凭证	32	—		
其他	33			
	34			

四、其他

项目	栏次	份数	金额	税额
本期认证相符的增值税专用发票	35			
代扣代缴税额	36	—	—	

（5）请根据任务三的结果填写增值税及附加税费申报表附列资料（五），如表2-20所示。

表2-20　增值税及附加税费申报表附列资料（五）

(附加税费情况表)

纳税人名称：(公章)　　　　税（费）款所属时间：　年　月　日至　年　月　日

金额单位：元(列至角分)

税（费）种		计税（费）依据			税（费）率(%)	本期应纳税（费）额	本期减免税（费）额		试点建设培育产教融合型企业		本期已缴税（费）额	本期应补(退)税(费)额
		增值税税额	增值税免抵税额	留抵退税本期扣除额			减免性质代码	减免税（费）额	减免性质代码	本期抵免金额		
		1	2	3	4	5=(1+2-3)×4	6	7	8	9	10	11=5-7-9-10
城市维护建设税	1											
教育费附加	2											
地方教育附加	3											
合计	4		—		—		—		—			

本期是否适用试点建设培育产教融合型企业抵免政策	□是 □否	
可用于扣除的增值税留抵退税额使用情况	当期新增投资额	5
	上期留抵可抵免金额	6
	结转下期可抵免金额	7
	当期新增可用于扣除的留抵退税额	8
	上期结存可用于扣除的留抵退税额	9
	结转下期可用于扣除的留抵退税额	10

（6）请填写增值税及附加税费申报表主表（不考虑本年累计），如表 2-21 所示。

表 2-21　增值税及附加税费申报表

（一般纳税人适用）

根据国家税收法律法规及增值税相关规定制定本表。纳税人不论有无销售额，均应按税务机关核定的纳税期限填写本表，并向当地税务机关申报。

税款所属时间：自　年　月　日 至　年　月　日　　填表日期：　年　月　日

纳税人识别号（统一社会信用代码）：□□□□□□□□□□□□□□□□□□

金额单位：元（列至角分）

纳税人名称：						
开户银行及账号：						
法定代表人姓名：		登记注册类型：	注册地址：	生产经营地址：	电话号码：	所属行业：

项　目	栏次	一般项目		即征即退项目	
		本月数	本年累计	本月数	本年累计
销售额	（一）按适用税率计税销售额	1				
	其中：应税货物销售额	2				
	应税劳务销售额	3				
	纳税检查调整的销售额	4				
	（二）按简易办法计税销售额	5				
	其中：纳税检查调整的销售额	6				
	（三）免、抵、退办法出口销售额	7			—	—
	（四）免税销售额	8			—	—
	其中：免税货物销售额	9			—	—
	免税劳务销售额	10			—	—
税款计算	销项税额	11				
	进项税额	12				
	上期留抵税额	13				—

（续表）

项　　目		栏次	一般项目		即征即退项目	
			本月数	本年累计	本月数	本年累计
税款计算	进项税额转出	14				
	免、抵、退应退税额	15			—	—
	按适用税率计算的纳税检查应补缴税额	16			—	—
	应抵扣税额合计	17＝12＋13－14－15＋16		—		
	实际抵扣税额	18（如17＜11,则为17,否则为11）				
	应纳税额	19＝11－18				
	期末留抵税额	20＝17－18		—		
	简易计税办法计算的应纳税额	21				
	按简易计税办法计算的纳税检查应补缴税额	22				
	应纳税额减征额	23				
	应纳税额合计	24＝19＋21－23				
税款缴纳	期初未缴税额（多缴为负数）	25	3 280 000.00			
	实收出口专用缴款书退税额	26		—		
	本期已缴税额	27＝28＋29＋30＋31	3 280 000.00	—		
	①分次预缴税额	28				
	②出口专用缴款书预缴税额	29		—		
	③本期缴纳上期应纳税额	30	3 280 000.00	—		
	④本期缴纳欠缴税额	31				
	期末未缴税额（多缴为负数）	32＝24＋25＋26－27				

（续表）

项目		栏次	一般项目		即征即退项目	
			本月数	本年累计	本月数	本年累计
税款缴纳	其中：欠缴税额（≥0）	33＝25＋26－27		—	—	—
	本期应补（退）税额	34＝24－28－29		—	—	—
	即征即退实际退税额	35	—	—	—	—
	期初未缴查补税额	36				
	本期入库查补税额	37				
	期末未缴查补税额	38＝16＋22＋36－37				
附加税费	城市维护建设税本期应补（退）税额	39				
	教育费附加本期应补（退）费额	40				
	地方教育附加本期应补（退）费额	41				

声明：此表是根据国家税收法律法规及相关规定填写的，本人（单位）对填报内容（及附带资料）的真实性、可靠性、完整性负责。

纳税人（签章）：

年 月 日

受理人：

受理税务机关（章）：

受理日期： 年 月 日

经办人：

经办人身份证号：

代理机构签章：

代理机构统一社会信用代码：

(7) 请写出缴纳增值税及附加税费的会计分录。

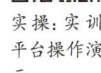

实操：实训平台操作演示

税收热点畅谈

　　在日常消费中，经常会碰到商家不给开发票的情形，大家很自然地会想到对方是不是想要偷税。"不开发票是否属于偷税？"请你结合纳税申报知识谈谈对此看法的认识。

 ## 任务总结

　　在完成上述任务后，请你分享学到的知识或技能。

 ## 任务评价

表 2-22　任务评价表　　　　　　　　　　　　单位：分

项目	评价内容	分值	自评	组评	师评	其他
素养 （20）	到岗出勤	2				
	学习、工作用品准备	2				
	探究问题、积极发言	2				
	按时完成任务	2				
	团队协作	2				
	分析问题、解决问题的能力	3				
	关注财税政策	3				
	依法纳税意识	4				
知识 （30）	增值税纳税义务发生时间	5				
	增值税纳税期限	5				
	增值税纳税地点	5				
	附加税费的征收规定	5				
	申报表的项目	5				
	缴纳税费的会计分录	5				
能力 （50）	能判断增值税及附加税费的纳税义务是否发生	10				
	能正确填写增值税纳税申报表	20				
	熟悉增值税纳税申报流程	8				
	会正确核算缴纳增值税及附加税费业务	6				
	文字描述准确、语言表达流畅	6				
	小计					
总计（评分细则及各主体评分占比，由教师根据教学实际确定）						

知新:《国家税务总局关于增值税小规模纳税人减免增值税等政策有关征管事项的公告》

任务拓展

任务五　优化增值税管理

任务情境

逸香酒业为了进一步扩大销售,这个季度打算对啤酒采用折扣方式销售,有以下几种方案可供选择:

方案一:以 10% 的价格折扣销售啤酒,啤酒原价 100 000 元,销售额和折扣额在同一张发票上的"金额"栏分别注明。

方案二:给与一次性采购啤酒达到 100 000 元的客户直接返还 10% 的现金。

方案三:对一次性采购啤酒 90 000 元的客户额外赠送价值 10 000 元的白酒,在发票"备注"栏注明赠品。

上述方案的进项税额为 7 800 元,啤酒的价格为含税价格,只考虑增值税和附加税费。经理要求王芳给出合理的建议。

任务要求

如果你是王芳,请完成以下任务:

(1) 分析上述方案可能存在的风险点。

(2) 选择合适的方案。

任务准备

一、税法依据

(一) 价格折扣

纳税人采取折扣方式销售货物,将价款和折扣额在同一张发票上分别注明的,以折扣后的价款为销售额征收增值税。价款和折扣额在同一张发票上分别注明是指价款和折扣额在同一张发票上的"金额"栏分别注明,可按折扣后的销售额征收增值税。未在同一张发票"金额"栏注明,仅在发票的"备注"栏注明的,以价款为销售额,不得扣减折扣额。

(二)现金返利

现金返利是企业在销售货物的同时,返还部分现金给购货方。

(三)实物折扣

日常消费中,买一赠一是比较常见的实物折扣方式。其中,赠品是否需要视同销售征收增值税与发票开具有关。如果主货物与赠品的金额在同一张发票上的"金额"栏分别注明,将实物折扣变为价格折扣,可按向购买方收取的金额征收增值税。仅在发票的"备注"栏注明的,赠品应视同销售征收增值税。在同一张发票上分别注明可以将总的销售额按主货物与赠品的公允价进行分摊,主货物和赠品按分摊后的金额开具发票;也可以将货物与赠品金额均按市场价开票,同时根据赠品的市场价列示折扣额。

二、税务风险提示

实务中,对于买赠业务,因发票类型受限无法在票面上体现赠品信息的,或是企业在开具发票时仅记录销售的主货物名称,未体现赠品的信息,实际业务处理时,赠品应按规定缴纳增值税,实际申报时可以通过未开票收入填报。

 任务实施

(1) 请将方案中可能存在的风险点写到下面的横线上。

_____

_____

(2) 请在表 2-23 中分别计算各方案应缴纳的增值税和附加税费,选出最优的方案。

表 2-23　方案分析表

方案一	方案二	方案三
结论:		

 **任务总结**

在完成上述任务后,请你分享学到的知识或技能。

 **任务评价**

表 2-24　任务评价表　　　　　　　　　　　　　　单位：分

项目	评价内容	分值	自评	组评	师评	其他
素养 （20）	到岗出勤	2				
	学习、工作用品准备	2				
	探究问题、积极发言	2				
	按时完成任务	2				
	团队协作	2				
	分析问题、解决问题的能力	3				
	依法纳税意识	3				
	税务风险识别能力	4				
知识 （30）	价格折扣销售的规定	15				
	实物折扣销售的规定	15				
能力 （50）	能分析业务存在的风险点	15				
	能正确应用税收政策	20				
	能为企业建言献策	10				
	文字描述准确、语言表达流畅	5				
小计						
总计（评分细则及各主体评分占比，由教师根据教学实际确定）						

 **任务拓展**

 **知识巩固**

 **技能提升**

项目三

消费税及附加税费申报与管理

素养目标

1. 增强节约意识
2. 树立健康、绿色消费理念
3. 提高税务风险识别及防范意识

知识目标

1. 掌握消费税的税目及税率
2. 理解消费税的计算原理
3. 熟悉不同环节消费税的计算

能力目标

1. 正确计算消费税和附加税费
2. 掌握消费税及附加税费的会计处理
3. 准确申报消费税和附加税费
4. 帮助企业优化消费税管理

知识导图

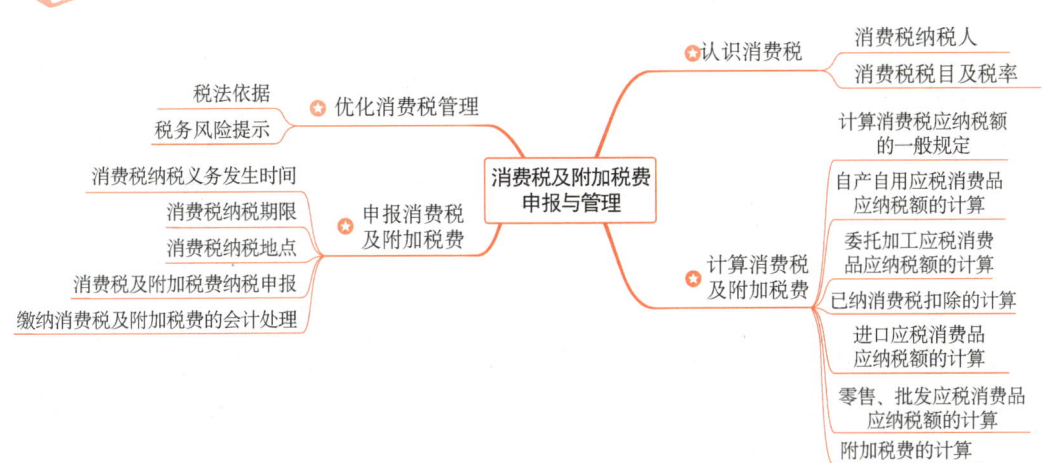

项目导读·思政园地

节约资源、绿色消费 建设美丽中国

党的二十大明确提出:我们要推进美丽中国建设;推进各类资源节约集约利用;完善支持绿色发展的财税、金融、投资、价格政策和标准体系;倡导绿色消费,推动形成绿色低碳的生产方式和生活方式。消费税作为调节税种,在节约资源与保护生态环境方面具有重要的调节职能,对生产和消费行为起到调节作用,引导人们节约资源、绿色消费。

任务一　认识消费税

 ### 任务情境

王芳根据12月发生的经济业务对本期的酒类销售情况进行了汇总,如表3-1所示。王芳对本期酒类销售情况进一步做出分析。

表3-1　本期酒类销售情况表

酒类名称	规格	销售数量（箱）	不含税单价（元）	销售金额（元）	备注
夏威夷啤酒	500毫升×12听/箱	49 400	48	2 371 200	1千升=1/0.988吨
雪晶啤酒	500毫升×12瓶/箱	29 640	15	444 600	1千升=1/0.988吨
菩提白酒	500毫升×4瓶/箱	12 600	1 000	12 600 000	1千升=1吨
梦之光白酒	500毫升×4瓶/箱	3 200	2 000	6 340 000	1千升=1吨

 ### 任务要求

如果你是王芳,请完成以下任务:
(1)判断逸香酒业缴纳消费税所依据的税目。
(2)分析逸香酒业适用的消费税税率。

 ### 任务准备

一、消费税纳税人

在中华人民共和国境内生产、委托加工和进口应税消费品的单位和个人,以及国务院

确定的销售应税消费品的其他单位和个人,为消费税的纳税人。

单位,是指企业、行政单位、事业单位、军事单位、社会团体及其他单位。

个人,是指个体工商户及其他个人。

在中华人民共和国境内,是指生产、委托加工和进口属于应当缴纳消费税的消费品的起运地或者所在地在境内。

二、消费税税目及税率

现行消费税税目共有 15 个,消费税税率有两种形式,分别是比例税率和定额税率,消费税税目及税率表如表 3-2 所示。

知新:消费税税目简介

表 3-2　消费税税目及税率表

应税消费品名称	比例税率	定额税率	计量单位
一、烟			
1. 卷烟			
(1) 工业			
① 甲类卷烟(调拨价 70 元(不含增值税)/条以上(含 70 元))	56%	30 元/万支	万支
② 乙类卷烟(调拨价 70 元(不含增值税)/条以下)	36%	30 元/万支	
(2) 商业批发	11%	50 元/万支	
2. 雪茄烟	36%	—	支
3. 烟丝	30%	—	千克
4. 电子烟			
(1) 工业	36%	—	盒
(2) 商业批发	11%	—	盒
二、酒			
1. 白酒	20%	0.5 元/500 克(毫升)	500 克(毫升)
2. 黄酒	—	240 元/吨	吨
3. 啤酒			
(1) 甲类啤酒(出厂价格 3 000 元(不含增值税)/吨以上(含 3 000 元))	—	250 元/吨	吨
(2) 乙类啤酒(出厂价格 3 000 元(不含增值税)/吨以下)	—	220 元/吨	
4. 其他酒	10%	—	吨
三、高档化妆品	15%	—	实际使用计量单位
四、贵重首饰及珠宝玉石			

（续表）

应税消费品名称	比例税率	定额税率	计量单位
1. 金银首饰、铂金首饰和钻石及钻石饰品	5%	—	实际使用计量单位
2. 其他贵重首饰和珠宝玉石	10%	—	
五、鞭炮、焰火	15%	—	实际使用计量单位
六、成品油			
1. 汽油	—	1.52 元/升	升
2. 柴油	—	1.20 元/升	
3. 航空煤油	—	1.20 元/升	
4. 石脑油	—	1.52 元/升	
5. 溶剂油	—	1.52 元/升	
6. 润滑油	—	1.52 元/升	
7. 燃料油	—	1.20 元/升	
七、摩托车			
1. 气缸容量（排气量，下同）= 250 毫升	3%	—	辆
2. 气缸容量＞250 毫升	10%	—	
八、小汽车			
1. 乘用车			
(1) 气缸容量（排气量，下同）≤1.0 升	1%	—	辆
(2) 1.0 升＜气缸容量≤1.5 升	3%	—	
(3) 1.5 升＜气缸容量≤2.0 升	5%	—	
(4) 2.0 升＜气缸容量≤2.5 升	9%	—	
(5) 2.5 升＜气缸容量≤3.0 升	12%	—	
(6) 3.0 升＜气缸容量≤4.0 升	25%	—	
(7) 气缸容量＞4.0 升	40%	—	
2. 中轻型商用客车	5%	—	
3. 超豪华小汽车	10%	—	
九、高尔夫球及球具	10%	—	实际使用计量单位
十、高档手表	20%	—	只
十一、游艇	10%	—	艘
十二、木制一次性筷子	5%	—	万双

(续表)

应税消费品名称	比例税率	定额税率	计量单位
十三、实木地板	5%	—	平方米
十四、电池	4%	—	只
十五、涂料	4%	—	吨

 **任务实施**

（1）请写出逸香酒业缴纳消费税所依据的税目。

_____

（2）请在表3-3中填写逸香酒业适用的消费税税率。

表3-3 逸香酒业消费税税率表

情形	适用的税率
销售白酒	
销售夏威夷啤酒	
销售雪晶啤酒	

税收热点畅谈

　　"电子烟征消费税是通过经济手段引导健康消费，通过生产、批发端口的税收，可能影响到零售端的电子烟价格，从而控制中低收入人群尤其是青少年的消费选择，引导全人群尤其是青少年的健康消费。"中国政法大学财税法研究中心主任施正文在接受人民日报健康客户端记者采访时表示。请你根据新闻及采访内容，谈谈青少年应如何健康消费。

新闻：将电子烟纳入消费税征收范围

 **任务总结**

　　在完成上述任务后，请你分享学到的知识或技能。

 任务评价

表 3-4　任务评价表　　　　　　　　　　　　　　　单位:分

项目	评价内容	分值	自评	组评	师评	其他
素养 (20)	到岗出勤	2				
	学习、工作用品准备	2				
	探究问题、积极发言	2				
	按时完成任务	2				
	团队协作	2				
	分析问题、解决问题的能力	2				
	关注财税政策	4				
	健康消费理念	4				
知识 (30)	消费税的纳税人	5				
	消费税的税目	15				
	消费税的税率	10				
能力 (50)	能准确划分所属消费税税目	20				
	能判断纳税人适用的消费税税率	20				
	文字描述准确、语言表达流畅	10				
小计						
总计(评分细则及各主体评分占比,由教师根据教学实际确定)						

 任务拓展

请你查阅资料找到有关视同应税消费品生产行为的规定。

任务二　计算消费税及附加税费

任务情境

王芳根据汇总的酒类销售情况表计算消费税应纳税额以及应纳的附加税费并作出相应的会计处理。

任务要求

如果你是王芳,请完成以下任务:
(1) 计算 12 月的消费税应纳税额并作出会计处理。
(2) 计算 12 月的附加税费并作出会计处理。

任务准备

一、计算消费税应纳税额的一般规定

(一) 从价定率计算

从价定率计算公式如下:

$$实行从价定率办法计算的应纳税额＝销售额×比例税率$$

1. 销售额的确定

销售额为纳税人销售应税消费品向购买方收取的全部价款和价外费用。

如果纳税人应税消费品的销售额中未扣除增值税税款或者因不得开具增值税专用发票而发生价款和增值税税款合并收取的,在计算消费税时,应当换算为不含增值税税款的销售额。其换算公式如下:

知新:价外费用

$$应税消费品的销售额＝\frac{含增值税的销售额}{1＋增值税税率或征收率}$$

如果纳税人自产的应税消费品用于换取生产资料和消费资料、投资入股和抵偿债务等方面,应当按纳税人同类应税消费品的最高销售价格作为计税依据计算消费税。

2. 包装物销售收入及押金收入

应税消费品连同包装物销售的,无论包装物是否单独计价以及在会计上如何核算,均应并入应税消费品的销售额中缴纳消费税。

如果包装物不作价随同产品销售,而是收取押金,此项押金收取时不并入应税消费品销售额中征税。但对逾期未收回的包装物不再退还的或者已收取的时间超过 12 个月的押金,应并入应税消费品的销售额,按照应税消费品的适用税率征收消费税。

对既作价随同应税消费品销售,又另外收取的包装物的押金,凡纳税人在规定的期限内没有退还的,均应并入应税消费品的销售额,按照应税消费品的适用税率征收消费税。

从 1995 年 6 月 1 日起,对酒类产品生产企业销售啤酒、黄酒以外的其他酒类产品而收取的包装物押金,无论押金是否返还及会计上如何核算,均应并入酒类产品销售额中征收消费税。

【学中做 3-1】 2022 年 12 月,甲手表厂生产销售 A 款手表 100 只,取得不含税销售收入 200 万元;生产销售 B 款手表 300 只,取得不含税销售收入 150 万元。已知,每只不含税价在 10 000 元(含)以上的手表为高档手表。请计算甲手表厂 12 月应缴纳的消费税税额并作出会计处理。

解析:每只 A 款手表销售价格(不含增值税)为 20 000 元,为应税消费品,生产销售 A 款手表应计算缴纳消费税。每只 B 款手表销售价格(不含增值税)为 5 000 元,为非应税消费品,生产销售 B 款手表不计算缴纳消费税。

甲手表厂 12 月应缴纳消费税 $= 200 \times 20\% = 40$(万元)

在销售时,应当按照应缴消费税税额,借记"税金及附加"科目,贷记"应交税费——应交消费税"科目。其会计处理如下:

借:税金及附加   400 000

  贷:应交税费——应交消费税   400 000

(二) 从量定额计算

从量定额计算公式如下:

$$\text{实行从量定额办法计算的应纳税额} = \text{销售数量} \times \text{定额税率}$$

知新:销售量的确定及计量单位换算标准

【学中做 3-2】甲啤酒厂 2022 年 12 月销售啤酒 200 吨,每吨出厂价格 2 800 元(不含增值税),另收取包装物租金 339 元/吨。请计算甲啤酒厂 12 月应缴纳的消费税税额。

解析:啤酒每吨出厂价格 $= 2\,800 + 339 \div (1 + 13\%) = 3\,100$(元)

每吨出厂价在 3 000 元以上,适用单位税额 250 元。

12 月应缴纳消费税 $= \text{销售数量} \times \text{定额税率} = 200 \times 250 = 50\,000$(元)

(三) 复合计税计算

复合计税计算公式如下:

$$\text{实行复合计税办法计算的应纳税额} = \text{销售额} \times \text{比例税率} + \text{销售数量} \times \text{定额税率}$$

卷烟、白酒采用复合计征方法计税。

【学中做 3-3】2022 年 12 月,甲白酒厂销售白酒 1 000 吨,取得不含增值税销售额 1 500 万元。请计算甲白酒厂当月应缴纳的消费税税额。

解析:应缴纳消费税 $= 1\,500 \times 20\% + 1\,000 \times 2\,000 \times 0.5 \div 10\,000 = 400$(万元)

二、自产自用应税消费品应纳税额的计算

知新:特殊情形的规定

纳税人自产自用的应税消费品,用于连续生产应税消费品的,不纳税。用于连续生产应税消费品,是指纳税人将自产自用的应税消费品作为直接材料生产最终应税消费品,自产自用应税消费品构成最终应税消费品的实体。

纳税人自产自用的应税消费品,用于其他方面的,于移送使用时纳税。用于其他方面的,是指纳税人将自产自用应税消费品用于生产非应税消费品、在建工程、管理部门、非生产机构、提供劳务、馈赠、赞助、集资、广告、样品、职工福利、奖励等方面。

纳税人自产自用的应税消费品,按照纳税人生产的同类消费品的销售价格计算纳税;没有同类消费品销售价格的,按照组成计税价格计算纳税。实行从量定额办法征税的,纳税人按照自产自用数量计算纳税。

实行从价定率办法计算纳税的组成计税价格计算公式如下:

$$\text{组成计税价格} = (\text{成本} + \text{利润}) \div (1 - \text{比例税率})$$

知新:同类消费品的销售价格

【学中做 3-4】甲酒厂(一般纳税人)将自产的葡萄酒对外捐赠,查知无同类产品销售

价格,该批葡萄酒的生产成本为 8 100 元。葡萄酒的成本利润率为 5%。请计算甲酒厂对外捐赠应缴纳的消费税税额和增值税税额并作出会计处理。

解析:组成计税价格 = 8 100 ×(1 + 5%)÷(1 - 10%)= 9 450(元)

应缴纳消费税 = 9 450 × 10% = 945(元)

应缴纳增值税 = 9 450 × 13% = 1 228.5(元)

会计上作收入处理的,消费税通过"税金及附加"科目核算;会计上不作收入处理的,消费税不能通过"税金及附加"科目核算,而是通过其他有关科目核算。例如,用于捐赠的通过"营业外支出"科目核算,用于交际应酬的通过"管理费用"科目核算。其会计处理如下:

借:营业外支出　　　　　　　　　　　　　　　　　　　　　　10 273.5
　　贷:库存商品　　　　　　　　　　　　　　　　　　　　　 8 100.0
　　　　应交税费——应交增值税(销项税额)　　　　　　　　 1 228.5
　　　　　　　　——应交消费税　　　　　　　　　　　　　　　 945.0

实行复合计税办法计算纳税的组成计税价格的计算公式如下:

$$组成计税价格 =(成本 + 利润 + 自产自用数量 × 定额税率)÷(1 - 比例税率)$$

【学中做 3-5】甲酒厂将自产的 150 000 克白酒作为年终奖励发给本厂职工,查知无同类产品销售价格,该批白酒的生产成本为 10 000 元。白酒的成本利润率为 5%。请计算甲酒厂应缴纳的消费税税额并作出会计处理。

解析:组成计税价格 = [10 000 ×(1 + 5%)+ 0.5 ×(150 000 ÷ 500)]÷(1 - 20%)= 13 312.5(元)

应纳消费税 = 13 312.5 × 20% + 0.5 ×(150 000 ÷ 500)= 2 812.5(元)

其会计处理如下:

借:税金及附加　　　　　　　　　　　　　　　　　　　　　　2 812.5
　　贷:应交税费——应交消费税　　　　　　　　　　　　　　 2 812.5

三、委托加工应税消费品应纳税额的计算

委托加工的应税消费品,是指由委托方提供原料和主要材料,受托方只收取加工费和代垫部分辅助材料加工的应税消费品。对于由受托方提供原材料生产的应税消费品,或者受托方先将原材料卖给委托方,然后再接受加工的应税消费品,以及由受托方以委托方名义购进原材料生产的应税消费品,不论纳税人在财务上是否作销售处理,都不得作为委托加工应税消费品,而应当按照销售自制应税消费品缴纳消费税。

委托加工应税消费品,委托方为消费税纳税人,受托方是代收代缴义务人。委托加工的应税消费品,除受托方为个人外,由受托方在向委托方交货时代收代缴消费税。纳税人委托个人(含个体工商户)加工应税消费品,于委托方收回后在委托方所在地缴纳消费税。

委托加工的应税消费品,受托方在交货时已代收代缴消费税,委托方收回后直接销售的,不再征收消费税。委托方将收回的应税消费品,以不高于受托方的计税价格出售的,为直接出售,不再缴纳消费税;委托方以高于受托方的计税价格出售的,不属于直接出售,需按照规定申报缴纳消费税,在计税时准予扣除受托方已代收代缴的消费税。

委托加工的应税消费品,按照受托方的同类消费品的销售价格计算纳税;没有同类消

费品销售价格的,按照组成计税价格计算纳税。

从价定率计税办法计算纳税的组成计税价格及应纳税额计算公式如下:

$$组成计税价格 = (材料成本 + 加工费) \div (1 - 比例税率)$$
$$应代收代缴税额 = 组成计税价格 \times 比例税率$$

复合计税办法计算纳税的组成计税价格及应纳税额计算公式如下:

$$组成计税价格 = (材料成本 + 加工费 + 委托加工数量 \times 定额税率) \div (1 - 比例税率)$$
$$应代收代缴税额 = 组成计税价格 \times 比例税率 + 委托加工数量 \times 定额税率$$

材料成本,是指委托方所提供加工材料的实际成本。委托加工应税消费品的纳税人,必须在委托加工合同上如实注明(或以其他方式提供)材料成本,凡未提供材料成本的,受托方主管税务机关有权核定其材料成本。加工费,是指受托方加工应税消费品向委托方所收取的全部费用(包括代垫辅助材料的实际成本)。

【学中做3-6】甲公司委托丙公司加工一批应税消费品。甲公司为丙公司提供原材料,实际成本为6 000元,支付给丙公司不含增值税的加工费3 000元,其中包括丙公司代垫的辅助材料1 000元。已知适用消费税税率为10%,且实行从价定率办法计征。受托方无同类消费品销售价格。请计算丙公司代收代缴应税消费品的消费税税款并作出甲公司支付代收代缴消费税的会计处理。

解析:组成计税价格 = (材料成本 + 加工费) ÷ (1 - 比例税率) = (6 000 + 3 000) ÷ (1 - 10%) = 10 000(元)

代收代缴消费税税款 = 10 000 × 10% = 1 000(元)

会计处理:收回后直接出售,将受托方代收代缴的消费税计入委托加工的应税消费品成本。

借:委托加工物资   1 000
  贷:银行存款   1 000

收回后,以高于受托方的计税价格出售的:缴纳消费税;可扣除受托方已代收代缴的消费税。受托方代收代缴的消费税借记入"应交税费——应交消费税"科目的借方,待最终应税消费品缴纳消费税时予以抵扣。

借:应交税费——应交消费税   1 000
  贷:银行存款   1 000

四、已纳消费税扣除的计算

对外购、进口应税消费品和委托加工收回的应税消费品连续生产应税消费品销售的,计算征收消费税时,应按当期生产领用数量计算准予扣除的应税消费品已纳的消费税税款。

(一)外购应税消费品已纳税款的扣除

1. 扣除范围

(1) 外购已税烟丝生产的卷烟。

(2) 外购已税高档化妆品生产的高档化妆品。

(3) 外购已税珠宝玉石生产的贵重首饰及珠宝玉石。

(4) 外购已税鞭炮、焰火生产的鞭炮、焰火。

（5）外购已税汽油、柴油、石脑油、燃料油、润滑油为原料生产的应税成品油。

（6）外购已税杆头、杆身和握把为原料生产的高尔夫球杆。

（7）外购已税木制一次性筷子为原料生产的木制一次性筷子。

（8）外购已税实木地板为原料生产的实木地板。

（9）外购葡萄酒连续生产应税葡萄酒。

2．准予扣除的已纳税款的计算

1）从价定率的计算

从价定率计算公式如下：

$$当期准予扣除的外购应税消费品已纳税款 = 当期准予扣除的外购应税消费品买价 \times$$
$$外购应税消费品适用税率$$

$$当期准予扣除的外购应税消费品买价 = 期初库存的外购应税消费品买价 +$$
$$当期购进的外购应税消费品买价 -$$
$$期末库存的外购应税消费品买价$$

2）从量定额的计算

从量定额的计算公式如下：

$$当期准予扣除的外购应税消费品已纳税款 = 当期准予扣除的外购应税消费品数量 \times$$
$$外购应税消费品单位税额$$

$$当期准予扣除的外购应税消费品数量 = 期初库存的外购应税消费品数量 +$$
$$当期购进的外购应税消费品数量 -$$
$$期末库存的外购应税消费品数量$$

做中学 3-1

外购应税消费品数量为规定的发票（含销货清单）注明的应税消费品的销售数量。

（二）委托加工收回的应税消费品已纳税款的扣除

纳税人用委托加工收回的下列应税消费品连续生产应税消费品，在计征消费税时可以扣除委托加工收回应税消费品的已纳消费税税款：

（1）以委托加工收回的已税烟丝为原料生产的卷烟。

（2）以委托加工收回的已税高档化妆品为原料生产的高档化妆品。

（3）以委托加工收回的已税珠宝玉石为原料生产的贵重首饰及珠宝玉石。

（4）以委托加工收回的已税鞭炮、焰火为原料生产的鞭炮、焰火。

（5）以委托加工收回的已税汽油、柴油、石脑油、燃料油、润滑油为原料生产的应税成品油。

（6）以委托加工收回的已税杆头、杆身和握把为原料生产的高尔夫球杆。

（7）以委托加工收回的已税木制一次性筷子为原料生产的木制一次性筷子。

（8）以委托加工收回的已税实木地板为原料生产的实木地板。

委托加工收回的应税消费品连续生产的应税消费品，准予从应纳消费税税额中按当期生产领用数量计算扣除其已纳消费税税款。其计算公式如下：

$$当期准予扣除的委托加工应税消费品已纳税款 = 期初库存的委托加工应税消费品已纳税款 +$$
$$当期收回的委托加工应税消费品已纳税款 -$$
$$期末库存的委托加工应税消费品已纳税款$$

　　纳税人用委托加工收回的已税珠宝玉石生产的改在零售环节征收消费税的金银、钻石首饰,在计税时一律不得扣除委托加工收回的珠宝玉石已纳的消费税税款。

五、进口应税消费品应纳税额的计算

　　进口或代理进口应税消费品的单位和个人,为进口应税消费品消费税的纳税义务人。

(一) 从价定率的计算

从价定率计算公式如下:

$$组成计税价格 = \frac{关税完税价格 + 关税}{1 - 消费税比例税率}$$

$$应纳税额 = 组成计税价格 \times 消费税比例税率$$

(二) 从量定额的计算

从量定额计算公式如下:

$$应纳税额 = 应税消费品数量 \times 消费税定额税率$$

(三) 复合计税的计算

复合计税计算公式如下:

$$组成计税价格 = \frac{关税完税价格 + 关税 + 进口数量 \times 消费税定额税率}{1 - 消费税比例税率}$$

$$应纳消费税税额 = 组成计税价格 \times 消费税比例税率 + 进口数量 \times 消费税定额税率$$

　　进口应税消费品缴纳的消费税一般不通过"应交税费——应交消费税"科目核算,在将消费税计入进口应税消费品成本时,直接贷记"银行存款"科目。在特殊情况下,如出现先提货、后缴纳消费税的,或者用于连续生产其他应税消费品按规定允许扣税的,可以通过"应交税费——应交消费税"科目核算。

六、零售、批发应税消费品应纳税额的计算

做中学 3-3

(一) 金银首饰

　　自 1995 年 1 月 1 日起,金银首饰消费税由生产销售环节征收改为零售环节征收。改为零售环节征收消费税的金银首饰范围仅限于:金、银和金基、银基合金首饰,以及金、银和金基、银基合金的镶嵌首饰。不属于此范围的应征消费税的首饰,仍在生产销售环节征收消费税。

　　对既销售金银首饰,又销售非金银首饰的生产、经营单位,应将两类商品划分清楚,分别核算销售额。凡划分不清楚或不能分别核算的,在生产环节销售的,一律从高适用税率征收消费税;在零售环节销售的,一律按金银首饰征收消费税。

　　金银首饰与其他产品组成成套消费品销售的,应按销售额全额征收消费税。

知新:零售
金银首饰的
计税依据及
会计处理

(二) 超豪华小汽车

　　自 2016 年 12 月 1 日起,对超豪华小汽车,在生产(进口)环节按现行税率征收消费税基础上,在零售环节加征消费税,税率为 10%。超豪华小汽车是指每辆零售价格为 130 万元(不含增值税)及以上的乘用车和中轻型商用客车。消费税应纳税额的计算公式如下:

$$应纳税额 = 零售环节销售额(不含增值税) \times 零售环节税率$$

　　国内汽车生产企业直接销售给消费者的超豪华小汽车,消费税税率按照生产环节税

率和零售环节税率加总计算。消费税应纳税额的计算公式如下：

$$应纳税额＝销售额×（生产环节税率＋零售环节税率）$$

（三）卷烟及电子烟

自 2009 年 5 月 1 日起，在卷烟批发环节加征一道从价税。自 2015 年 5 月 10 日起，卷烟批发环节从价税税率由 5% 提高至 11%，并按 0.005 元/支加征从量税。

自 2022 年 11 月 1 日起，将电子烟纳入消费税征收范围。在中华人民共和国境内生产（进口）、批发电子烟的单位和个人为消费税纳税人。纳税人生产、批发电子烟的，按照生产、批发电子烟的销售额计算纳税，批发环节的税率为 11%。

七、附加税费的计算

【**学中做 3-7**】甲公司位于市区，2022 年 12 月实际缴纳的增值税为 10 万元，消费税为 8 万元，请计算甲公司应缴纳的城市维护建设税、教育费附加及地方教育附加。

解析：

应纳城市维护建设税＝（10＋8）×7%＝1.26（万元）

应纳教育费附加＝（10＋8）×3%＝0.54（万元）

应纳地方教育附加＝（10＋8）×2%＝0.36（万元）

 任务实施

（1）请计算 12 月的消费税应纳税额，并作出会计处理。

（2）请计算 12 月的附加税费，并作出会计处理。

税收热点畅谈

自 2021 年 5 月 1 日起，新的消费税申报表变化包括：一是将原分税目的 8 张消费税纳税申报表主表整合为 1 张主表，基本框架结构维持不变，包含销售情况、税款计算和税款缴纳三部分，增加了栏次和列次序号及表内勾稽关系，删除不参与消费税计算的"期初未缴税额"等 3 个项目，方便纳税人平稳过渡使用新申报表。二是将原分税目的 22 张消费税纳税申报表附表整合为 7 张附表,其中 4 张为通用附表, 1 张成品油消费税纳税人填报的专用附表、2 张卷烟消费税纳税人填报的专用附表。 请你谈一谈新的消费税申报表变化的意义。

 **任务总结**

在完成上述任务后,请你分享学到的知识或技能。

 **任务评价**

表 3-5 任务评价表   单位:分

项目	评价内容	分值	自评	组评	师评	其他
素养 (20)	到岗出勤	2				
	学习、工作用品准备	2				
	探究问题、积极发言	2				
	按时完成任务	2				
	团队协作	2				
	分析问题、解决问题的能力	2				
	节约资源意识	4				
	绿色消费理念	4				
知识 (30)	从价定率计算公式	5				
	从量定额计算公式	5				
	复合计税公式	5				
	消费税征税环节	5				
	自产自用的规定	5				
	已纳消费税税款扣除的规定	5				
能力 (50)	会计算自产自用应税消费品的应纳税额	9				
	会计算委托加工应税消费品的应纳税额	9				
	会计算已纳消费税的扣除金额	9				
	会计算进口应税消费品的应纳税额	9				
	能正确进行消费税的相关会计处理	9				
	文字描述准确、语言表达流畅	5				
小计						
总计(评分细则及各主体评分占比,由教师根据教学实际确定)						

任务拓展

任务三	**申报消费税及附加税费**

任务情境

　　王芳于 2023 年 1 月 10 日，登录电子税务局完成 2022 年 12 月份的消费税及附加税费申报和税款缴纳工作并完成会计处理。

任务要求

　　如果你是王芳，请完成以下任务：
　　(1) 填写消费税及附加税费申报表。
　　(2) 填写消费税附加税费计算表。
　　(3) 编制缴纳消费税及附加税费的会计凭证。

任务准备

一、消费税纳税义务发生时间

　　消费税纳税义务发生时间，根据不同情况分列如下：
　　(1) 纳税人销售应税消费品的，按不同的销售结算方式分别为：①采取赊销和分期收款结算方式的，为书面合同约定的收款日期的当天，书面合同没有约定收款日期或者无书面合同的，为发出应税消费品的当天。②采取预收货款结算方式的，为发出应税消费品的当天。③采取托收承付和委托银行收款方式的，为发出应税消费品并办妥托收手续的当天。④采取其他结算方式的，为收讫销售款或者取得索取销售款凭据的当天。
　　(2) 纳税人自产自用应税消费品的，其纳税义务发生时间，为移送使用的当天。
　　(3) 纳税人委托加工应税消费品的，其纳税义务发生时间，为纳税人提货的当天。
　　(4) 纳税人进口应税消费品的，其纳税义务发生时间，为报关进口的当天。

二、消费税纳税期限

消费税的纳税期限分别为 1 日、3 日、5 日、10 日、15 日、1 个月或者 1 个季度。纳税人的具体纳税期限，由主管税务机关根据纳税人应纳税额的大小分别核定；不能按照固定期限纳税的，可以按次纳税。

纳税人以 1 个月或者 1 个季度为 1 个纳税期的，自期满之日起 15 日内申报纳税；以其他期限纳税的，自期满之日起 5 日内预缴税款，于次月 1 日起 15 日内申报纳税并结清上月税款。

纳税人进口应税消费品，应当自海关填发海关进口消费税专用缴款书之日起 15 日内缴纳税款。

三、消费税纳税地点

（1）纳税人销售的应税消费品及自产自用的应税消费品，除国家另有规定外，应当向纳税人机构所在地或者居住地的主管税务机关申报纳税。

纳税人的总机构与分支机构不在同一县（市）的，应当分别向各自机构所在地的主管税务机关申报纳税，经财政部、国家税务总局或者其授权的财政、税务机关批准，可以由总机构汇总向总机构所在地的主管税务机关申报纳税。

（2）纳税人到外县（市）销售或委托外县（市）代销自产应税消费品的，于应税消费品销售后，向机构所在地或者居住地主管税务机关申报纳税。

（3）委托加工的应税消费品，除受托方为个人外，由受托方向机构所在地或者居住地的主管税务机关解缴消费税税款。委托个人加工的应税消费品，由委托方向其机构所在地或者居住地主管税务机关申报纳税。

（4）进口的应税消费品，由进口人或由其代理人向报关地海关申报纳税。此外，个人携带或者邮寄进境的应税消费品的消费税，连同关税由海关一并计征。具体办法由国务院关税税则委员会会同有关部门制定。

四、消费税及附加税费纳税申报

（一）办理流程

消费税及附加税费纳税申报办理流程如图 3-1 所示。

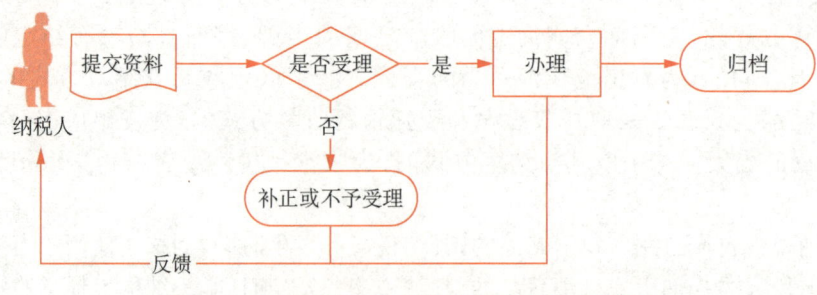

图 3-1　消费税及附加税费纳税申报办理流程图

（二）办理材料

根据应税消费品的不同种类，按照烟类、酒类、成品油、小汽车、电池、涂料、其他类分别提交不同的材料。

（三）消费税及附加税费纳税申报表

消费税及附加税费申报表及其附表，具体包括以下内容：

（1）消费税及附加税费申报表。

（2）本期准予扣除税额计算表。

（3）本期准予扣除税额计算表（成品油消费税纳税人适用）。

（4）本期减（免）税额明细表。

（5）本期委托加工收回情况报告表。

（6）卷烟批发企业月份销售明细清单（卷烟批发环节消费税纳税人适用）。

（7）卷烟生产企业合作生产卷烟消费税情况报告表（卷烟生产环节消费税纳税人适用）。

（8）消费税附加税费计算表。

知新：消费税申报办理材料

知新：消费税及附加税费申报表及其附表

五、缴纳消费税及附加税费的会计处理

企业缴纳消费税，借记"应交税费——应交消费税"科目，贷记"银行存款"科目。缴纳城市维护建设税、教育费附加和地方教育附加的会计处理见项目二。

 任务实施

（1）请填写消费税及附加税费申报表，如表3-6所示。

表3-6 消费税及附加税费申报表

税款所属期：自 年 月 日至 年 月 日

纳税人识别号（统一社会信用代码）：□□□□□□□□□□□□□□□□□□□□

纳税人名称：

金额单位：人民币元（列至角分）

项目　　　应税消费品	适用税率		计量单位	本期销售数量	本期销售额	本期应纳税额
	定额税率	比例税率				
	1	2	3	4	5	$6=1\times4+2\times5$
合计	—	—	—	—	—	

	栏次	本期税费额
本期减（免）税额	7	
期初留抵税额	8	
本期准予扣除税额	9	
本期应扣除税额	$10=8+9$	
本期实际扣除税额	$11[10<(6-7)$，则为10，否则为$6-7]$	
期末留抵税额	$12=10-11$	
本期预缴税额	13	
本期应补（退）税额	$14=6-7-11-13$	
城市维护建设税本期应补（退）税额	15	
教育费附加本期应补（退）费额	16	
地方教育附加本期应补（退）费额	17	

　　声明：此表是根据国家税收法律法规及相关规定填写的，本人（单位）对填报内容（及附带资料）的真实性、可靠性、完整性负责。

纳税人（签章）： 年 月 日

经办人： 经办人身份证号： 代理机构签章： 代理机构统一社会信用代码：	受理人： 受理税务机关（章）： 受理日期： 年 月 日

（2）请填写消费税附加税费计算表，如表3-7所示。

表3-7　消费税附加税费计算表 金额单位：元（列至角分）

本期是否适用小微企业"六税两费"减免政策		□是□否		减免政策适用主体		增值税小规模纳税人：□是□否			
						增值税一般纳税人：□个体工商户□小型微利企业			
				适用减免政策起止时间		年　　月至　　年　　月			
税（费）种	计税（费）依据	税（费）率（%）	本期应纳税（费）额	本期减免税（费）额		小微企业"六税两费"减免政策		本期已缴税（费）额	本期应补（退）税（费）额
	消费税税额			减免性质代码	减免税（费）额	减征比例（%）	减征额		
	1	2	3＝1×2	4	5	6	7＝（3－5）×6	8	9＝3－5－7－8
城市维护建设税									
教育费附加									
地方教育附加									
合计	—	—		—			—		

（3）请写出缴纳消费税及附加税费的会计分录。

任务总结

在完成上述任务后，请你分享学到的知识或技能。

实操：实训平台操作演示

 **任务评价**

表 3-8　任务评价表

单位:分

项目	评价内容	分值	自评	组评	师评	其他
素养 (20)	到岗出勤	2				
	学习、工作用品准备	2				
	探究问题、积极发言	2				
	按时完成任务	2				
	团队协作	2				
	分析问题、解决问题的能力	2				
	节约资源意识	4				
	绿色消费理念	4				
知识 (30)	消费税纳税义务发生时间	10				
	消费税纳税期限	5				
	消费税纳税地点	5				
	熟悉纳税申报表项目	10				
能力 (50)	能判断消费税的纳税义务发生时间	10				
	能正确填写消费税及附加税费纳税申报表	10				
	熟悉纳税申报流程	10				
	会正确核算缴纳税费业务	10				
	文字描述准确、语言表达流畅	10				
小计						
总计(评分细则及各主体评分占比,由教师根据教学实际确定)						

 **任务拓展**

任务四　优化消费税管理

任务情境

2023年1月10日,逸香酒业接到一个5 000 000克梦之光白酒的订单,单价为500元/500克,销售额共计5 000 000元。由于交货时间比较紧迫,逸香酒业有三种生产方案:

方案一:提供价值2 000 000元的原材料委托甲公司加工成4 000 000克高纯度白酒,收回后再生产成5 000 000克梦之光白酒销售,双方协议加工费为1 000 000元。

方案二:提供价值2 000 000元的原材料委托甲公司加工成最终产品,收回后直接销售,协议加工费1 500 000元。

方案三:自己生产此订单全部产品。

按要求由甲公司代收代缴消费税时,甲公司无同类白酒的销售价格。经理要求王芳给出合理的建议。

任务要求

如果你是王芳,请完成以下任务:

(1) 分析方案可能存在的风险点。

(2) 选择合适的方案。

任务准备

一、税法依据

(一)直接销售的规定

委托加工的应税消费品,受托方在交货时已代收代缴消费税,委托方收回后直接销售的,不再征收消费税。委托方将收回的应税消费品,以不高于受托方的计税价格出售的,为直接出售,不再缴纳消费税;委托方以高于受托方的计税价格出售的,不属于直接出售,需按照规定申报缴纳消费税,在计税时准予扣除受托方已代收代缴的消费税。

(二)代收代缴消费税的计算

委托加工的应税消费品,按照受托方的同类消费品的销售价格计算纳税;没有同类消费品销售价格的,按照组成计税价格计算纳税。

从价定率计税办法计算纳税的组成计税价格及应纳税额计算公式如下:

$$组成计税价格 = (材料成本 + 加工费) \div (1 - 比例税率)$$
$$应代收代缴税额 = 组成计税价格 \times 比例税率$$

复合计税办法计算纳税的组成计税价格及应纳税额计算公式如下:

$$组成计税价格＝（材料成本＋加工费＋委托加工数量×定额税率）÷（1－比例税率）$$
$$应代收代缴税额＝组成计税价格×比例税率＋委托加工数量×定额税率$$

（三）委托加工收回的应税消费品已纳税款的扣除

纳税人用委托加工收回的下列应税消费品连续生产应税消费品,在计征消费税时可以扣除委托加工收回应税消费品的已纳消费税税款:

（1）以委托加工收回的已税烟丝为原料生产的卷烟。

（2）以委托加工收回的已税高档化妆品为原料生产的高档化妆品。

（3）以委托加工收回的已税珠宝玉石为原料生产的贵重首饰及珠宝玉石。

（4）以委托加工收回的已税鞭炮、焰火为原料生产的鞭炮、焰火。

（5）以委托加工收回的已税汽油、柴油、石脑油、燃料油、润滑油为原料生产的应税成品油。

（6）以委托加工收回的已税杆头、杆身和握把为原料生产的高尔夫球杆。

（7）以委托加工收回的已税木制一次性筷子为原料生产的木制一次性筷子。

（8）以委托加工收回的已税实木地板为原料生产的实木地板。

由上述规定可以看出,扣除范围没有包括以委托加工收回的已税白酒生产的白酒。

（四）白酒最低计税价格的核定

根据《国家税务总局关于加强白酒消费税征收管理的通知》（国税函〔2009〕380号）的规定,自2009年8月1日起,对白酒消费税实行最低计税价格核定管理办法。

白酒生产企业销售给销售单位的白酒,生产企业消费税计税价格为销售单位对外销售价格（不含增值税）70%以下的,税务机关应核定消费税最低计税价格。自2015年6月1起,纳税人将委托加工收回的白酒销售给销售单位,消费税计税价格为销售单位对外销售价格（不含增值税）70%以下的,也应核定消费税最低计税价格。

二、税务风险提示

实务中,经常有企业通过设立销售公司,以低价售予销售公司,销售公司再以高价对外出售的方式减少消费税支出。（国税函〔2009〕380号）出台后,此做法得到了遏制。此外,税务会计人员对消费税政策把握要准确,清楚本公司应税消费品是否属于已纳消费税扣除范围,以避免错误应用政策而导致偷税漏税。

 **任务实施**

（1）请将方案中可能存在的风险点写到下面的横线上。

_____

_____

（2）请在表3-9中分别计算各方案应缴纳的消费税,选出最优的方案。

表 3-9　方案分析表

方案一	方案二	方案三
结论：		

 **任务总结**

在完成上述任务后，请你分享学到的知识或技能。

 **任务评价**

表 3-10　任务评价表　　　　　　　　　　　　　　　　　　　　　　单位：分

项目	评价内容	分值	自评	组评	师评	其他
素养 （20）	到岗出勤	2				
	学习、工作用品准备	2				
	探究问题、积极发言	2				
	按时完成任务	2				
	团队协作	2				
	分析问题、解决问题的能力	3				
素养 （20）	依法纳税意识	3				
	税务风险识别能力	4				
知识 （30）	直接销售的规定	10				
	代收代缴消费税的计算	10				
	委托加工收回的应税消费品已纳税款的扣除	10				
能力 （50）	能分析业务存在的风险点	15				
	能正确应用税收政策	20				
	能为企业建言献策	10				
	文字描述准确、语言表达流畅	5				
	小计					
总计（评分细则及各主体评分占比，由教师根据教学实际确定）						

 **任务拓展**

 **知识巩固**

 **技能提升**

项目四

财产和行为税申报与管理

 **素养目标**

1. 具有依法纳税意识
2. 养成关注财税政策习惯
3. 树立科学发展观
4. 树立绿色发展观
5. 养成资源节约意识

 知识目标

1. 了解财产和行为税的概念
2. 理解财产和行为税合并申报的意义
3. 掌握财产和行为税的基本税收政策
4. 熟悉财产和行为税合并申报的流程

 能力目标

1. 正确计算财产和行为税
2. 掌握财产和行为税的会计处理
3. 准确申报财产和行为税
4. 帮助企业优化财产和行为税管理

 **知识导图**

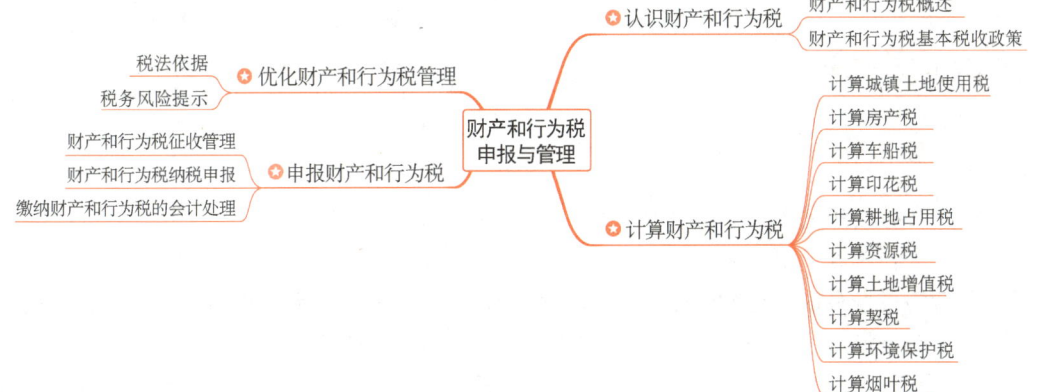

项目导读·思政园地

便民春风常吹拂　惠企利民暖人心

为深入贯彻党的十九届五中全会和中央经济工作会议精神,落实党中央、国务院关于深化"放管服"改革、优化营商环境的部署,贯彻落实中办、国办印发的《关于进一步深化税收征管改革的意见》,按照《国家税务总局关于开展2021年"我为纳税人缴费人办实事暨便民办税春风行动"的意见》(税总发〔2021〕14号)要求,国家税务总局发布《关于简并税费申报有关事项的公告》,自2021年6月1日起,全面推行财产和行为税合并申报,逐步实现多税种"一张报表、一次申报、一次缴款、一张凭证",为纳税人解难题、办实事,让纳税人缴费人感受春风之暖。

任务一　认识财产和行为税

任务情境

为持续推进"便民办税春风行动"提档升级,优化税收营商环境,确保财产和行为税合并申报工作落到实处,海沧区税务局以纳税人需求为导向,邀请辖区内涉税企业相关人员参加财产和行为税合并申报培训。逸香酒业的财务经理李中肯和税务会计王芳参加了此次培训。

任务要求

如果你是王芳,请完成以下任务:
(1)分析逸香酒业是否需要缴纳财产和行为税。
(2)如需缴纳,列明逸香酒业涉及的财产和行为税。

任务准备

一、财产和行为税概述

财产和行为税是现有税种中财产类和行为类税种的统称。

财产和行为税合并申报,通俗讲就是"简并申报表,一表报多税",纳税人在申报多个财产和行为税税种时,不再单独使用分税种申报表,而是在一张纳税申报表上同时申报多个税种。对纳税人而言,可简化报送资料,减少申报次数,缩短办税时间。

财产和行为税合并申报的税种范围包括城镇土地使用税、房产税、车船税、印花税、耕地占用税、资源税、土地增值税、契税、环境保护税、烟叶税等 10 个税种。

二、财产和行为税基本税收政策

(一) 城镇土地使用税

城镇土地使用税是指国家在城市、县城、建制镇、工矿区范围内,对使用土地的单位和个人,以其实际占用的土地面积为计税依据,按照规定的税额计算征收的一种税。

知新:开征城镇土地使用税的意义

1. 纳税人

在城市、县城、建制镇、工矿区范围内使用土地的单位和个人,为城镇土地使用税的纳税人,应按规定缴纳土地使用税。

根据用地者的不同情况,对纳税人作了如下具体规定:

(1) 土地使用税由拥有土地使用权的单位或个人缴纳。

(2) 拥有土地使用权的纳税人不在土地所在地的,由代管人或实际使用人纳税。

(3) 土地使用权未确定或权属纠纷未解决的,由实际使用人纳税。

(4) 土地使用权共有的,由共有各方分别纳税。

2. 征税范围

城镇土地使用税的征税范围为城市、县城、建制镇、工矿区范围内的土地。

3. 税率

城镇土地使用税实行定额税率。每平方米年税额如下:

(1) 大城市 1.5 元至 30 元。

(2) 中等城市 1.2 元至 24 元。

(3) 小城市 0.9 元至 18 元。

(4) 县城、建制镇、工矿区 0.6 元至 12 元。

上述大、中、小城市以公安部门登记在册的非农业正式户口人数为依据,按照国务院颁布的《城市规划条例》中规定的标准划分。现行的划分标准是:市区及郊区非农业人口总计在 50 万以上的,为大城市;市区及郊区非农业人口总计在 20 万至 50 万的,为中等城市;市区及郊区非农业人口总计在 20 万以下的,为小城市。

因市、县人民政府需根据实际情况,将本地区土地划分为若干等级,并在省、自治区、直辖市人民政府确定的税额幅度内,制定相应的适用税额标准,需要以所在地主管税务机关公布的税额标准为依据计算税额。

4. 税收优惠政策

根据《中华人民共和国城镇土地使用税暂行条例》及相关规定,下列土地免征城镇土地使用税:

(1) 国家机关、人民团体、军队自用的土地。

(2) 由国家财政部门拨付事业经费的单位自用的土地。

(3) 宗教寺庙、公园、名胜古迹自用的土地。

(4) 市政街道、广场、绿化地带等公共用地。

(5) 直接用于农、林、牧、渔业的生产用地。

(6) 经批准开山填海整治的土地和改造的废弃土地,从使用的月份起免缴土地使用税 5 年至 10 年。

（7）由财政部另行规定免税的能源、交通、水利设施用地和其他用地。

（8）自 2022 年 1 月 1 日至 2024 年 12 月 31 日，省、自治区、直辖市人民政府根据本地区实际情况，以及宏观调控需要确定，对增值税小规模纳税人、小型微利企业和个体工商户可以在 50% 的税额幅度内减征城镇土地使用税。已依法享受城镇土地使用税其他优惠政策的，可叠加享受该减半征收优惠政策。

【学中做 4-1】

（单选题）下列用地，免征城镇土地使用税的是（　　）。

A. 军队家属的院落用地

B. 国家机关的办公用地

C. 房地产公司开发写字楼用地

D. 企业内部道路绿化用地

答案：B

（二）房产税

房产税是以房屋为征税对象，以房屋的计税余值或租金收入为计税依据，向房屋产权所有人征收的一种财产税。

1. 纳税人

房产税由产权所有人缴纳。产权属于全民所有的，由经营管理的单位缴纳。产权出典的，由承典人缴纳。产权所有人、承典人不在房产所在地的，或者产权未确定及租典纠纷未解决的，由房产代管人或者使用人缴纳。

上述列举的产权所有人、经营管理单位、承典人、房产代管人或者使用人，统称为纳税义务人。

【学中做 4-2】

（多选题）下列关于房产税纳税人的说法中，正确的有（　　）。

A. 产权属于国家所有的，由经营管理单位纳税

B. 产权属于集体和个人所有的，由经营管理单位纳税

C. 产权出典的，由出典人纳税

D. 产权未确定及租典纠纷未解决的，由房产代管人或者使用人纳税

答案：AD

解析：产权属于集体和个人所有的，由集体单位和个人纳税。

2. 征税范围

房产税在城市、县城、建制镇和工矿区范围内征收。

3. 税率

房产税采用比例税率，根据计税依据的不同，实行不同标准的比例税率。

（1）依照房产余值计算缴纳的，税率为 1.2%。

（2）依照房产租金收入计算缴纳的，税率为 12%。自 2008 年 3 月 1 日起，对个人出租住房，不区分用途，按 4% 的税率征收房产税。

4．税收优惠政策

根据《中华人民共和国房产税暂行条例》及有关规定，下列房产免征房产税：

（1）国家机关、人民团体、军队自用的房产。

（2）由国家财政部门拨付事业经费的单位自用的房产。

（3）宗教寺庙、公园、名胜古迹自用的房产。

（4）个人所有非营业用的房产。

（5）经财政部批准免税的其他房产。

（6）自 2019 年 6 月 1 日至 2025 年 12 月 31 日，为社区提供养老、托育、家政等服务的机构自有或其通过承租、无偿使用等方式取得并用于提供社区养老、托育、家政服务的房产、土地，免征房产税。

（7）自 2022 年 1 月 1 日至 2024 年 12 月 31 日，省、自治区、直辖市人民政府根据本地区实际情况，以及宏观调控需要确定，对增值税小规模纳税人、小型微利企业和个体工商户可以在 50% 的税额幅度内减征房产税。已依法享受房产税其他优惠政策的，可叠加享受该减半征收优惠政策。

（三）车船税

车船税，是指在中华人民共和国境内的车辆、船舶的所有人或者管理人按照《中华人民共和国车船税法》的规定应缴纳的一种税。

1．纳税人

在中华人民共和国境内属于《中华人民共和国车船税法》所附《车船税税目税额表》规定的车辆、船舶（以下简称车船）的所有人或者管理人，为车船税的纳税人。

从事机动车第三者责任强制保险业务的保险机构为机动车车船税的扣缴义务人，应当在收取保险费时依法代收车船税，并出具代收税款凭证。

2．征税范围

车船税的征税范围为《车船税税目税额表》规定的车辆、船舶。车辆、船舶，是指：

（1）依法应当在车船登记管理部门登记的机动车辆和船舶。

（2）依法不需要在车船登记管理部门登记的在单位内部场所行驶或者作业的机动车辆和船舶。

3．税率

车船税实行定额税率，适用税额依照《车船税税目税额表》执行。

车辆的具体适用税额由省、自治区、直辖市人民政府依照《车船税税目税额表》规定的税额幅度和国务院的规定确定。

船舶的具体适用税额由国务院在《车船税税目税额表》（表 4-1）规定的税额幅度内确定。

表 4-1　车船税税目税额表

税目		计税单位	年基准税额	备注
乘用车〔按发动机汽缸容量（排气量）分档〕	1.0 升（含）以下的	每辆	60 元至 360 元	核定载客人数 9 人（含）以下
	1.0 升以上至 1.6 升（含）的		300 元至 540 元	
	1.6 升以上至 2.0 升（含）的		360 元至 660 元	

（续表）

税目		计税单位	年基准税额	备注
乘用车［按发动机汽缸容量（排气量）分档］	2.0升以上至2.5升（含）的	每辆	660元至1 200元	核定载客人数9人（含）以下
	2.5升以上至3.0升（含）的		1 200元至2 400元	
	3.0升以上至4.0升（含）的		2 400元至3 600元	
	4.0升以上的		3 600元至5 400元	
商用车	客车	每辆	480元至1 440元	核定载客人数9人以上，包括电车
	货车	整备质量每吨	16元至120元	包括半挂牵引车、三轮汽车和低速载货汽车等
挂车		整备质量每吨	按照货车税额的50%计算	
其他车辆	专用作业车	整备质量每吨	16元至120元	不包括拖拉机
	轮式专用机械车		16元至120元	
摩托车		每辆	36元至180元	
船舶	机动船舶	净吨位每吨	3元至6元	拖船、非机动驳船分别按照机动船舶税额的50%计算
	游艇	艇身长度每米	600元至2 000元	

4. 税收优惠政策

根据《中华人民共和国车船税法》及相关规定，下列车船免征车船税：

（1）捕捞、养殖渔船。

（2）军队、武装警察部队专用的车船。

（3）警用车船。

（4）悬挂应急救援专用号牌的国家综合性消防救援车辆和国家综合性消防救援专用船舶。

（5）依照法律规定应当予以免税的外国驻华使领馆、国际组织驻华代表机构及其有关人员的车船。

对节约能源、使用新能源的车船可以减征或者免征车船税；对受严重自然灾害影响纳税困难以及有其他特殊原因确需减税、免税的，可以减征或者免征车船税。具体办法由国务院规定，并报全国人民代表大会常务委员会备案。

对纯电动乘用车、燃料电池乘用车、非机动车船（不包括非机动驳船）、临时入境的外国车船和香港特别行政区、澳门特别行政区、台湾地区的车船，不征收车船税。

【学中做 4-3】

（单选题）下列车辆，应缴纳车船税的是（　　）。

A. 挂车

B. 插电式混合动力车

C. 国际组织驻华代表机构使用的车辆

D. 武装警察部队专用的车辆

答案：A

（四）印花税

知新：新能源车船免征车船税

印花税是对在经济活动和经济交往中书立、领受具有法律效力的凭证的行为征收的一种税。其因采用在应税凭证上粘贴印花税票作为完税的标志而得名。

　　1. 纳税人

在中华人民共和国境内书立应税凭证、进行证券交易的单位和个人，为印花税的纳税人，应当依照规定缴纳印花税。

在中华人民共和国境外书立在境内使用的应税凭证的单位和个人，应当依照规定缴纳印花税。

　　2. 征税范围

印花税采用列举形式，只对《中华人民共和国印花税法》所附《印花税税目税率表》列明的凭证征收，具体包括四大类即合同（指书面合同）、产权转移书据、营业账簿、证券交易。

　　1）合同（指书面合同）

《印花税税目税率表》中共列举了 11 大类合同，分别是：借款合同、融资租赁合同、买卖合同、承揽合同、建设工程合同、运输合同、技术合同、租赁合同、保管合同、仓储合同、财产保险合同。

　　2）产权转移书据

我国印花税税目中的产权转移书据包括：土地使用权出让书据；土地使用权、房屋等建筑物和构筑物所有权转让书据（不包括土地承包经营权和土地经营权转移）；股权转让书据（不包括应缴纳证券交易印花税的）；商标专用权、著作权、专利权、专有技术使用权转让书据。

　　3）营业账簿

按照《中华人民共和国印花税法》规定，目前只对资金账簿反映生产经营单位"实收资本"和"资本公积"的金额征收印花税，对其他营业账簿不征收印花税。

　　4）证券交易

证券交易是指转让在依法设立的证券交易所、国务院批准的其他全国性证券交易场所交易的股票和以股票为基础的存托凭证。

　　3. 税率

印花税实行比例税率和定额税率两种形式，印花税税目税率情况如表 4-2 所示。

表 4-2　印花税税目税率表

税目		税率	备注
合同(指书面合同)	借款合同	借款金额的 0.05‰	指银行业金融机构、经国务院银行业监督管理机构批准设立的其他金融机构与借款人(不包括同业拆借)的借款合同
	融资租赁合同	租金的 0.05‰	
	买卖合同	价款的 0.3‰	指动产买卖合同(不包括个人书立的动产买卖合同)
	承揽合同	报酬的 0.3‰	
	建设工程合同	价款的 0.3‰	
	运输合同	运输费用的 0.3‰	指货运合同和多式联运合同(不包括管道运输合同)
	技术合同	价款、报酬或者使用费的 0.3‰	不包括专利权、专有技术使用权转让书据
	租赁合同	租金的 1‰	
	保管合同	保管费的 1‰	
	仓储合同	仓储费的 1‰	
	财产保险合同	保险费的 1‰	不包括再保险合同
产权转移书据	土地使用权出让书据	价款的 0.5‰	转让包括买卖(出售)、继承、赠与、互换、分割
	土地使用权、房屋等建筑物和构筑物所有权转让书据(不包括土地承包经营权和土地经营权转移)	价款的 0.5‰	
	股权转让书据(不包括应缴纳证券交易印花税的)	价款的 0.5‰	
	商标专用权、著作权、专利权、专有技术使用权转让书据	价款的 0.3‰	
营业账簿		实收资本(股本)、资本公积合计金额的 0.25‰	
证券交易		成交金额的 1‰	

【学中做 4-4】

(单选题)根据印花税的相关规定,下列合同不属于"产权转移书据"的是(　　)。

A. 专有技术使用权转让合同　　　　　B. 非专利技术转让合同

C. 土地使用权转让合同　　　　　　　D. 土地使用权出让合同

答案:B

4．税收优惠政策

根据《中华人民共和国印花税法》及相关规定，下列凭证免征印花税：

（1）应税凭证的副本或者抄本。

（2）依照法律规定应当予以免税的外国驻华使馆、领事馆和国际组织驻华代表机构为获得馆舍书立的应税凭证。

（3）中国人民解放军、中国人民武装警察部队书立的应税凭证。

（4）农民、家庭农场、农民专业合作社、农村集体经济组织、村民委员会购买农业生产资料或者销售农产品书立的买卖合同和农业保险合同。

（5）无息或者贴息借款合同、国际金融组织向中国提供优惠贷款书立的借款合同。

（6）财产所有权人将财产赠与政府、学校、社会福利机构、慈善组织书立的产权转移书据。

（7）非营利性医疗卫生机构采购药品或者卫生材料书立的买卖合同。

（8）个人与电子商务经营者订立的电子订单。

（9）自 2022 年 1 月 1 日至 2024 年 12 月 31 日，省、自治区、直辖市人民政府根据本地区实际情况，以及宏观调控需要确定，对增值税小规模纳税人、小型微利企业和个体工商户可以在 50%的税额幅度内减征印花税（不含证券交易印花税）。已依法享受印花税其他优惠政策的，可叠加享受该减半征收优惠政策。

根据国民经济和社会发展的需要，国务院对居民住房需求保障、企业改制重组、破产、支持小型微型企业发展等情形可以规定减征或者免征印花税，报全国人民代表大会常务委员会备案。

（五）耕地占用税

耕地占用税是对占用耕地建房或从事其他非农业建设的单位和个人征收的一种税。

1．纳税人

在中华人民共和国境内占用耕地建设建筑物、构筑物或者从事非农业建设的单位和个人，为耕地占用税的纳税人。

2．征税范围

耕地占用税的征税范围为在中华人民共和国境内占用的耕地。

占用耕地、园地、林地、草地、农田水利用地、养殖水面、渔业水域滩涂以及其他农用地建设建筑物、构筑物或者从事非农业建设的按照规定缴纳耕地占用税。但建设直接为农业生产服务的生产设施所占用的上述农用地，不缴纳耕地占用税。

占用耕地建设农田水利设施的，不缴纳耕地占用税。

3．税率

耕地占用税实行地区幅度差别的定额税率，其标准取决于人均占有耕地的数量和经济发展程度。耕地占用税的税额如下：

（1）人均耕地不超过 1 亩的地区（以县、自治县、不设区的市、市辖区为单位，下同），每平方米为 10～50 元。

（2）人均耕地超过 1 亩但不超过 2 亩的地区，每平方米为 8～40 元。

（3）人均耕地超过 2 亩但不超过 3 亩的地区，每平方米为 6～30 元。

（4）人均耕地超过 3 亩的地区，每平方米为 5～25 元。

在人均耕地低于 0.5 亩的地区，省、自治区、直辖市可以根据当地经济发展情况，适当提高耕地占用税的适用税额,但提高的部分不得超过规定适用税额的 50%。

占用基本农田的,应当按照确定的当地适用税额,加按 150% 征收。

各地区耕地占用税的适用税额,由省、自治区、直辖市人民政府根据人均耕地面积和经济发展等情况,在前款规定的税额幅度内提出,报同级人民代表大会常务委员会决定,并报全国人民代表大会常务委员会和国务院备案。各省、自治区、直辖市耕地占用税适用税额的平均水平,不得低于《中华人民共和国耕地占用税法》所附《各省、自治区、直辖市耕地占用税平均税额表》规定的平均税额。

4. 税收优惠政策

根据《中华人民共和国耕地占用税法》及相关规定,免征、减征耕地占用税及退税的情形如下:

(1) 军事设施、学校、幼儿园、社会福利机构、医疗机构占用耕地,免征耕地占用税。

(2) 农村烈士遗属、因公牺牲军人遗属、残疾军人以及符合农村最低生活保障条件的农村居民,在规定用地标准以内新建自用住宅,免征耕地占用税。

(3) 铁路线路、公路线路、飞机场跑道、停机坪、港口、航道、水利工程占用耕地,减按每平方米 2 元的税额征收耕地占用税。

(4) 农村居民在规定用地标准以内占用耕地新建自用住宅,按照当地适用税额减半征收耕地占用税;其中农村居民经批准搬迁,新建自用住宅占用耕地不超过原宅基地面积的部分,免征耕地占用税。

(5) 纳税人在批准临时占用耕地期满之日起 1 年内依法复垦,恢复种植条件的,全额退还已经缴纳的耕地占用税。

(6) 因挖损、采矿塌陷、压占、污染等损毁耕地,自然资源、农业农村等相关部门认定毁损耕地之日起 3 年内依法复垦或修复,恢复种植条件的,比照税法规定办理退税。

(7) 自 2022 年 1 月 1 日至 2024 年 12 月 31 日,省、自治区、直辖市人民政府根据本地区实际情况,以及宏观调控需要确定,对增值税小规模纳税人、小型微利企业和个体工商户可以在 50% 的税额幅度内减征耕地占用税。已依法享受耕地占用税其他优惠政策的,可叠加享受该减半征收优惠政策。

根据国民经济和社会发展的需要,国务院可以规定免征或者减征耕地占用税的其他情形,报全国人民代表大会常务委员会备案。

【学中做 4-5】

(单选题)下列占用耕地的行为,不征收耕地占用税的是(　　)。

A. 农田水利设施占用耕地　　　　　B. 经营性工厂占用耕地

C. 专用铁路和铁路专用线占用耕地　D. 城区内机动车道占用耕地

答案:A

(六) 资源税

资源税是以各种应税自然资源为课税对象、为了调节资源级差收入并体现国有资源有偿使用而征收的一种税。

1. 纳税人

在中华人民共和国领域和中华人民共和国管辖的其他海域开发应税资源的单位和个

人，为资源税的纳税人。

2. 征税范围

资源税的征税范围采用正列举的方式，由《中华人民共和国资源税法》所附《资源税税目税率表》确定，涵盖了所有已经发现的矿种和盐。具体包括以下内容：

（1）能源矿产，包括：原油；天然气、页岩气、天然气水合物；煤；煤成（层）气；铀、钍；油页岩、油砂、天然沥青、石煤；地热。

（2）金属矿产，包括：黑色金属和有色金属。

（3）非金属矿产，包括：矿物类、岩石类和宝玉石类。

（4）水气矿产，包括：二氧化碳气、硫化氢气、氦气、氡气；矿泉水。

（5）盐，包括：钠盐、钾盐、镁盐、锂盐；天然卤水和海盐。

3. 税率

资源税实行比例税率和定额税率两种形式，依照《资源税税目税率表》（表4-3）执行。

做中学 4-1

表 4-3　资源税税目税率表

税目		征税对象	税率幅度
能源矿产	原油	原矿	6%
	天然气、页岩气、天然气水合物	原矿	6%
	煤	原矿或者选矿	2%～10%
	煤成（层）气	原矿	1%～2%
	铀、钍	原矿	4%
	油页岩、油砂、天然沥青、石煤	原矿或者选矿	1%～4%
	地热	原矿	1%～20%或者每立方米1～30元
金属矿产	黑色金属　铁、锰、铬、钒、钛	原矿或者选矿	1%～9%
	有色金属　铜、铅、锌、锡、镍、锑、镁、钴、铋、汞	原矿或者选矿	2%～10%
	铝土矿	原矿或者选矿	2%～9%
	钨	选矿	6.5%
	钼	选矿	8%
	金、银	原矿或者选矿	2%～6%
	铂、钯、钌、锇、铱、铑	原矿或者选矿	5%～10%
	轻稀土	选矿	7%～12%
	中重稀土	选矿	20%
	铍、锂、锆、锶、铷、铯、铌、钽、锗、镓、铟、铊、铪、铼、镉、硒、碲	原矿或者选矿	2%～10%

（续表）

税目			征税对象	税率幅度
非金属矿产	矿物类	高岭土	原矿或者选矿	1%～6%
		石灰岩	原矿或者选矿	1%～6%或者每吨（或者每立方米）1～10元
		磷	原矿或者选矿	3%～8%
		石墨	原矿或者选矿	3%～12%
		萤石、硫铁矿、自然硫	原矿或者选矿	1%～8%
		天然石英砂、脉石英、粉石英、水晶、工业用金刚石、冰洲石、蓝晶石、硅线石（矽线石）、长石、滑石、刚玉、菱镁矿、颜料矿物、天然碱、芒硝、钠硝石、明矾石、砷、硼、碘、溴、膨润土、硅藻土、陶壳土、耐火粘土、铁矾土、凹凸棒石粘土、海泡石粘土、伊利石粘土、累托石粘土	原矿或者选矿	1%～12%
		叶蜡石、硅灰石、透辉石、珍珠岩、云母、沸石、重晶石、毒重石、方解石、蛭石、透闪石、工业用电气石、白垩、石棉、蓝石棉、红柱石、石榴子石、石膏	原矿或者选矿	2%～12%
		其他粘土（铸型用粘土、砖瓦用粘土、陶粒用粘土、水泥配料用粘土、水泥配料用红土、水泥配料用黄土、水泥配料用泥岩、保温材料用粘土）	原矿或者选矿	1%～5%或者每吨（或者每立方米）0.1～5元
	岩石类	大理岩、花岗岩、白云岩、石英岩、砂岩、辉绿岩、安山岩、闪长岩、板岩、玄武岩、片麻岩、角闪岩、页岩、浮石、凝灰岩、黑曜岩、霞石正长岩、蛇纹岩、麦饭石、泥灰岩、含钾岩石、含钾砂页岩、天然油石、橄榄岩、松脂岩、粗面岩、辉长岩、辉石岩、正长岩、火山灰、火山渣、泥炭	原矿或者选矿	1%～10%
		砂石	原矿或者选矿	1%～5%或者每吨（或者每立方米）0.1～5元
	宝石类	宝石、玉石、宝石级金刚石、玛瑙、黄玉、碧玺	原矿或者选矿	4%～20%

(续表)

税目		征税对象	税率幅度
水气矿产	二氧化碳气、硫化氢气、氦气、氡气	原矿	2%~5%
	矿泉水	原矿	1%~20%或者每立方米1~30元
盐	钠盐、钾盐、镁盐、锂盐	选矿	3%~15%
	天然卤水	原矿	3%~15%或者每吨(每立方米)1~10元
	海盐		2%~5%

《资源税税目税率表》中规定实行幅度税率的,其具体适用税率由省、自治区、直辖市人民政府统筹考虑该应税资源的品位、开采条件以及对生态环境的影响等情况,在《资源税税目税率表》规定的税率幅度内提出,报同级人民代表大会常务委员会决定,并报全国人民代表大会常务委员会和国务院备案。《资源税税目税率表》中规定征税对象为原矿或者选矿的,应当分别确定具体适用税率。

4. 税收优惠政策

根据《中华人民共和国资源税法》及有关规定,有下列情形之一的,免征资源税:

(1) 开采原油以及在油田范围内运输原油过程中用于加热的原油、天然气。

(2) 煤炭开采企业因安全生产需要抽采的煤成(层)气。

有下列情形之一的,减征资源税:

(1) 从低丰度油气田开采的原油、天然气,减征20%资源税。

(2) 高含硫天然气、三次采油和从深水油气田开采的原油、天然气,减征30%资源税。

(3) 稠油、高凝油减征40%资源税。

(4) 从衰竭期矿山开采的矿产品,减征30%资源税。

根据国民经济和社会发展需要,国务院对有利于促进资源节约集约利用、保护环境等情形可以规定免征或者减征资源税,报全国人民代表大会常务委员会备案。

有下列情形之一的,省、自治区、直辖市可以决定免征或者减征资源税:

(1) 纳税人开采或者生产应税产品过程中,因意外事故或者自然灾害等原因遭受重大损失。

(2) 纳税人开采共伴生矿、低品位矿、尾矿。

前款规定的免征或者减征资源税的具体办法,由省、自治区、直辖市人民政府提出,报同级人民代表大会常务委员会决定,并报全国人民代表大会常务委员会和国务院备案。

自2022年1月1日至2024年12月31日,省、自治区、直辖市人民政府根据本地区实际情况,以及宏观调控需要确定,对增值税小规模纳税人、小型微利企业和个体工商户可以在50%的税额幅度内减征资源税。已依法享受资源税其他优惠政策的,可叠加享受该减半征收优惠政策。

(七) 土地增值税

土地增值税是对在我国境内转让国有土地使用权、地上建筑物及其附着物的单位和个人，以其转让房地产所取得的增值额为课税对象而征收的一种税。

1. 纳税人

转让国有土地使用权、地上的建筑物及其附着物（以下简称转让房地产）并取得收入的单位和个人，为土地增值税的纳税义务人。

2. 征税范围

土地增值税是对转让国有土地使用权、地上的建筑物及其附着物并取得收入的行为征税。转让国有土地使用权、地上的建筑物及其附着物并取得收入包括转让房地产的全部价款及有关的经济收益，是指以出售或者其他方式有偿转让房地产的行为，不包括以继承、赠与方式无偿转让房地产的行为。

做中学 4-2

3. 税率

土地增值税实行四级超率累进税率，土地增值税税率情况如表 4-4 所示。

表 4-4　土地增值税税率表

级数	增值额与扣除项目金额的比率	税率	速算扣除系数
1	不超过 50% 的部分	30%	0
2	超过 50% 至 100% 的部分	40%	5%
3	超过 100% 至 200% 的部分	50%	15%
4	超过 200% 的部分	60%	35%

4. 税收优惠政策

根据《中华人民共和国土地增值税暂行条例》及相关规定，下列情形免征土地增值税：

（1）纳税人建造普通标准住宅出售，增值额未超过扣除项目金额 20% 的。

（2）因国家建设需要依法征收、收回的房地产。因城市实施规划、国家建设的需要而搬迁，由纳税人自行转让原房地产的，免征土地增值税。

（3）继承、赠与方式无偿转让房地产的行为。

（4）对个人之间互换自有居住用房地产的，经当地税务机关核实，可以免征土地增值税。

（5）对个人销售住房暂免征收土地增值税。

（6）企事业单位、社会团体以及其他组织转让旧房作为改造安置住房房源且增值额未超过扣除项目金额 20% 的，免征土地增值税。

（7）企事业单位、社会团体以及其他组织转让旧房作为经济适用住房房源且增值额未超过扣除项目金额 20% 的，免征土地增值税。

（8）对企事业单位、社会团体以及其他组织转让旧房作为公租房房源，且增值额未超过扣除项目金额 20% 的，免征土地增值税。

（八）契税

契税是以所有权发生转移的不动产为征税对象，向产权承受人征收的一种财产税。

1. 纳税人

在中华人民共和国境内转移土地、房屋权属，承受的单位和个人为契税的纳税人。

2. 征税范围

契税的征税对象为发生土地使用权和房屋所有权权属转移的土地和房屋。具体征税范围包括：

（1）土地使用权出让。土地使用权出让是指国家或集体以土地所有者的身份将土地使用权在一定年限内让渡给土地使用者，并由土地使用者向国家或集体支付土地使用权出让金的行为。

（2）土地使用权转让。土地使用权转让是指土地使用者将土地使用权再转移的行为，不包括土地承包经营权和土地经营权的转移。以作价投资（入股）、偿还债务、划转、奖励等方式转移土地、房屋权属的，应当依照规定征收契税。

（3）房屋买卖。房屋买卖是指房屋产权所有人将其房屋出售，由承受者支付货币、实物、无形资产或其他经济利益的行为。

（4）房屋赠与。房屋赠与是指房屋产权所有人将房屋无偿转让给他人所有。

（5）房屋交换。房屋交换是指房屋住户、用户、所有人为了生活工作方便，相互之间交换房屋的使用权或所有权的行为。

【学中做 4-6】

（多选题）下列行为中，属于契税征税范围的有（　　　）。

A. 以抵债方式取得房屋产权　　　　B. 受让土地经营权

C. 受让土地使用权　　　　　　　　D. 以获奖方式取得房屋产权

答案：ACD

3. 税率

契税实行比例税率，税率幅度为 3%～5%。

契税的具体适用税率，由省、自治区、直辖市人民政府在前款规定的税率幅度内提出，报同级人民代表大会常务委员会决定，并报全国人民代表大会常务委员会和国务院备案。

4. 税收优惠政策

根据《中华人民共和国契税法》及有关规定，有下列情形之一的，免征契税：

知新：个人购买家庭住房的契税优惠政策

（1）国家机关、事业单位、社会团体、军事单位承受土地、房屋权属用于办公、教学、医疗、科研、军事设施。

（2）非营利性的学校、医疗机构、社会福利机构承受土地、房屋权属用于办公、教学、医疗、科研、养老、救助。

（3）承受荒山、荒地、荒滩土地使用权用于农、林、牧、渔业生产。

（4）婚姻关系存续期间夫妻之间变更土地、房屋权属。

（5）法定继承人通过继承承受土地、房屋权属。

（6）依照法律规定应当予以免税的外国驻华使馆、领事馆和国际组织驻华代表机构承受土地、房屋权属。

根据国民经济和社会发展的需要，国务院对居民住房需求保障、企业改制重组、灾后重建等情形可以规定免征或者减征契税，报全国人民代表大会常务委员会备案。

省、自治区、直辖市可以决定对下列情形免征或者减征契税：

（1）因土地、房屋被县级以上人民政府征收、征用，重新承受土地、房屋权属。

（2）因不可抗力灭失住房，重新承受住房权属。

前款规定的免征或者减征契税的具体办法，由省、自治区、直辖市人民政府提出，报同级人民代表大会常务委员会决定，并报全国人民代表大会常务委员会和国务院备案。

（九）环境保护税

环境保护税是为了保护和改善生态环境，减少污染物排放，推进生态文明建设而征收的一种税。

1. 纳税人

在中华人民共和国领域和中华人民共和国管辖的其他海域，直接向环境排放应税污染物的企业事业单位和其他生产经营者为环境保护税的纳税人。

2. 征税范围

环境保护税的征税对象为直接向环境排放的应税污染物，是《中华人民共和国环境保护税法》所附《环境保护税税目税额表》《应税污染物和当量值表》中规定的大气污染物、水污染物、固体废物和噪声。

有下列情形之一的，不属于直接向环境排放污染物，不缴纳相应污染物的环境保护税：

（1）企业事业单位和其他生产经营者向依法设立的污水集中处理、生活垃圾集中处理场所排放应税污染物的。

（2）企业事业单位和其他生产经营者在符合国家和地方环境保护标准的设施、场所贮存或者处置固体废物的。

依法设立的城乡污水集中处理、生活垃圾集中处理场所超过国家和地方规定的排放标准向环境排放应税污染物的，应当缴纳环境保护税。

企业事业单位和其他生产经营者贮存或者处置固体废物不符合国家和地方环境保护标准的，应当缴纳环境保护税。

【学中做 4-7】

（单选题）下列污染物中，不属于环境保护税征税对象的是（　　）。

A. 大气污染物　　　　B. 光污染　　　　C. 噪声污染　　　　D. 固体废物

答案：B

3. 税率

环境保护税的税额，依照《中华人民共和国环境保护税法》所附《环境保护税税目税额表》（表 4-5）执行。

表 4-5　环境保护税税目税额表

税目		计税单位	税额	备注
大气污染物		每污染当量	1.2 元至 12 元	
水污染物		每污染当量	1.4 元至 14 元	
固体废物	煤矸石	每吨	5 元	
	尾矿	每吨	15 元	

（续表）

税目		计税单位	税额	备注
固体废物	危险废物	每吨	1 000 元	
	冶炼渣、粉煤灰、炉渣、其他固体废物（含半固态、液态废物）	每吨	25 元	
噪声	工业噪声	超标 1~3 分贝	每月 350 元	1. 一个单位边界上有多处噪声超标，根据最高一处超标声级计算应纳税额；当沿边界长度超过100 米有两处以上噪声超标，按照两个单位计算应纳税额。 2. 一个单位有不同地点作业场所的，应当分别计算应纳税额，合并计征。 3. 昼、夜均超标的环境噪声，昼、夜分别计算应纳税额，累计计征。 4. 声源一个月内超标不足 15 天的，减半计算应纳税额。 5. 夜间频繁突发和夜间偶然突发厂界超标噪声，按等效声级和峰值噪声两种指标中超标分贝值高的一项计算应纳税额
		超标 4~6 分贝	每月 700 元	
		超标 7~9 分贝	每月 1 400 元	
		超标 10~12 分贝	每月 2 800 元	
		超标 13~15 分贝	每月 5 600 元	
		超标 16 分贝以上	每月 11 200 元	

4. 税收优惠政策

根据《中华人民共和国环境保护税法》及相关规定，下列情形暂予免征环境保护税：

（1）农业生产（不包括规模化养殖）排放应税污染物的。

（2）机动车、铁路机车、非道路移动机械、船舶和航空器等流动污染源排放应税污染物的。

（3）依法设立的城乡污水集中处理、生活垃圾集中处理场所排放相应应税污染物，不超过国家和地方规定的排放标准的。

（4）纳税人综合利用的固体废物，符合国家和地方环境保护标准的。

（5）国务院批准免税的其他情形。

纳税人排放应税大气污染物或者水污染物的浓度值低于国家和地方规定的污染物排放标准 30% 的，减按 75% 征收环境保护税。纳税人排放应税大气污染物或者水污染物的浓度值低于国家和地方规定的污染物排放标准 50% 的，减按 50% 征收环境保护税。

（十）烟叶税

烟叶税是以纳税人收购烟叶的收购金额为计税依据征收的一种税。

1. 纳税人

在中华人民共和国境内,依照《中华人民共和国烟草专卖法》的规定收购烟叶的单位为烟叶税的纳税人。

2. 征税范围

烟叶税的征税范围为烟叶,包括烤烟叶和晾晒烟叶。

3. 税率

烟叶税实行比例税率,税率为20%。

 **任务实施**

做中学 4-3

(1)请判断逸香酒业是否需要缴纳财产和行为税:□是　□否
(2)如需缴纳,请将逸香酒业涉及的财产和行为税写到下面的横线上。

税种:_____

税收热点畅谈

新闻:财产和行为税实施

　　党的十八大以来,以习近平同志为核心的党中央坚持以人民为中心的发展思想,强调为人民群众提供更多优质公共服务,持续打造市场化、法治化、国际化营商环境。税务部门围绕构建优质便捷的税费服务体系,推便民之举,施利民之策,逐步打造具有税务特色的便利化服务品牌——"便民办税春风行动",最大限度便利纳税人缴费人,最大限度规范税务人,不断提高纳税人缴费人满意度和获得感。纳税申报,作为纳税人日常涉税事项的重要内容,十年来,一直在向着更简便转变,国家出台了财产和行为税合并申报的重要政策。请你谈谈此政策给企业带来哪些便利?

 **任务总结**

在完成上述任务后,请你分享学到的知识或技能。

 **任务评价**

表 4-6　任务评价表　　　　　　　　　　　　　　　　单位：分

项目	评价内容	分值	自评	组评	师评	其他
素养 (20)	到岗出勤	2				
	学习、工作用品准备	2				
	探究问题、积极发言	2				
	按时完成任务	2				
	团队协作	2				
素养 (20)	分析问题、解决问题的能力	2				
	节约意识	2				
	关注财税政策	3				
	绿色发展理念	3				
知识 (30)	城镇土地使用税的纳税人、征税范围、税收优惠政策	3				
	房产税的纳税人、征税范围、税率、税收优惠政策	3				
	车船税的纳税人、征税范围、税率、税收优惠政策	3				
	印花税的纳税人、征税范围、税率、税收优惠政策	3				
	耕地占用税的纳税人、征税范围、税收优惠政策	3				
	资源税的纳税人、征税范围、税收优惠政策	3				
	土地增值税的纳税人、征税范围、税率、税收优惠政策	3				
	契税的纳税人、征税范围、税率、税收优惠政策	3				
	环境保护税的纳税人、征税范围、税收优惠政策	3				
	烟叶税的纳税人、征税范围、税率	3				
能力 (50)	能判断纳税人所涉及的财产和行为税的种类	15				
	能判断纳税人适用的税率	15				
	能灵活运用税收优惠政策	10				
	文字描述准确、语言表达流畅	10				
	小计					
总计（评分细则及各主体评分占比，由教师根据教学实际确定）						

 任务拓展

2023 年 3 月 13 日,第十四届全国人民代表大会第一次会议胜利闭幕。今年的政府工作报告用一组组亮眼数据反映出近年来我国减税降费的成效,请你查阅政府工作报告后谈谈减税降费惠民生促发展取得了哪些重要成果。

任务二　**计算财产和行为税**

 任务情境

为快速融入新的工作环境,王芳通过查阅相关资料对企业的生产经营情况、资产状况及税源信息进行了解,有关情况汇总如下:

(1)逸香酒业坐落于厦门市海沧区汉江街道四平路 6872 号,土地税源编号为 QQHXY152333320200。按照规定城镇土地使用税按年计算、每季度缴纳一次。详细信息如表 4-7 所示。

表 4-7　土地基础信息表

纳税人分类	公司	纳税人类型	权属所有人
土地名称	厦门市海沧区前进村 1 号地	土地坐落地址	厦门市海沧区汉江街道四平路 6872 号
土地使用权证号	RL11104014	土地取得时间	2021-12-01
土地使用权人纳税识别号	91350205403894052J	土地使用权人名称	厦门市逸香酒业有限公司
土地所属主管税务所	厦门市海沧区税务局	土地取得方式	其他
土地性质	国有	宗地的地号	QQHXY152333320200
土地用途	工业用地	地价(元)	24 000 000
其中取得土地使用权支付金额	0	其中土地开发成本	0
占用土地面积(m²)	2 000	土地等级	四级土地
税额标准(元)	6		

(2)截至 2022 年 12 月 1 日,逸香酒业共拥有 1 栋房产,当地规定房产税计算余值的扣除比例为 30%,房产税按季度进行纳税申报。详细信息如表 4-8 所示。

表 4-8 房产基础信息表

纳税人分类	公司	纳税人类型	产权所有人
所有权人纳税识别号	91350205403894052J	所有权人名称	厦门市逸香酒业有限公司
房产名称	厦门市大旺大厦 B 栋	房屋坐落地址	厦门市海沧区汉江街道四平路 6872 号 1101 室
产权证书号	RL11358880	建筑面积(平方米)	320
房产用途	商业及办公	房屋所在土地编号	X3502235327
房产所属主管税务所	厦门市海沧区税务局	房产取得时间	2021-12-01
房产原值(元)	12 000 000	计税比例(%)	70
其中:出租房产原值	0	其中:出租房产面积(平方米)	0

（3）逸香酒业 2022 年现有车辆情况如表 4-9 所示。

表 4-9 车船登记统计表

序号	车牌号码	车船识别代码	车辆类型	品牌型号	排(气)量	核定载客(人)	单位税额	总质量(千克)	整备质量(千克)	核定载质量(千克)
1	闽 CN3459	LGXC17DF5C0109217	重型普通货车	江淮中型货车	4.0		72	21 500	10 000	11 500
2	闽 CA3660	LGXC21AS5C0107651	乘用车	江淮乘用车	2.0	7	360	3 750	3 000	750
3	闽 CA3661	LGXC21AS5C0107652	乘用车	江淮乘用车	2.0	7	360	3 750	3 000	750
4	闽 CA3662	LGXC21AS5C0107653	乘用车	江淮乘用车	2.0	7	360	3 750	3 000	750
5	闽 CH3880	LGXC99E3C23094561	专用作业车	江淮作业车	4.0		36	8 500	4 000	4 500
6	闽 CH3420	LGXC99A3C23096652	轮式专用机械车	江淮专用机械车	4.0		36	10 000	5 000	5 000

（4）逸香酒业 2022 年 10～12 月发生交易事项的合同登记信息如表 4-10 所示。

表 4-10 逸香酒业合同登记统计表

序号	合同名称	签订所属期	合同金额(元)	份数
1	买卖合同	2022 年 10～12 月	99 784 303.00	90
2	货物运输合同	2022 年 10～12 月	1 200 000.00	12
3	产权转移书据	2022 年 10～12 月	1 000 000.00	1

（5）逸香酒业 2022 年 12 月污染物排放情况如表 4-11、表 4-12 所示。

表 4-11　税源信息表

基础信息	水污染物
排污许可证编号	TRY831231
有效期起止	2022-01-01 至 2024-12-31
生产经营场所地址	厦门市海沧区汉江街道四平路 6872 号
所在区划	海沧区
所在街乡	汉江街道
许可证管控要求	需符合监管部门要求
环境保护主管部门	厦门市环境保护局
税源编号	B200001
排放口编号	Q101010
排放口名称	废水排放口
排放口位置	6872 号
经度坐标	30 度
纬度坐标	45 度
污染物排放方式	直接排放

表 4-12　纳税申报信息表

时间	税目	污染物名称	执行标准	污染物排放量计算方法	污染物单位	计算基数	排污系数
10 月	水污染物	总磷	HJ/T195-2005	排污系数	千克	80	6.50
11 月	水污染物	总磷	HJ/T195-2005	排污系数	千克	120	6.50
12 月	水污染物	总磷	HJ/T195-2005	排污系数	千克	100	6.50
该地区的水污染物的税额标准为 1.4 元/污染当量。							

（6）逸香酒业为满足扩大生产经营的需要，于 2022 年 12 月 30 日购买了一间写字楼，单据如图 4-1、图 4-2 及表 4-13 所示。

不动产销售	电子发票（增值税专用发票）				发票号码：22351051016836858756		
					开票日期：2022-12-30		

购买方信息	名称：厦门市逸香酒业有限公司				销售方信息	名称：厦门亿达房产中介有限公司		
	统一社会信用代码/纳税人识别号：91350205403894052J					统一社会信用代码/纳税人识别号：91350203089132772U		

项目名称	产权证书/不动产权证号	面积单位	数量	单价	金额	税率/征收率	税额
*不动产*写字楼	第2315104号	平方米	100	10000.00	1000000	9%	90000
合计					￥1000000.00		￥90000.00
价税合计（大写）	⊗壹佰零玖万元整				（小写）￥1090000.00		

备注	土地增值税项目编号1051030457	跨地（市）标志否
	不动产单元代码/网签合同备案编号 110105227000GB00541F00412401	不动产地址厦门市软件园二期观日路101号
	实际成交含税金额1000000.00	核定计税价格1000000.00

开票人：李艳

图 4-1　电子发票（增值税专用发票）

房屋买卖合同

NO：FW-20221230-01

甲方（出卖方）：厦门亿达房产中介有限公司
乙方（买受方）：厦门市逸香酒业有限公司

　　根据《中华人民共和国民法典》、《中华人民共和国城市房地产管理法》、《厦门市城市房地产转让管理办法》及其他相关法律、法规之规定，甲、乙双方在平等、自愿、公平、协商一致的基础上，共同订立本合同，以兹双方共同遵守。

······

一、成交价格：甲、乙双方经协商一致，同意该房产含税交易价格为人民币大写壹佰零玖万元整（￥1090000.00）此价格包括：房价款、公共维修基金 。

······

第八条　合同的终止与解除
　　本协议履行期间，因不可抗力或国家政策调整，致使本合同无法履行，本协议自行终止，甲方在本协议终止后三个工作日内将已收房款全额退还乙方。　第九条　解决争议的方式
　　本合同在履行中产生的争议事项，双方应协商解决。如协商不成，任何一方有权向房屋所在地的人民法院提起诉讼。

······

甲方签字：张意达　　　　　　　　　乙方签字：沈飞岚

签约日期：2022年12月30日

图 4-2　房屋买卖合同

表 4-13 土地基础信息表

纳税人分类	公司	纳税人类型	权属所有人
土地名称	软件园二期 3 号地	土地坐落地址	厦门市海沧区汉江街道观日路 101 号
土地使用权证号	RL11358888	土地取得时间	2022-12-30
土地使用权人纳税识别号	91350205403894052J	土地使用权人名称	厦门市逸香酒业有限公司
土地所属主管税务所	厦门市海沧区税务局	土地取得方式	其他
土地性质	集体	宗地的地号	QQHXY223532711120
土地用途	商业办公	地价	
占用土地面积（m²）	100	土地等级	一级土地
税额标准（元）	25	土地编号	X3502711120

房产基础信息表			
纳税人分类	公司	纳税人类型	产权所有人
所有权人纳税识别号	91350205403894052J	所有权人名称	厦门市逸香酒业有限公司
房产名称	科技大厦 C 栋	房屋坐落地址	厦门市海沧区汉江街道观日路 101 号
产权证书号	RL11358888	建筑面积（m²）	100
房产用途	商业	房屋所在土地编号	X3502711120
房产所属主管税务所	厦门市海沧区税务局	计税比例（%）	70
房产原值（元）	1 000 000	房产取得时间	2022-12-30
其中：出租房产原值	0	其中：出租房产面积（m²）	0

 任务要求

如果你是王芳，请完成以下任务：

（1）请计算逸香酒业 2022 年第 4 季度城镇土地使用税应纳税额，并进行会计处理。

（2）请计算逸香酒业 2022 年第 4 季度房产税应纳税额，并进行会计处理。

（3）请计算逸香酒业 2022 年车船税应纳税额，并进行会计处理。

（4）请计算逸香酒业 2022 年 12 月印花税应纳税额，并进行会计处理。

（5）请计算逸香酒业 2022 年第 4 季度环境保护税应纳税额，并进行会计处理。

（6）分析逸香酒业 2022 年 12 月份购买写字楼这项业务要缴纳哪些财产和行为税，判断是否需要在当期缴纳，计算出应纳税额并进行会计处理。

任务准备

一、计算城镇土地使用税

城镇土地使用税以纳税人实际占用的土地面积为计税依据,依照规定税额计算征收。应纳税额的计算公式如下:

$$年应纳税额 = 实际占用应税土地面积(平方米) \times 适用税额$$

纳税人实际占用的土地面积,是指由省、自治区、直辖市人民政府确定的单位组织测定的土地面积。尚未组织测量,但纳税人持有政府部门核发的土地使用证书的,以证书确认的土地面积为准;尚未核发土地使用证书的,应由纳税人据实申报土地面积。

上述土地占用面积的组织测量工作,由省、自治区、直辖市人民政府根据实际情况确定。

【学中做 4-8】甲公司为增值税一般纳税人,坐落于天津市武清区云景道 68 号。该公司土地使用权证书载明占地面积为 15 000 平方米,其中幼儿园占地 1 800 平方米,企业厂区内道路和绿化占地 2 200 平方米,其余为生产、办公用地。该土地为一级土地,城镇土地使用税的单位税额为 10 元/平方米。按照当地规定,城镇土地使用税按年计算、每季度缴纳一次。请计算甲公司 2022 年第 4 季度应缴纳的城镇土地使用税,并进行会计处理。

解析:企业办的各类学校、托儿所、幼儿园,其自用的土地,免征城镇土地使用税。

2022 年第 4 季度该公司应缴纳城镇土地使用税 = (15 000 - 1 800) × 10 ÷ 12 × 3 = 33 000(元)

会计处理:企业按月计提城镇土地使用税时,借记“税金及附加”科目,贷记“应交税费——应交城镇土地使用税”科目。

2022 年 10 月、11 月、12 月每月月底计提各月的城镇土地使用税时,分别作如下会计分录:

借:税金及附加　　　　　　　　　　　　　　11 000
　　贷:应交税费——应交城镇土地使用税　　　　11 000(33 000 ÷ 3)

二、计算房产税

房产税以房产的计税价值或房产租金收入为计税依据。按房产计税价值征税的,称为从价计征;按房产租金收入征税的,称为从租计征。

(一)从价计征

从价计征是依照房产原值一次减除 10% 至 30% 后的余值,按照 1.2% 的税率计算缴纳。其计算公式如下:

$$房产税应纳税额 = 房产原值 \times (1 - 扣除比例) \times 1.2\%$$

其中:(1) 房产原值是指纳税人按照会计制度规定,在账簿“固定资产”科目中记载的房屋原价。对纳税人未按国家会计制度规定核算并记载的,应按规定予以调整或重新评估。

（2）房产余值是指房产原值减除规定比例后的剩余价值。具体减除幅度，由省、自治区、直辖市人民政府规定。

（3）为了维持和增加房屋的使用功能或使房屋满足设计要求，凡以房屋为载体，不可随意移动的附属设备和配套设施，如给排水、采暖、消防、中央空调、电气及智能化楼宇设备等，无论在会计核算中是否单独记账与核算，都应计入房产原值，计征房产税。对于更换房屋附属设备和配套设施的，在将其价值计入房产原值时，可扣减原来相应设备和设施的价值；对附属设备和配套设施中易损坏、需要经常更换的零配件，更新后不再计入房产原值。

（4）对按照房产原值计税的房产，无论会计上如何核算，房产原值均应包含地价，包括为取得土地使用权支付的价款、开发土地发生的成本费用等。宗地容积率低于0.5的，按房产建筑面积的2倍计算土地面积并据此确定计入房产原值的地价。

（二）从租计征

从租计征是指以房产租金收入为房产税的计税依据，按照12%的税率计算缴纳。其计算公式如下：

房产税应纳税额＝租金收入×12%（或4%）

房产出租的，计征房产税的租金收入不含增值税。

【学中做4-9】 乙企业2022年年初拥有A、B两栋房产，原值分别为2000万元和3000万元。自2022年6月1日起，其将A栋办公楼对外出租，租期3年，每月收取不含税租金10万元。乙企业所在地计算房产余值减除比例为30%，房产税按季度进行纳税申报。请计算乙企业2022年第4季度的房产税应纳税额，并进行会计处理。

解析：2022年第4季度从价计征应缴纳房产税＝30 000 000×（1－30%）×1.2%÷12×3＝63 000（元）

2022年第4季度从租计征应缴纳房产税＝100 000×12%×3＝36 000（元）

2022年第4季度共应缴纳房产税＝63 000＋36 000＝99 000（元）

企业按月计提房产税时，借记"税金及附加"科目，贷记"应交税费——应交房产税"科目。

乙企业2022年10月、11月、12月每月月底计提各月的房产税时，分别作如下会计分录：

借：税金及附加　　　　　　　　　　　　　　33 000
　　贷：应交税费——应交房产税　　　　　　　　33 000（99 000÷3）

三、计算车船税

车船税以车船的计税单位数量为计税依据。按照车船的种类和性能分别为每辆、整备质量每吨、净吨位每吨和艇身长度每米。

（1）车船税各税目应纳税额的计算公式如下：

乘用车、客车和摩托车的应纳税额＝辆数×适用年基准税额

知新：投资联营的房产该如何缴纳房产税？

做中学4-4

$$货车、专用作业车和轮式专用机械车的应纳税额＝整备质量吨位数×适用年基准税额$$

$$机动船舶的应纳税额＝净吨位数×适用年基准税额$$

$$拖船和非机动驳船的应纳税额＝净吨位数×适用年基准税额×50\%$$

$$游艇应纳税额＝艇身长度（米数）×适用年基准税额$$

（2）购置的新车船，购置当年的应纳税额自纳税义务发生的当月起按月计算。其计算公式如下：

$$应纳税额＝（适用年基准税额÷12）×应纳税月份数$$

【学中做 4-10】丙运输企业 2022 年 5 月外购挂车 2 辆（整备质量为 5 吨/辆），并于当月办理登记手续。当地政府规定的货车年税额为 84 元/吨。计算 2022 年丙运输企业车船税应纳税额，并进行会计处理。

做中学 4-5

解析：2022 年应纳车船税额＝2×5×84×50%×8÷12＝280（元）

丙运输企业根据会计准则的重要性原则，在缴纳车船税的当月编制如下会计分录：

计提车船税时：

借：税金及附加　　　　　　　　　　　　　　　　　　　　　280

　　贷：应交税费——应交车船税　　　　　　　　　　　　　　　280

实际缴纳时：

借：应交税费——应交车船税　　　　　　　　　　　　　　　　280

　　贷：银行存款　　　　　　　　　　　　　　　　　　　　　280

四、计算印花税

印花税的应纳税额按照计税依据乘以适用税率计算，其计算公式如下：

$$应纳税额＝应税凭证和证券交易计税金额×适用税率$$

其中：

（1）应税合同的计税依据，为合同所列的金额，不包括列明的增值税税款。

（2）应税产权转移书据的计税依据，为产权转移书据所列的金额，不包括列明的增值税税款。

（3）应税营业账簿的计税依据，为账簿记载的实收资本（股本）、资本公积合计金额。

（4）证券交易的计税依据，为成交金额。

应税合同、产权转移书据未列明金额的，印花税的计税依据按照实际结算的金额确定。

计税依据按照前款规定仍不能确定的，按照书立合同、产权转移书据时的市场价格确定；依法应当执行政府定价或者政府指导价的，按照国家有关规定确定。

证券交易无转让价格的，按照办理过户登记手续时该证券前一个交易日收盘价计算确定计税依据；无收盘价的，按照证券面值计算确定计税依据。

【学中做 4-11】丁公司与 A 运输企业签订货物运输合同，合同注明所运输货物价值为 2 000 万元、装卸费 12 万元、运费 40 万元。已知：运输合同印花税税率为 0.3‰。请计算该项合同双方各应缴纳的印花税，并进行会计处理。

做中学 4-6

解析:运输合同的计税依据为取得的运输费金额,不包括所运货物的金额、装卸费用和保险费用等。

双方各应缴纳印花税 = 400 000 × 0.3‰ = 120(元)

由于印花税一般情况下是由纳税人以购买并一次贴足印花税票方式缴纳税款的,为了简化处理,纳税人缴纳的印花税可以不通过"应交税费"科目核算。纳税人也可按应计提的印花税额,借记"税金及附加"等科目,贷记"应交税费——应交印花税"科目;实际缴纳印花税时,借记"应交税费——应交印花税"科目,贷记"银行存款"科目。其会计处理如下:

借:税金及附加 120
　　贷:银行存款 120

或　借:税金及附加 120
　　贷:应交税费——应交印花税 120

实际缴纳时:

借:应交税费——应交印花税 120
　　贷:银行存款 120

五、计算耕地占用税

耕地占用税以纳税人实际占用的耕地面积为计税依据,按照规定的适用税额一次性征收,应纳税额为纳税人实际占用的耕地面积(平方米)乘以适用税额,其计算公式如下:

$$应纳税额 = 实际占用的耕地面积(平方米) × 适用税额$$

【学中做 4-12】甲公司(增值税一般纳税人)新建办公楼占用耕地 10 000 平方米,另占用园地 1 400 000 平方米建造生态高尔夫球场,当地适用耕地占用税税额为 20 元/每平方米。计算该公司应缴纳的耕地占用税,并进行会计处理。

解析:甲公司占用耕地建造办公楼、占用园地建造生态高尔夫球场均属于占用耕地从事非农业建设,应缴纳耕地占用税 = 10 000 × 20 + 1 400 000 × 20 = 28 200 000(元)。

企业按应计提的耕地占用税税额,借记"在建工程"等科目,贷记"应交税费——应交耕地占用税"科目。企业也可以不通过"应交税费"科目核算耕地占用税,在实际缴纳耕地占用税时,直接借记"在建工程"等科目,贷记"银行存款"等科目。其会计处理如下:

借:在建工程 28 200 000
　　贷:应交税费——应交耕地占用税 28 200 000

或　借:在建工程 28 200 000
　　贷:银行存款 28 200 000

六、计算资源税

资源税按照《资源税税目税率表》实行从价计征或者从量计征。

《资源税税目税率表》中规定可以选择实行从价计征或者从量计征的,具体计征方式由省、自治区、直辖市人民政府提出,报同级人民代表大会常务委员会决定,并报全国人民代表大会常务委员会和国务院备案。

（一）从价计征

应纳税额按照应税资源产品（以下简称应税产品）的销售额乘以具体适用税率计算。其计算公式如下：

$$应纳税额 = 应税产品的销售额 × 比例税率$$

资源税应税产品的销售额，按照纳税人销售应税产品向购买方收取的全部价款确定，不包括增值税税款。

计入销售额中的相关运杂费用，凡取得增值税发票或者其他合法有效凭据的，准予从销售额中扣除。相关运杂费用是指应税产品从坑口或者洗选（加工）地到车站、码头或者购买方指定地点的运输费用、建设基金以及随运销产生的装卸、仓储、港杂费用。

纳税人申报的应税产品销售额明显偏低且无正当理由的，或者有自用应税产品行为而无销售额的，主管税务机关可以按下列方法和顺序确定其应税产品销售额：

（1）按纳税人最近时期同类产品的平均销售价格确定。

（2）按其他纳税人最近时期同类产品的平均销售价格确定。

（3）按后续加工非应税产品销售价格，减去后续加工环节的成本利润后确定。

（4）按应税产品组成计税价格确定。其计算公式如下：

$$组成计税价格 = 成本 × (1 + 成本利润率) ÷ (1 - 资源税税率)$$

上述公式中的成本利润率由省、自治区、直辖市税务机关确定。

（5）按其他合理方法确定。

应税产品的销售数量，包括纳税人开采或者生产应税产品的实际销售数量和自用于应当缴纳资源税情形的应税产品数量。

（二）从量计征

实行从量计征的，应纳税额按照应税产品的销售数量乘以具体适用税率计算。其计算公式如下：

$$应纳税额 = 应税产品的销售数量 × 定额税率$$

应税产品的销售数量，包括纳税人开采或者生产应税产品的实际销售数量和自用于应当缴纳资源税情形的应税产品数量。

【学中做4-13】乙锡矿开采企业（以下简称乙企业）为增值税一般纳税人，2021年4月销售自采锡矿原矿30吨，取得不含税销售额75万元，另收取从坑口到车站的运输费、装卸费合计1万元（已取得增值税发票）；将自产锡矿原矿20吨移送加工锡矿选矿16吨，当月全部销售，取得不含税销售额48万元。已知：锡矿原矿和锡矿选矿的资源税税率分别为5%和4.5%。计算乙企业本月应缴纳的资源税，并进行会计处理。

做中学 4-7

解析：应税产品从坑口或者洗选（加工）地到车站、码头或者购买方指定地点的运输费用、建设基金以及随运销产生的装卸、仓储、港杂费用，凡取得增值税发票或者其他合法有效凭据的，不计入资源税的计税销售额。该项业务应缴纳资源税 = 750 000 × 5% = 37 500（元）。

自采原矿洗选加工为选矿产品销售，按照选矿产品计征资源税，在原矿移送环节不缴纳资源税。该项业务应缴纳资源税 = 480 000 × 4.5% = 21 600（元）

乙企业共需要缴纳的资源税 = 37 500 + 21 600 = 59 100（元）

企业直接销售应税产品，在计提资源税时，借记"税金及附加"科目，贷记"应交税费——应交资源税"科目。其会计处理如下：

计提资源税时：

借：税金及附加 59 100
　　贷：应交税费——应交资源税 59 100

实际缴纳时：

借：应交税费——应交资源税 59 100
　　贷：银行存款 59 100

七、计算土地增值税

土地增值税以纳税人转让房地产取得的增值额为计税依据，按照规定的超率累进税率计算征收。可按增值额乘以适用的税率减去扣除项目金额乘以速算扣除系数的简便方法计算。其计算公式如下：

$$土地增值税应纳税额 = 增值额 \times 适用税率 - 扣除项目金额 \times 速算扣除系数$$
$$增值额 = 房地产转让收入 - 扣除项目金额$$
$$增值率 = 增值额 \div 扣除项目金额 \times 100\%$$

（一）收入额的确定

纳税人转让房地产所取得的收入，包括货币收入、实物收入和其他收入。适用增值税一般计税方法的纳税人，其转让房地产的土地增值税应税收入不含增值税销项税额；适用简易计税方法的纳税人，其转让房地产的土地增值税应税收入不含增值税应纳税额。免征增值税的，确定计税依据时，成交价格、租金收入、转让房地产取得的收入不扣减增值税税额，在计征时，税务机关核定的计税价格或收入不含增值税。

（二）扣除项目及金额

准予纳税人从收入额中减除的扣除项目具体包括以下内容：

（1）取得土地使用权所支付的金额。取得土地使用权所支付的金额，是指纳税人为取得土地使用权所支付的地价款和按国家统一规定交纳的有关费用。

（2）房地产开发成本。开发土地和新建房及配套设施的成本简称房地产开发成本，是指纳税人房地产开发项目实际发生的成本，包括土地征用及拆迁补偿费、前期工程费、建筑安装工程费、基础设施费、公共配套设施费、开发间接费用。

（3）房地产开发费用。开发土地和新建房及配套设施的费用简称房地产开发费用，是指与房地产开发项目有关的销售费用、管理费用、财务费用。财务费用中的利息支出，凡能够按转让房地产项目计算分摊并提供金融机构证明的，允许据实扣除，但最高不能超过按商业银行同类同期贷款利率计算的金额。其他房地产开发费用，以取得土地使用权所支付的金额和房地产开发成本计算的金额之和的5%以内计算扣除。凡不能按转让房地产项目计算分摊利息支出或不能提供金融机构证明的，房地产开发费用按取得土地使用权所支付的金额和房地产开发成本计算的金额之和的10%以内计算扣除。

上述计算扣除的具体比例，由各省、自治区、直辖市人民政府规定。

（4）与转让房地产有关的税金。与转让房地产有关的税金，是指在转让房地产时缴纳的城市维护建设税、印花税。因转让房地产缴纳的教育费附加，也可视同税金予以扣除。

（5）财政部确定的其他扣除项目。对从事房地产开发的纳税人可按取得土地使用权所支付的金额和房地产开发成本计算的金额之和，加计20%的扣除。

（6）旧房及建筑物的评估价格。旧房及建筑物的评估价格，是指在转让已使用的房屋及建筑物时，由政府批准设立的房地产评估机构评定的重置成本价乘以成新度折扣率后的价格。评估价格须经当地税务机关确认。

【学中做4-14】丙房地产开发有限公司2022年7月整体转让一栋新建普通住宅，取得不含税收入6 000万元。丙公司为取得该住宅的土地使用权所支付的金额为2 200万元，房地产开发成本1 200万元，与转让房地产有关的税金合计60万元，利息支出200万元（能够按房地产项目计算分摊并提供金融机构证明）。该公司所在地省政府规定的其他房地产开发费用的计算扣除比例为4%。计算丙公司转让住宅应缴纳的土地增值税并进行计提土地增值税的会计处理。

解析：

（1）转让收入 = 6 000（万元）

（2）扣除项目金额：

① 取得土地使用权所支付的金额 = 2 200（万元）

② 房地产开发成本 = 1 200（万元）

③ 房地产开发费用 = 200 + （2 200 + 1 200）× 4% = 336（万元）

④ 与转让房地产有关的税金 = 60（万元）

⑤ 加计扣除 = （2 200 + 1 200）× 20% = 680（万元）

转让房地产的扣除项目金额合计 = 2 200 + 1 200 + 336 + 60 + 680 = 4 476（万元）

（3）转让房地产的增值税税额 = 6 000 − 4 476 = 1 524（万元）

（4）增值税税额与扣除项目金额的比率（增值税税率） = 1 524 ÷ 4 476 × 100% = 34.05%，适用税率为30%

（5）应纳土地增值税 = 1 524 × 30% = 457.2（万元）

房地产开发企业计提土地增值税时，借记"税金及附加"科目，贷记"应交税费——应交土地增值税"科目。其会计处理如下：

借：税金及附加　　　　　　　　　　　　　　　　　　4 572 000

　　贷：应交税费——应交土地增值税　　　　　　　　　　4 572 000

八、计算契税

契税的应纳税额按照计税依据乘以具体适用税率计算。其计算公式如下：

$$应纳税额 = 计税依据 × 适用税率$$

契税的计税依据不含增值税，具体金额按照土地、房屋交易的不同情况确定：

（1）土地使用权出让、出售，房屋买卖，为土地、房屋权属转移合同确定的成交价格，包括应交付的货币以及实物、其他经济利益对应的价款。

（2）土地使用权互换、房屋互换，为所互换的土地使用权、房屋价格的差额。

（3）土地使用权赠与、房屋赠与以及其他没有价格的转移土地、房屋权属行为，为税务机关参照土地使用权出售、房屋买卖的市场价格依法核定的价格。纳税人申报的成交价格、互换价格差额明显偏低且无正当理由的，由税务机关依照《税收征收管理法》的规定核定。

（4）以划拨方式取得的土地使用权，经批准改为出让方式重新取得该土地使用权的，应由该土地使用权人以补缴的土地出让价款为计税依据缴纳契税。

（5）先以划拨方式取得土地使用权，后经批准转让房地产，划拨土地性质改为出让的，承受方应分别以补缴的土地出让价款和房地产权属转移合同确定的成交价格为计税依据缴纳契税。

【学中做 4-15】 丁公司 2022 年 3 月以 1 500 万元（不含增值税）购入一幢旧写字楼作为办公用房，当地适用契税税率为 3%，计算丁公司购入写字楼应缴纳的契税，并进行会计处理。

解析：应纳契税税额 = 15 000 000 × 3% = 450 000（元）

纳税人购买房屋、建筑物等固定资产的同时获得土地使用权的，按应计提的契税借记"固定资产""在建工程"等科目，贷记"应交税费——应交契税"科目。纳税人也可以不通过"应交税费"科目核算，在实际缴纳契税时，借记"固定资产""在建工程"等科目，贷记"银行存款"科目。其会计处理如下：

借：固定资产　　　　　　　　　　　　　　　　450 000
　　贷：应交税费——应交契税　　　　　　　　　　　450 000
或　借：固定资产　　　　　　　　　　　　　　　　450 000
　　贷：银行存款　　　　　　　　　　　　　　　　450 000

九、计算环境保护税

（一）计税依据

应税污染物的计税依据，按照下列方法确定：应税大气污染物按照污染物排放量折合的污染当量数确定；应税水污染物按照污染物排放量折合的污染当量数确定；应税固体废物按照固体废物的排放量确定；应税噪声按照超过国家规定标准的分贝数确定。

1. 应税大气污染物按照污染物排放量折合的污染当量数确定

应税大气污染物的污染当量数，以该污染物的排放量除以该污染物的污染当量值计算。每种应税大气污染物具体污染当量值，按照表 4-14《应税污染物和当量值表》执行。

每一排放口或者没有排放口的应税大气污染物，按照污染当量数从大到小排序，对前 3 项污染物征收环境保护税。

2. 应税水污染物按照污染物排放量折合的污染当量数确定

应税水污染物的污染当量数，以该污染物的排放量除以该污染物的污染当量值计算。每一排放口的应税水污染物，按照表 4-14《应税污染物和当量值表》，区分第一类水污染物和其他类水污染物，按照污染当量数从大到小排序，对第一类水污染物按照前 5 项征收环境保护税,对其他类水污染物按照前 3 项征收环境保护税。

表 4-14 应税污染物和当量值表

一、第一类水污染物污染当量值

污染物	污染当量值(千克)
1. 总汞	0.000 5
2. 总镉	0.005
3. 总铬	0.04
4. 六价铬	0.02
5. 总砷	0.02
6. 总铅	0.025
7. 总镍	0.025
8. 苯并(a)芘	0.000 000 3
9. 总铍	0.01
10. 总银	0.02

二、第二类水污染物污染当量值

污染物	污染当量值(千克)	备注
11. 悬浮物(SS)	4	
12. 生化需氧量(BOD_5)	0.5	同一排放口中的化学需氧量、生化需氧量和总有机碳,只征收一项
13. 化学需氧量(COD_{cr})	1	
14. 总有机碳(TOC)	0.49	
15. 石油类	0.1	
16. 动植物油	0.16	
17. 挥发酚	0.08	
18. 总氰化物	0.05	
19. 硫化物	0.125	
20. 氨氮	0.8	
21. 氟化物	0.5	
22. 甲醛	0.125	
23. 苯胺类	0.2	
24. 硝基苯类	0.2	
25. 阴离子表面活性剂(LAS)	0.2	
26. 总铜	0.1	
27. 总锌	0.2	

（续表）

污染物	污染当量值（千克）	备注
28. 总锰	0.2	
29. 彩色显影剂（CD-2）	0.2	
30. 总磷	0.25	
31. 单质磷（以 P 计）	0.05	
32. 有机磷农药（以 P 计）	0.05	
33. 乐果	0.05	
34. 甲基对硫磷	0.05	
35. 马拉硫磷	0.05	
36. 对硫磷	0.05	
37. 五氯酚及五氯酚钠（以五氯酚计）	0.25	
38. 三氯甲烷	0.04	
39. 可吸附有机卤化物（AOX）（以 C1 计）	0.25	
40. 四氯化碳	0.04	
41. 三氯乙烯	0.04	
42. 四氯乙烯	0.04	
43. 苯	0.02	
44. 甲苯	0.02	
45. 乙苯	0.02	
46. 邻-二甲苯	0.02	
47. 对-二甲关	0.02	
48. 间-二甲苯	0.02	
49. 氯苯	0.02	
50. 邻二氯苯	0.02	
51. 对二氯苯	0.02	
52. 对硝基氯苯	0.02	
53. 2,4-二硝基氯苯	0.02	
54. 苯酚	0.02	
55. 间-甲酚	0.02	
56. 2,4-二氯酚	0.02	
57. 2,4,6-三氯酚	0.02	
58. 邻苯二甲酸二丁酯	0.02	

(续表)

污染物	污染当量值(千克)	备注
59. 邻苯二甲酸二辛酯	0.02	
60. 丙烯腈	0.125	
61. 总硒	0.02	

三、pH 值、色度、大肠菌群数、余氯量水污染物污染当量值

污染物		污染当量值	备注
1. pH 值	1. 0—1,13—14	0.06 吨污水	pH 值 5—6 指大于等于5,小于 6;pH 值 9—10 指大于 9,小于等于 10,其余类推
	2. 1—2,12—13	0.125 吨污水	
	3. 2—3,11—12	0.25 吨污水	
	4. 3—4,10—11	0.5 吨污水	
	5. 4—5,9—10	1 吨污水	
	6. 5—6	5 吨污水	
2. 色度		5 吨水·倍	
3. 大肠菌群数(超标)		3.3 吨污水	大肠菌群数和余氯量只征收一项
4. 余氯量(用氯消毒的医院废水)		3.3 吨污水	

四、禽畜养殖业、小型企业和第三产业水污染物污染当量值
(本表仅适用于计算无法进行实际监测或者物料衡算的禽畜养殖业、小型企业和第三产业等小型排污者的水污染物污染当量数)

类型		污染当量值	备注
禽畜养殖场	1. 牛	0.1 头	仅对存栏规模大于 50 头牛、500 头猪、5 000 羽鸡鸭等的禽畜养殖场征收
	2. 猪	1 头	
	3. 鸡、鸭等家禽	30 羽	
4. 小型企业		1.8 吨污水	
5. 饮食娱乐服务业		0.5 吨污水	
6. 医院	消毒	0.14 床	医院病床数大于 20 张的按照本表计算污染当量数
		2.8 吨污水	
	不消毒	0.07 床	
		1.4 吨污水	

五、大气污染物污染当量值

污染物	污染当量值(千克)
1. 二氧化硫	0.95
2. 氮氧化物	0.95

（续表）

污染物	污染当量值（千克）
3. 一氧化碳	16.7
4. 氯气	0.34
5. 氯化氢	10.75
6. 氟化物	0.87
7. 氰化氢	0.005
8. 硫酸雾	0.6
9. 铬酸雾	0.000 7
10. 汞及其化合物	0.000 1
11. 一般性粉尘	4
12. 石棉尘	0.53
13. 玻璃棉尘	2.13
14. 碳黑尘	0.59
15. 铅及其化合物	0.02
16. 镉及其化合物	0.03
17. 铍及其化合物	0.000 4
18. 镍及其化合物	0.13
19. 锡及其化合物	0.27
20. 烟尘	2.18
21. 苯	0.05
22. 甲苯	0.18
23. 二甲苯	0.27
24. 苯并(a)芘	0.000 002
25. 甲醛	0.09
26. 乙醛	0.45
27. 丙烯醛	0.06
28. 甲醇	0.67
29. 酚类	0.35
30. 沥青烟	0.19
31. 苯胺类	0.21
32. 氯苯类	0.72
33. 硝基苯	0.17
34. 丙烯腈	0.22
35. 氯乙烯	0.55
36. 光气	0.04

(续表)

污染物	污染当量值（千克）
37. 硫化氢	0.29
38. 氨	9.09
39. 三甲胺	0.32
40. 甲硫醇	0.04
41. 甲硫醚	0.28
42. 二甲二硫	0.28
43. 苯乙烯	25
44. 二硫化碳	20

3. 应税固体废物按照固体废物的排放量确定

应税固体废物的排放量为当期应税固体废物的产生量减去当期应税固体废物贮存量、处置量、综合利用量的余额。固体废物的贮存量、处置量，是指在符合国家和地方环境保护标准的设施、场所贮存或者处置的固体废物数量；固体废物的综合利用量，是指按照国务院发展改革、工业和信息化主管部门关于资源综合利用要求以及国家和地方环境保护标准进行综合利用的固体废物数量。纳税人应当准确计量应税固体废物的贮存量、处置量和综合利用量，未准确计量的，不得从其应税固体废物的产生量中减去。

4. 应税噪声按照超过国家规定标准的分贝数确定

应税噪声的应纳税额为超过国家规定标准分贝数对应的具体适用税额。

（二）应税污染物排放量的计算

应税大气污染物、水污染物、固体废物的排放量和噪声的分贝数，按照下列方法和顺序计算：

（1）纳税人安装使用符合国家规定和监测规范的污染物自动监测设备的，按照污染物自动监测数据计算。

（2）纳税人未安装使用污染物自动监测设备的，按照监测机构出具的符合国家有关规定和监测规范的监测数据计算。

（3）因排放污染物种类多等原因不具备监测条件的，按照国务院生态环境主管部门规定的排污系数、物料衡算方法计算。

（4）不能按照上述第（1）项至第（3）项规定的方法计算的，按照省、自治区、直辖市人民政府生态环境主管部门规定的抽样测算的方法核定计算。

（三）应纳税额的计算

（1）应税大气污染物的应纳税额为污染当量数乘以具体适用税额。

（2）应税水污染物的应纳税额为污染当量数乘以具体适用税额。

（3）应税固体废物的应纳税额为固体废物排放量乘以具体适用税额。

（4）应税噪声的应纳税额为超过国家规定标准的分贝数对应的具体适用税额。

【学中做 4-16】 甲企业只有一个排放口，2022 年 6 月向大气直接排放一氧化碳、氯化氢各 300 千克，二氧化硫、氟化物各 200 千克，氯气 80 千克，假设当地大气污染物每污染

做中学 4-8

当量税额 1.5 元。已知一氧化碳的污染当量值为 16.7 千克,氯化氢的污染当量值为 10.75 千克,二氧化硫的污染当量值为 0.95 千克,氟化物的污染当量值为 0.87 千克,氯气的污染当量值为 0.34 千克。请计算甲企业当月环境保护税的应纳税额并进行会计处理,计算结果保留两位小数。

解析:

第一步:计算各污染物的污染当量数

污染当量数＝该污染物的排放量÷该污染物的污染当量值

一氧化碳污染当量数＝300÷16.7＝17.96

氯化氢污染当量数＝300÷10.75＝27.91

二氧化硫污染当量数＝200÷0.95＝210.53

氟化物污染当量数＝200÷0.87＝229.89

氯气污染当量数＝80÷0.34＝235.29

第二步:按污染当量数进行排序,确定前三项的污染物

氯气污染当量数(235.29)＞氟化物污染当量数(229.89)＞二氧化硫污染当量数(210.53)＞氯化氢污染当量数(27.91)＞一氧化碳污染当量数(17.96)

第三步:计算应纳税额

应税大气污染物的应纳税额＝污染当量数×适用税额

应纳税额＝(235.29＋229.89＋210.53)×1.5＝1 013.57(元)

企业计提环境保护税时,借记"税金及附加"科目,贷记"应交税费——应交环境保护税"科目。其会计处理如下:

借:税金及附加   1 013.57
　　贷:应交税费——应交环境保护税   1 013.57

十、计算烟叶税

烟叶税的计税依据为纳税人收购烟叶实际支付的价款总额。

纳税人收购烟叶实际支付的价款总额包括纳税人支付给烟叶生产销售单位和个人的烟叶收购价款和价外补贴。其中,价外补贴统一按烟叶收购价款的10%计算。烟叶税应纳税额的计算公式如下:

$$应纳税额＝烟叶收购金额×税率＝烟叶收购价款×(1＋10\%)×税率$$

【学中做 4-17】某卷烟厂(增值税一般纳税人),2022 年 8 月收购一批烟叶,实际支付烟叶生产者收购价款 60 000 元,另支付价外补贴 6 200 元,已开具烟叶收购发票。计算该卷烟厂应缴纳的烟叶税并进行计提烟叶税的会计处理。

解析:该卷烟厂应缴纳烟叶税＝60 000×(1＋10%)×20%＝13 200(元)

企业按应计提的烟叶税税额,借记"原材料"等科目,贷记"应交税费——应交烟叶税"科目。其会计处理如下:

借:原材料   13 200
　　贷:应交税费——应交烟叶税   13 200

任务实施

（1）请查阅资料，将逸香酒业 2022 年第 4 季度城镇土地使用税处理过程填入表 4-15。

表 4-15　任务(1)处理表

本期应纳税额	会计处理

（2）请查阅资料，将逸香酒业 2022 年第 4 季度房产税处理过程填入表 4-16。

表 4-16　任务(2)处理表

本期应纳税额	会计处理

（3）请查阅资料，将逸香酒业 2022 年度车船税处理过程填入表 4-17。

表 4-17　任务(3)处理表

本期应纳税额	会计处理

（4）请查阅资料，将逸香酒业 2022 年 10～12 月印花税处理过程填入表 4-18。

表 4-18　任务(4)处理表

本期应纳税额	会计处理

（5）请查阅资料，将逸香酒业 2022 年第 4 季度环境保护税处理过程填入表 4-19。

表 4-19　任务(5)处理表

本期应纳税额	会计处理

（6）请查阅资料，将逸香酒业 2022 年 12 月购买写字楼这项业务涉及的财产和行税处理过程填入表 4-20。

表 4-20　业务处理表

税种	是否当期纳税	应纳税额	会计处理

税收热点畅谈

动画："绿色税收"推动绿色发展

　　"绿水青山就是金山银山"。近年来，我国通过完善资源税、环境保护税和消费税，构建起涵盖资源开采、生产、流通、消费、排放 5 大环节多个税种的绿色税制体系，支持绿色发展，充分发挥绿色税收"杠杆作用"释放生态红利，推动生态文明建设。2023 年政府工作报告提出，完善支持绿色发展的政策。请你结合这些税收政策谈谈如何进一步完善绿色税收体系建设。

任务总结

在完成上述任务后，请你分享学到的知识或技能。

任务评价

表 4-21　任务评价表　　　　　　　　　　　　　　　　单位:分

项目	评价内容	分值	自评	组评	师评	其他
素养 (20)	到岗出勤	2				
	学习、工作用品准备	2				
	探究问题、积极发言	2				
	按时完成任务	2				
	团队协作	2				
	分析问题、解决问题的能力	2				
	正确的消费观	2				
	关注财税政策	3				
	绿色发展理念	3				
知识 (30)	城镇土地使用税应纳税额的计算	3				
	房产税应纳税额的计算	3				
	车船税应纳税额的计算	3				
	印花税应纳税额的计算	3				
	耕地占用税应纳税额的计算	3				
	资源税应纳税额的计算	3				
	土地增值税应纳税额的计算	3				
	契税应纳税额的计算	3				
	环境保护税应纳税额的计算	3				
	烟叶税应纳税额的计算	3				
能力 (50)	能够进行财产行为税税源信息采集	15				
	准确计算财产和行为税应纳税额	15				
	能进行财产和行为税的相关会计处理	10				
	文字描述准确、语言表达流畅	10				
	小计					
总计(评分细则及各主体评分占比,由教师根据教学实际确定)						

任务拓展

美丽中国呼唤绿色税收,从 2016 年试点开征水资源税到 2018 年环境保护税开征,再到 2020 年资源税法正式施行;从对资源综合利用增值税政策进行完善到对节约能源车船和新能源车船减免车船税,再到对从事符合条件的环境保护、节能节水项目所得定期减免企业所得税等,"税种"的不断绿化,为绿色中国建设着墨添彩。请查阅相关资料,谈谈我国绿色税制的发展历程。

任务三　申报财产和行为税

任务情境

王芳于 2023 年 1 月 10 日,登录电子税务局完成 2022 年财产和行为税的申报和税款缴纳工作并进行会计处理。

任务要求

如果你是王芳,请完成以下任务:

(1)更新维护城镇土地使用税和房产税税源信息。

(2)更新维护契税税源信息。

(3)更新维护印花税税源信息。

(4)更新维护环境保护税税源信息。

(6)填写《财产和行为税纳税申报表》。

(7)编制缴纳财产和行为税的会计凭证。

任务准备

一、财产和行为税征收管理

(一)城镇土地使用税征收管理

1. 纳税义务发生时间

(1)购置新建商品房,自房屋交付使用之次月起计征城镇土地使用税。

(2)购置存量房,自办理房屋权属转移、变更登记手续,房地产权属登记机关签发房屋权属证书之次月起计征城镇土地使用税。

(3)出租、出借房产,自交付出租、出借房产之次月起计征城镇土地使用税。

(4)以出让或转让方式有偿取得土地使用权的,应由受让方从合同约定交付土地时间的次月起缴纳城镇土地使用税;合同未约定交付土地时间的,由受让方从合同签订的次月起缴纳城镇土地使用税。

(5)纳税人征用的耕地,自批准征用之日起满 1 年时开始缴纳土地使用税。

(6)纳税人征用的非耕地,自批准征用次月起缴纳土地使用税。

2．纳税期限

土地使用税按年计算、分期缴纳。缴纳期限由省、自治区、直辖市人民政府确定。

3．纳税地点

土地使用税由土地所在地的税务机关征收。如果纳税人使用的土地不属于同一省（自治区、直辖市）管辖范围的，应由纳税人分别向土地所在地的税务机关缴纳土地使用税。如果在同一省（自治区、直辖市）管辖范围内，纳税人跨地区使用的土地，如何确定纳税地点，由各省、自治区、直辖市税务局确定。

【学中做 4-18】

（单选题）纳税人购置新建商品房，其城镇土地使用税纳税义务发生时间是（　　）。

A．房屋交付使用之次月

B．办理预售许可证之次月

C．房屋竣工备案之次月

D．办理不动产权属证书之次月

答案：A

（二）房产税征收管理

1．纳税义务发生时间

（1）纳税人自建的房屋，自建成之次月起征收房产税。

（2）纳税人委托施工企业建设的房屋，从办理验收手续之次月起征收房产税。

（3）纳税人在办理验收手续前已使用或出租、出借的新建房屋，应按规定征收房产税。

（4）购置新建商品房，自房屋交付使用之次月起计征房产税。

（5）购置存量房，自办理房屋权属转移、变更登记手续，房地产权属登记机关签发房屋权属证书之次月起计征房产税和城镇土地使用税。

（6）出租、出借房产，自交付出租、出借房产之次月起计征房产税和城镇土地使用税。

（7）房地产开发企业自用、出租、出借本企业建造的商品房，自房屋使用或交付之次月起计征房产税。

（8）融资租赁的房产，由承租人自融资租赁合同约定开始日的次月起依照房产余值缴纳房产税。合同未约定开始日的，由承租人自合同签订的次月起依照房产余值缴纳房产税。

2．纳税期限

房产税按年征收、分期缴纳。纳税期限由省、自治区、直辖市人民政府规定。遇最后一日是法定休假日的，以休假日期满的次日为期限的最后一日；在期限内有连续 3 日以上法定休假日的，按休假日天数顺延。

3．纳税地点

房产税由房产所在地的税务机关征收。房产不在同一地方的纳税人，应按房产的座落地点，分别向房产所在地的税务机关缴纳房产税。

（三）车船税征收管理

1. 纳税义务发生时间

（1）车船税纳税义务发生时间为取得车船所有权或者管理权的当月。

（2）购置的新车船，购置当年的应纳税额自纳税义务发生的当月起按月计算。

（3）已办理退税的被盗抢车船失而复得的，纳税人应当从公安机关出具相关证明的当月起计算缴纳车船税。

2. 纳税期限

车船税按年申报缴纳。具体申报纳税期限由省、自治区、直辖市人民政府规定。车船税按年申报，分月计算，一次性缴纳。纳税年度为公历 1 月 1 日至 12 月 31 日。

3. 纳税地点

（1）车船税的纳税地点为车船的登记地或者车船税扣缴义务人所在地。

（2）依法不需要办理登记的车船，车船税的纳税地点为车船的所有人或者管理人所在地。

（四）印花税征收管理

1. 纳税义务发生时间

（1）印花税的纳税义务发生时间为纳税人书立应税凭证或者完成证券交易的当日。

（2）证券交易印花税扣缴义务发生时间为证券交易完成的当日。

做中学 4-9

2. 纳税期限

（1）印花税按季、按年或者按次计征。实行按季、按年计征的，纳税人应当自季度、年度终了之日起 15 日内申报缴纳税款；实行按次计征的，纳税人应当自纳税义务发生之日起 15 日内申报缴纳税款。

（2）证券交易印花税按周解缴。证券交易印花税扣缴义务人应当自每周终了之日起 5 日内申报解缴税款以及银行结算的利息。

3. 纳税地点

纳税人为单位的，应当向其机构所在地的主管税务机关申报缴纳印花税；纳税人为个人的，应当向应税凭证书立地或者纳税人居住地的主管税务机关申报缴纳印花税。

不动产产权发生转移的，纳税人应当向不动产所在地的主管税务机关申报缴纳印花税。

（五）耕地占用税征收管理

1. 纳税义务发生时间

（1）耕地占用税的纳税义务发生时间为纳税人收到自然资源主管部门办理占用耕地手续的书面通知的当日。

（2）未经批准占用耕地的，耕地占用税纳税义务发生时间为自然资源主管部门认定的纳税人实际占用耕地的当日。

（3）因挖损、采矿塌陷、压占、污染等损毁耕地的纳税义务发生时间为自然资源、农业农村等相关部门认定损毁耕地的当日。

2. 纳税期限

纳税人应当自纳税义务发生之日起 30 日内申报缴纳耕地占用税。自然资源主管部门凭耕地占用税完税凭证或者免税凭证和其他有关文件发放建设用地批准书。

3. 纳税地点

纳税人占用耕地,应当在耕地所在地申报纳税。

(六) 资源税征收管理

1. 纳税义务发生时间

(1) 纳税人销售应税产品,纳税义务发生时间为收讫销售款或者取得索取销售款凭据的当日。

(2) 自用应税产品的,纳税义务发生时间为移送应税产品的当日。

2. 纳税期限

资源税按月或者按季申报缴纳;不能按固定期限计算缴纳的,可以按次申报缴纳。纳税人按月或者按季申报缴纳的,应当自月度或者季度终了之日起 15 日内,向税务机关办理纳税申报并缴纳税款;按次申报缴纳的,应当自纳税义务发生之日起 15 日内,向税务机关办理纳税申报并缴纳税款。

3. 纳税地点

(1) 纳税人应当在矿产品的开采地或者海盐的生产地缴纳资源税。

(2) 海上开采的原油和天然气资源税由海洋石油税务管理机构征收管理。

(七) 土地增值税征收管理

1. 纳税期限

纳税人应当自转让房地产合同签订之日起 7 日内向房地产所在地主管税务机关办理纳税申报,并在税务机关核定的期限内缴纳土地增值税。

税务机关核定的纳税期限,应在纳税人签订房地产转让合同之后、办理房地产权属转让(即过户及登记)手续之前。

2. 纳税地点

纳税人应当向房地产所在地主管税务机关办理纳税申报,并在税务机关核定的期限内缴纳土地增值税。

房地产所在地,是指房地产的座落地。纳税人转让房地产座落在两个或两个以上地区的,应按房地产所在地分别申报纳税。

【学中做 4-19】

(判断题) 土地增值税的纳税人应自转让房地产合同签订之日起 15 日内向房地产所在地的主管税务机关办理纳税申报,然后在税务机关核定的期限内缴纳土地增值税。

答案:×

(八) 契税征收管理

1. 纳税义务发生时间

契税的纳税义务发生时间,为纳税人签订土地、房屋权属转移合同的当日,或者纳税人取得其他具有土地、房屋权属转移合同性质凭证的当日。

2. 纳税期限

纳税人应当在依法办理土地、房屋权属登记手续前申报缴纳契税。

3. 纳税地点

纳税人应当向土地、房屋所在地的契税征收机关办理纳税申报缴纳契税。

【学中做 4-20】

（单选题）下列说法中,符合契税纳税义务发生时间规定的是(   )。

A. 纳税人接收土地、房屋的当天

B. 纳税人支付土地、房屋款项的当天

C. 纳税人办理土地、房屋权属证书的当天

D. 纳税人签订土地、房屋权属转移合同的当天

答案:D

(九) 环境保护税征收管理

1. 纳税义务发生时间

环境保护税纳税义务发生时间为纳税人排放应税污染物的当日。

2. 纳税期限

环境保护税按月计算,按季申报缴纳。不能按固定期限计算缴纳的,可以按次申报缴纳。纳税人申报缴纳时,应当向税务机关报送所排放应税污染物的种类、数量,大气污染物、水污染物的浓度值,以及税务机关根据实际需要要求纳税人报送的其他纳税资料。

纳税人按季申报缴纳的,应当自季度终了之日起 15 日内,向税务机关办理纳税申报并缴纳税款。纳税人按次申报缴纳的,应当自纳税义务发生之日起 15 日内,向税务机关办理纳税申报并缴纳税款。

3. 纳税地点

纳税人应当向应税污染物排放地的税务机关申报缴纳环境保护税。所称应税污染物排放地是指:①应税大气污染物、水污染物排放口所在地;②应税固体废物产生地;③应税噪声产生地。

纳税人跨区域排放应税污染物,税务机关对税收征收管辖有争议的,由争议各方按照有利于征收管理的原则协商解决;不能协商一致的,报请共同的上级税务机关决定。

(十) 烟叶税征收管理

1. 纳税义务发生时间

烟叶税的纳税义务发生时间为纳税人收购烟叶的当日。

2. 纳税期限

烟叶税按月计征,纳税人应当于纳税义务发生月终了之日起 15 日内申报并缴纳税款。

3. 纳税地点

纳税人应当向烟叶收购地的主管税务机关申报缴纳烟叶税。

二、财产和行为税纳税申报

(一) 办理流程

财产和行为税纳税申报办理流程如图 4-3 所示。

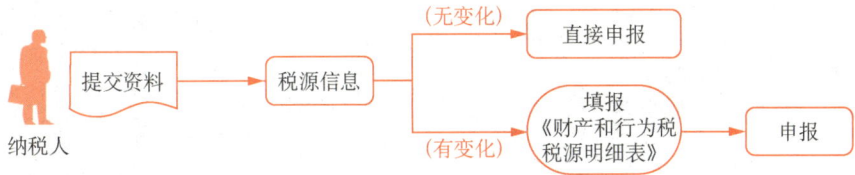

图 4-3　财产和行为税纳税申报办理流程图

（二）办理资料

财产和行为税申报办理除提交《财产和行为税纳税申报表》及其附列资料外，根据不同情形，提供规定的相应材料。

（三）财产和行为税纳税申报表

《财产和行为税纳税申报表》及其附列资料，具体包括：

（1）财产和行为税纳税申报表。

（2）财产和行为税减免税明细申报表。

（3）《财产和行为税税源明细表》，主要有：①城镇土地使用税房产税税源明细表；②车船税税源明细表；③印花税税源明细表；④契税税源明细表；⑤土地增值税税源明细表；⑥资源税税源明细表；⑦耕地占用税税源明细表；⑧环境保护税税源明细表；⑨烟叶税税源明细表。

财产和行为税申报办理材料

三、缴纳财产和行为税的会计处理

实际缴纳各项财产和行为税时，借记"应交税费——应交城镇土地使用税""应交税费——应交房产税""应交税费——应交车船税""应交税费——应交印花税""应交税费——应交耕地占用税""应交税费——应交资源税""应交税费——应交土地增值税""应交税费——应交契税""应交税费——应交环境保护税""应交税费——应交烟叶税"科目，贷记"银行存款"科目。

知新：《财产和行为税纳税申报表》及其附列资料填写说明

 任务实施

（1）请根据任务二填写城镇土地使用税 房产税税源明细表，如表 4-22 所示。

知新：《财产和行为税税源明细表》填写说明

表4-22 城镇土地使用税 房产税税源明细表

纳税人识别号（统一社会信用代码）：□□□□□□□□□□□□□□□□□□

纳税人名称：

金额单位：人民币元（列至角分）；面积单位：平方米

一、城镇土地使用税税源明细

*纳税人类型	土地使用权人□ 无偿使用人□ 实际使用人□（必选）	集体土地使用人□ 代管人□（必选）	土地使用权人纳税人识别号（统一社会信用代码）	土地使用权人名称
*土地编号		土地名称	
不动产单元代码		宗地号	不动产权证号
*土地取得方式	划拨□ 出让□ 转让□ 租赁□ 其他□（必选）	*土地用途 工业□ 商业□ 居住□ 综合□ 其他□（必选）	*土地性质 国有□ 集体□（必选） □房地产开发企业的开发用地
*土地坐落地址（详细地址）	省（自治区、直辖市） 市（区） 县（区） 乡镇（街道）（必填）		
*土地所属主管税务所（科、分局）			
*土地取得时间	年 月	纳税义务终止（权属转移□ 其他□）信息项变更（土地面积变更□ 土地等级变更□ 减免税变更□ 其他□）变更类型 年 月	变更时间 年 月
*占用土地面积	地价	*土地等级	*税额标准

减免部分

序号	减免性质代码和项目名称	减免起止时间		减免税土地面积	月减免税金额
		减免起始月份 年 月	减免终止月份 年 月		
1					
2					
3					

（续表）

二、房产税税源明细

（一）从价计征房产产税明细

* 纳税人类型	产权所有人□　经营管理人□　承典人□　房屋代管人□　房屋使用人□　融资租赁承租人□（必选）		所有权人纳税人识别号（统一社会信用代码）		所有权人名称
* 房产编号			房产名称		
不动产权证号			不动产单元代码		
* 房屋坐落地址（详细地址）	省（自治区、直辖市）　　市（区）　　县（区）　　乡镇（街道）（必填）				
* 房产所属主管税务所（科、分局）					
房屋所在土地编号			* 房产用途	工业□　商业及办公□　住房□　其他□（必选）	
* 房产取得时间	年　　月	变更类型	纳税义务终止（权属转移□　其他□）信息项变更（房产原值变更□　出租房产原值变更□　减免税变更□　申报租金收入变更□　其他□）	变更时间	年　　月
* 建筑面积			其中：出租房产面积		
* 房产原值			其中：出租房产原值	计税比例	

减免税部分	序号	减免性质代码和项目名称	减免起止时间		减免税房产原值	月减免税金额
			减免起始月份	减免终止月份		
			年　月	年　月		
	1					
	2					
	3					

（续表）

（二）从租计征房产税明细

* 房产编号		房产名称	
* 房产所属主管税务所（科、分局）			
承租方名称			
承租方纳税人识别号（统一社会信用代码）			
* 出租面积		* 申报租金收入	
* 申报租金所属租赁期起		* 申报租金所属租赁期止	

减免税部分

序号	减免性质代码和项目名称	减免起止时间		减免税租金收入	月减免税金额
		减免起始月份	减免终止月份		
		年 月	年 月		
1					
2					
3					

（2）请根据任务二填写契税税源明细表，如表4-23所示。

表4-23 契税税源明细表

纳税人识别号（统一社会信用代码）：□□□□□□□□□□□□□□□□□□
纳税人名称：

金额单位：人民币元（列至角分）；面积单位：平方米

* 税源编号	（系统自动带出）	* 土地房屋坐落地址	（必填）	不动产单元代码	（有不动产权证的，必填）
合同编号	（有合同编号的，必填）	* 合同签订日期	（必填）	* 共有方式	□ 单独所有 □ 按份共有 （转移份额：____） □ 共同共有 （共有人：____）

（续表）

字段	填写说明	字段	填写说明
*权属转移对象	（必选）	*用途	（必选）
*权属转移方式	（必选）	*成交单价	（系统自动带出）
*成交价格（不含增值税）	（必填）	*计税价格	（系统自动带出）
*权属转移面积	（必填）	*评估价格	（系统自动带出）
*适用税率	（系统自动带出）	权属登记日期	（已办理权属登记的，必填）
居民购房减免性质代码和项目名称		其他减免性质代码和项目名称	（抵减金额：_____　）

（3）请根据任务二填写印花税税源明细表，如表4-24所示。

表4-24　印花税税源明细表

纳税人识别号（统一社会信用代码）：□□□□□□□□□□□□□□□□□□

纳税人名称：

金额单位：人民币元（列至角分）

序号	应税凭证务编号	应税凭证编号	*应税凭证名称	*申报期限类型	应税凭证数量	*税目	子目	*税款所属期起	*税款所属期止	*应税凭证立书日期	*计税金额	实际结算日期	实际结算金额	*税率	减免性质代码和项目名称	对方书立人信息		
																对方书立人名称	对方书立人纳税人识别号（统一社会信用代码）	对方书立人涉及金额
1																		
2																		
3																		

（4）请根据任务二填写环境保护税税源明细表，如表 4-25 所示。

表 4-25　环境保护税税源明细表

纳税人识别号（统一社会信用代码）：□□□□□□□□□□□□□□□□□□

纳税人名称：　　　　　　　　　　　　　　　　金额单位：人民币元（列至角分）

1. 按次申报□			2. 从事海洋工程□		
3. 城乡污水集中处理场所□			4. 生活垃圾集中处理场所□		
＊5. 污染物类别		大气污染物□　水污染物□　固体废物□　噪声□			
6. 排污许可证编号					
＊7. 生产经营所在区划					
＊8. 生态环境主管部门					
税源基础采集信息					
			新增□变更□删除□		
＊税源编号		（1）			
排放口编号		（2）			
＊排放口名称或噪声源名称		（3）			
＊生产经营所在街乡		（4）			
排放口地理坐	＊经度	（5）			
	＊纬度	（6）			
＊有效期起止		（7）			
＊污染物类别		（8）			
水污染物种类		（9）			
＊污染物名称		（10）			
危险废物污染物子类		（11）			
＊污染物排放量计算方法		（12）			
大气、水污染物标准排放限值	＊执行标准	（13）			
	＊标准浓度值（毫克/升或毫克/标立方米）	（14）			
产（排）污系数	＊计税基数单位	（15）			
	＊污染物单位	（16）			
	＊产污系数	（17）			
	＊排污系数	（18）			
固体废物信息	贮存情况	（19）			
	处置情况	（20）			
	综合利用情况	（21）			

（续表）

噪声信息	*是否昼夜产生	（22）			
	*标准值——昼间（6时至22时）	（23）			
	*标准值——夜间（22时至次日6时）	（24）			
申报计算及减免信息					
*税源编号		（1）			
*税款所属月份		（2）			
*排放口名称或噪声源名称		（3）			
*污染物类别		（4）			
*水污染物种类		（5）			
*污染物名称		（6）			
危险废物污染物子类		（7）			
*污染物排放量计算方法		（8）			
大气、水污染物监测计算	*废气（废水）排放量（万标立方米、吨）	（9）			
	*实测浓度值（毫克/标立方米、毫克/升）	（10）			
	*月均浓度（毫克/标立方米、毫克/升）	（11）			
	*最高浓度（毫克/标立方米、毫克/升）	（12）			
产（排）污系数计算	*计算基数	（13）			
	*产污系数	（14）			
	*排污系数	（15）			
固体废物计算	*本月固体废物的产生量（吨）	（16）			
	*本月固体废物的贮存量（吨）	（17）			
	*本月固体废物的处置量（吨）	（18）			
	*本月固体废物的综合利用量（吨）	（19）			
噪声计算	*噪声时段	（20）			
	*监测分贝数	（21）			
	*超标不足15天	（22）			
	*两处以上噪声超标	（23）			

（续表）

抽样测算计算	特征指标	(24)			
	特征单位	(25)			
	特征指标数量	(26)			
	特征系数	(27)			
污染物排放量（千克或吨）		大气、水污染物监测计算：(28)＝(9)×(10)÷100(1 000) 大气、水污染物产(排)污系数计算：(28)＝(13)×(14)×M (28)＝(13)×(15)×M pH值、大肠菌群数、余氯量等水污染物计算：(28)＝(9) 色度污染物计算：(28)＝(9)×色度超标倍数固体废物排放量（含综合利用量）：(28)＝(16)－(17)－(18)			
＊污染当量值(特征值)（千克或吨）		(29)			
＊污染当量数		大气、水污染物污染当量数计算：(30)＝(28)÷(29)			
减免性质代码和项目名称		(31)			
＊单位税额		(32)			
＊本期应纳税额		大气、水污染物应纳税额计算：(33)＝(30)×(32) 固体废物应纳税额计算：(33)＝(28)×(32) 噪声应纳税额计算：(33)＝0.5或1[(22)为是的用0.5；为否的用1]×2或1[(23)为是的用2，为否的用1]×(32)按照税法所附表二中畜禽养殖业等水污染物当量值表计算：(33)＝(26)÷(29)×(32) 采用特征系数计算：(33)＝(26)×(27)÷(29)×(32) 采用特征值计算：(33)＝(26)×(29)×(32)			
本期减免税额		大气、水污染物减免税额计算：(34)＝(30)×(32)×N 固体废物减免税额计算：(34)＝(19)×(32)			
本期已缴税额		(35)			
＊本期应补(退)税额		(36)＝(33)－(34)－(35)			

（5）请根据任务二的结果填写《财产和行为税纳税申报表》，如表4-26所示。

纳税人识别号（统一社会信用代码）：□□□□□□□□□□□□□□□□□□

纳税人名称：

表4-26 财产和行为税纳税申报表

金额单位：人民币元（列至角分）

序号	税种	税目	税款所属期起	税款所属期止	计税依据	税率	应纳税额	减免税额	已缴税额	应补（退）税额退
1										
2										
3										
4										
5										
6										
7										
8										
9										
10										
11 合计	—	—	—	—	—	—				

声明：此表是根据国家税收法律法规及相关规定填写的，本人（单位）对填报内容（及附带资料）的真实性、可靠性、完整性负责。

纳税人（签章）：

经办人（签章）：

经办人身份证号：代理机构签章：

代理机构统一社会信用代码：

受理人：

受理税务机关（章）：

受理日期： 年 月 日

年 月 日

（6）请写出缴纳财产和行为税的会计分录。

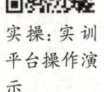

实操：实训
平台操作演
示

 任务总结

在完成上述任务后，请你分享学到的知识或技能。

 任务评价

表 4-27　任务评价表　　　　　　　　　　　　　　单位：分

项目	评价内容	分值	自评	组评	师评	其他
素养 （20）	到岗出勤	2				
	学习、工作用品准备	2				
	探究问题、积极发言	2				
	按时完成任务	2				
	团队协作	2				
	分析问题、解决问题的能力	2				
	正确的消费观	2				
	关注财税政策	3				
	绿色发展理念	3				
知识 （30）	财产和行为税纳税义务发生时间	5				
	财产和行为税纳税期限	5				
	财产和行为税纳税地点	5				
	申报表项目的填制方法	5				
	熟悉纳税申报流程	5				
	缴纳税费的会计分录	5				
能力 （50）	能判断财产和行为税的纳税义务发生时间	10				
	能正确填写税源信息采集表	10				
	能正确填写财产和行为税纳税申报表	10				
	会正确核算缴纳税费业务	10				
	文字描述准确、语言表达流畅	10				
小计						
总计（评分细则及各主体评分占比，由教师根据教学实际确定）						

任务拓展

请思考财产和行为税合并申报多个税种后，只更正申报一个或部分税种怎么办？

任务四 **优化财产和行为税管理**

任务情境

受疫情影响，白酒市场需求不足。逸香酒业为顺应发展，积极调整生产策略，实行以销定产、降低产品积压的策略，导致一间原值为 520 万元的库房被闲置。经公司商讨，现有两种方案可供选择：

方案一：将闲置房产用于出租，年租金收入（不含增值税）为 80 万元，双方签订财产租赁合同。

方案二：每年支付 10 万元的费用用于配备保管人员，为客户提供仓储服务，年仓储收入（不含增值税）为 90 万元，双方签订仓储保管合同。

当地规定房产原值的扣除比例为 30%。

经理要求王芳给出合理的建议。

任务要求

如果你是王芳，请完成以下任务：

（1）分析上述方案可能存在的风险点。

（2）选择合适的方案。

任务准备

一、税法依据

（一）增值税

（1）纳税人销售不动产租赁服务按照 9% 的税率计算缴纳增值税。

（2）纳税人销售现代服务按照 6% 的税率计算缴纳增值税。

（二）房产税

（1）从价计征的房产税是以房产余值为计税依据。依照房产原值一次减除 10% 至 30% 后的余值，按照 1.2% 的税率计算缴纳。

（2）从租计征的房产税是指以房产租金收入为计税依据，按照 12% 的税率计算缴纳。

二、税务风险提示

实务中，收入性质的转化必须具有真实性、合法性，并且同时能够满足客户的利益要求。否则，这项性质的转化是行不通的。

在签订合同时，一定要在价格条款中将含税价、税款、不含税价单独表述。

 **任务实施**

（1）请将方案中可能存在的风险点写到下面的横线上。

_____

_____

_____

（2）请在表 4-28 中分别计算各方案应缴纳的房产税、印花税、增值税和附加税费，选出最优的方案。

表 4-28　方案分析表

方案一	方案二
结论：	

 **任务总结**

在完成上述任务后，请你分享学到的知识或技能。

任务评价

表 4-29 任务评价表　　　　　　　　　　　　　　　　单位:分

项目	评价内容	分值	自评	组评	师评	其他
素养 (20)	到岗出勤	2				
	学习、工作用品准备	2				
	探究问题、积极发言	2				
	按时完成任务	2				
	团队协作	2				
	分析问题、解决问题的能力	3				
	依法纳税意识	3				
	税务风险识别能力	4				
知识 (30)	房产税从价计征的规定	15				
	房产税从租计征的规定	15				
能力 (50)	能分析业务存在的风险点	15				
	能正确应用税收政策	20				
	能为企业建言献策	10				
	文字描述准确、语言表达流畅	5				
小计						
总计(评分细则及各主体评分占比,由教师根据教学实际确定)						

任务拓展

知识巩固

技能提升

个人所得税申报与管理

素养目标

1. 具有爱国情怀与责任意识
2. 树立创新意识
3. 具备风险识别与理财能力

知识目标

1. 掌握个人所得税的纳税义务人
2. 掌握个人所得税的征税范围和税收优惠政策
3. 熟悉扣缴义务人全员全额扣缴申报的范围
4. 熟悉个人所得税自行纳税申报的范围

能力目标

1. 正确计算工资薪金所得、劳务报酬所得、稿酬所得、特许权使用费所得预扣预缴税额
2. 正确计算综合所得应纳税额
3. 正确计算利息股息红利所得、财产租赁所得、财产转让所得和偶然所得代扣代缴税额
4. 掌握个人所得税的会计处理
5. 准确申报个人所得税
6. 优化个人所得税管理

知识导图

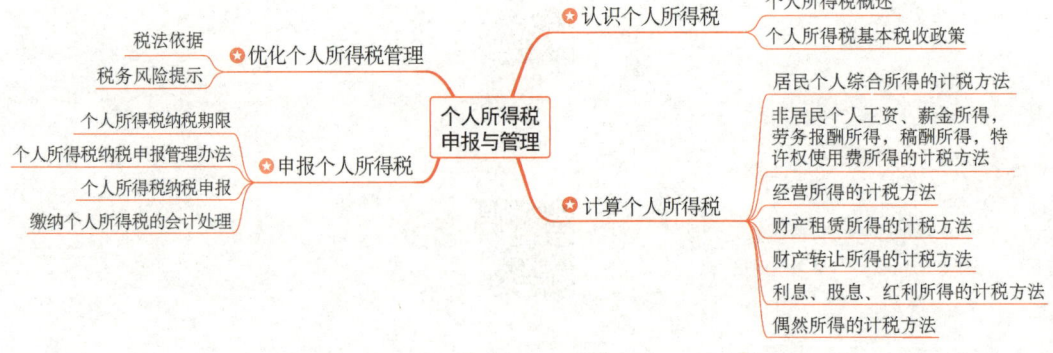

项目导读·思政园地

完善个人所得税制度 规范收入分配秩序

　　税收是国家实施宏观调控、调节收入分配的重要工具。随着综合与分类相结合的个人所得税制建立,个人所得税"调高惠低"的机制作用更为明显,不同收入项目、群体间的税负水平得以平衡,调节收入分配作用显著增强。个人所得税改革提高了税收负担分配的公平性,有利于更好满足人民对公平、正义的要求。

　　党的二十大报告提出,完善个人所得税制度,规范收入分配秩序,规范财富积累机制,保护合法收入,调节过高收入,取缔非法收入。引导、支持有意愿有能力的企业、社会组织和个人积极参与公益慈善事业。这是贯彻以人民为中心的发展思想的体现,既有力增强了纳税人的获得感,又有力提升了税收治理能力,助推实现共同富裕。

任务一　认识个人所得税

任务情境

　　在"三八"国际劳动妇女节到来之际,为确保员工身体健康,营造良好的工作、生活环境,逸香酒业和体检中心合作,组织员工进行健康体检。体检费用由逸香酒业向体检中心支付,实行统一核算。上岗不久的王芳对体检费用是否需要缴纳个人所得税的问题感到很困惑,于是向财务经理李中肯进行了咨询。在财务经理的帮助下,王芳的问题得到了解决。

任务要求

　　如果你是王芳,请完成以下任务:
　　(1)判断此次体检费用,员工是否需要缴纳个人所得税。
　　(2)列明员工取得的哪些所得应当缴纳个人所得税。

任务准备

一、个人所得税概述

　　个人所得税是以个人(含个体工商户、个人独资企业、合伙企业中的个人投资者、承租承包者个人)取得的各项应税所得为征税对象所征收的一种税。

温新:开征
个人所得税
的意义

二、个人所得税基本税收政策

(一)纳税义务人

1. 居民个人

在中国境内有住所,或者无住所而一个纳税年度内在中国境内居住累计满 183 天的个人,为居民个人。

居民个人从中国境内和境外取得的所得,依照规定缴纳个人所得税。

知新:所得
来源的确定

2. 非居民个人

在中国境内无住所又不居住,或者无住所而一个纳税年度内在中国境内居住累计不满 183 天的个人,为非居民个人。

非居民个人从中国境内取得的所得,依照规定缴纳个人所得税。

纳税年度,自公历 1 月 1 日起至 12 月 31 日止。

(二)征税范围

1. 工资、薪金所得

工资、薪金所得,是指个人因任职或者受雇取得的工资、薪金、奖金、年终加薪、劳动分红、津贴、补贴以及与任职或者受雇有关的其他所得。

年终加薪、劳动分红不分种类和取得情况,一律按"工资、薪金所得"项目征税。

做中学 5-1

根据我国目前个人收入的构成情况,税法规定对于一些不属于工资、薪金性质的补贴、津贴或者不属于纳税人本人工资、薪金所得项目的收入,不予征税:

(1)独生子女补贴。

(2)执行公务员工资制度未纳入基本工资总额的补贴、津贴差额和家属成员的副食品补贴。

(3)托儿补助费。

(4)差旅费津贴、误餐补助。

2. 劳务报酬所得

劳务报酬所得,是指个人从事劳务取得的所得,包括从事设计、装潢、安装、制图、化验、测试、医疗、法律、会计、咨询、讲学、翻译、审稿、书画、雕刻、影视、录音、录像、演出、表演、广告、展览、技术服务、介绍服务、经纪服务、代办服务以及其他劳务取得的所得。

3. 稿酬所得

稿酬所得,是指个人因其作品以图书、报刊等形式出版、发表而取得的所得。

4. 特许权使用费所得

特许权使用费所得,是指个人提供专利权、商标权、著作权、非专利技术以及其他特许权的使用权取得的所得。提供著作权的使用权取得的所得,不包括稿酬所得。

5. 经营所得

经营所得,是指:

(1)个体工商户从事生产、经营活动取得的所得,个人独资企业投资人、合伙企业的个人合伙人来源于境内注册的个人独资企业、合伙企业生产、经营的所得。

（2）个人依法从事办学、医疗、咨询以及其他有偿服务活动取得的所得。

（3）个人对企业、事业单位承包经营、承租经营以及转包、转租取得的所得。

（4）个人从事其他生产、经营活动取得的所得。

6. 利息、股息、红利所得

利息、股息、红利所得，是指个人拥有债权、股权等而取得的利息、股息、红利所得。

7. 财产租赁所得

财产租赁所得，是指个人出租不动产、机器设备、车船以及其他财产取得的所得。

8. 财产转让所得

财产转让所得，是指个人转让有价证券、股权、合伙企业中的财产份额、不动产、机器设备、车船以及其他财产取得的所得。

9. 偶然所得

偶然所得，是指个人得奖、中奖、中彩以及其他偶然性质的所得。

【学中做 5-1】

（单选题）2022 年 3 月，中国境内 A 公司职员张某取得的下列收入中，应计入工资、薪金所得缴纳个人所得税的是（　　）。

A. 年终加薪 5 000 元　　　　　　　B. 托儿补助费 1 000 元

C. 独生子女补贴 3 元　　　　　　　D. 误餐补助 50 元

答案：A

（三）税率

1. 居民个人综合所得适用税率

居民个人每一纳税年度的综合所得，包括：工资、薪金所得，劳务报酬所得，稿酬所得，特许权使用费所得，适用 3%～45% 的七级超额累进税率，具体税率如表 5-1 所示。

表 5-1　个人所得税税率表（一）

（综合所得适用）

级数	全年应纳税所得额	税率	速算扣除数
1	不超过 36 000 元的	3%	0
2	超过 36 000 元至 144 000 元的部分	10%	2 520
3	超过 144 000 元至 300 000 元的部分	20%	16 920
4	超过 300 000 元至 420 000 元的部分	25%	31 920
5	超过 420 000 元至 660 000 元的部分	30%	52 920
6	超过 660 000 元至 960 000 元的部分	35%	85 920
7	超过 960 000 元的部分	45%	181 920

2. 经营所得适用税率

经营所得适用 5%～35% 的五级超额累进税率，具体税率如表 5-2 所示。

表 5-2　个人所得税税率表(二)

(经营所得适用)

级数	全年应纳税所得额	税率	速算扣除数
1	不超过 30 000 元的	5%	0
2	超过 30 000 元至 90 000 元的部分	10%	1 500
3	超过 90 000 元至 300 000 元的部分	20%	10 500
4	超过 300 000 元至 500 000 元的部分	30%	40 500
5	超过 500 000 元的部分	35%	65 500

　　自 2023 年 1 月 1 日起至 2024 年 12 月 31 日止,对个体工商户经营所得年应纳税所得额不超过 100 万元的部分,在现行优惠政策基础上,再减半征收个人所得税。个体工商户不区分征收方式,均可享受。

　　3. 其他所得适用税率

　　利息、股息、红利所得,财产租赁所得,财产转让所得和偶然所得适用比例税率,税率为 20%。

　　对个人按市场价格出租的居民住房取得的所得,暂减按 10% 的税率征收个人所得税。

　　4. 预扣预缴适用税率

　　居民个人分月或分次取得工资、薪金所得,劳务报酬所得,稿酬所得,特许权使用费所得时,支付单位预扣预缴个人所得税的预扣率。其中:工资、薪金所得适用 3%～45% 的七级超额累进预扣率,如表 5-3 所示;劳务报酬所得适用 20%～40% 的三级超额累进预扣率,如表 5-4 所示;稿酬所得、特许权使用费所得适用 20% 的比例预扣率。

表 5-3　个人所得税税率表(三)

(居民个人工资、薪金所得预扣预缴适用)

级数	累计预扣预缴应纳税所得额	预扣率	速算扣除数
1	不超过 36 000 元的	3%	0
2	超过 36 000 元至 144 000 元的部分	10%	2 520
3	超过 144 000 元至 300 000 元的部分	20%	16 920
4	超过 300 000 元至 420 000 元的部分	25%	31 920
5	超过 420 000 元至 660 000 元的部分	30%	52 920
6	超过 660 000 元至 960 000 元的部分	35%	85 920
7	超过 960 000 元的部分	45%	181 920

表 5-4　个人所得税税率表(四)

(居民个人劳务报酬所得预扣预缴适用)

级数	累计预扣预缴应纳税所得额	预扣率	速算扣除数
1	不超过 20 000 元的	20%	0

（续表）

级数	累计预扣预缴应纳税所得额	预扣率	速算扣除数
2	超过 20 000 元至 50 000 元的部分	30%	2 000
3	超过 50 000 元的部分	40%	7 000

5. 非居民个人工资、薪金所得，劳务报酬所得，稿酬所得，特许权使用费所得适用税率

非居民个人取得工资、薪金所得，劳务报酬所得，稿酬所得，特许权使用费所得，分所得项目按月或按次计算个人所得税，统一适用 3%～45% 的七级超额累进税率（与"按月换算后的综合所得税率表"一样），如表 5-5 所示（依照表 5-1 按月换算后）。

表 5-5　个人所得税税率表（五）

（非居民个人工资、薪金所得，劳务报酬所得，稿酬所得，特许权使用费所得适用）

级数	应纳税所得额	税率	速算扣除数
1	不超过 3 000 元的	3%	0
2	超过 3 000 元至 12 000 元的部分	10%	210
3	超过 12 000 元至 25 000 元的部分	20%	1 410
4	超过 25 000 元至 35 000 元的部分	25%	2 660
5	超过 35 000 元至 55 000 元的部分	30%	4 410
6	超过 55 000 元至 80 000 元的部分	35%	7 160
7	超过 80 000 元的部分	45%	15 160

（四）税收优惠政策

根据《中华人民共和国个人所得税法》及相关规定，下列各项免征个人所得税：

（1）省级人民政府、国务院部委和中国人民解放军军以上单位，以及外国组织、国际组织颁发的科学、教育、技术、文化、卫生、体育、环境保护等方面的奖金。

（2）国债和国家发行的金融债券利息。

（3）按照国家统一规定发给的补贴、津贴。

（4）福利费、抚恤金、救济金。

（5）保险赔款。

（6）军人的转业费、复员费、退役金。

（7）按照国家统一规定发给干部、职工的安家费、退职费、基本养老金或者退休费、离休费、离休生活补助费。

（8）依照有关法律规定应予免税的各国驻华使馆、领事馆的外交代表、领事官员和其他人员的所得。

（9）中国政府参加的国际公约、签订的协议中规定免税的所得。

（10）国务院规定的其他免税所得。

有下列情形之一的，可以减征个人所得税，具体幅度和期限，由省、自治区、直辖市人

民政府规定,并报同级人民代表大会常务委员会备案:

(1) 残疾、孤老人员和烈属的所得。

(2) 因自然灾害遭受重大损失的。

国务院可以规定其他减税情形,报全国人民代表大会常务委员会备案。

【学中做 5-2】

(多选题) 根据个人所得税法律制度的规定,下列各项中,应缴纳个人所得税的是

( )。

A. 劳动分红　　　　B. 军人的转业费　　　C. 保险赔款　　　　D. 年终加薪

答案:AD

 **任务实施**

(1) 请判断此次体检费用员工是否需要缴纳个人所得税:□是　 □否

(2) 请将员工取得的所得中应当缴纳个人所得税的所得项目写到下面的横线上。

税种:_____

税收热点畅谈

　　国务院办公厅印发了《关于进一步支持大学生创新创业指导意见》,提出大学生是大众创业的生力军,支持大学生创业具有重要意义。国家为支持大学生创新创业,出台了一系列税收优惠政策,落实落细减税降费政策,如:高校毕业生在毕业年度内从事个体经营,符合规定条件的,在 3 年内按一定限额一次扣减其当年实际应缴纳的增值税、城市维护建设税、教育费附加、地方教育附加和个人所得税。查阅资料请你谈谈大学生创新创业还能享受哪些税收优惠政策?

任务总结

在完成上述任务后,请你分享学到的知识或技能。

 **任务评价**

表5-6　任务评价表　　　　　　　　　　　　单位:分

项目	评价内容	分值	自评	组评	师评	其他
素养 (20)	到岗出勤	2				
	学习、工作用品准备	2				
	探究问题、积极发言	2				
	按时完成任务	2				
	团队协作	2				
	分析问题、解决问题的能力	2				
	爱国情怀与责任意识	2				
	诚信纳税理念	2				
	认真谨慎的职业素养	2				
	创新意识	2				
知识 (30)	个人所得税的纳税人	10				
	个人所得税的征税范围	10				
	个人所得税的税收优惠政策	10				
能力 (50)	能够区分居民个人和非居民个人	15				
	能够判断纳税人所得所属的应税项目及适用税率	15				
	能灵活运用税收优惠政策	10				
	文字描述准确、语言表达流畅	10				
小计						
总计(评分细则及各主体评分占比,由教师根据教学实际确定)						

 **任务拓展**

　　除上述法定免税政策外,外籍个人有关津贴补贴个人所得税税收优惠政策有哪些?请查阅资料进行了解。

任务二　　计算个人所得税

任务情境

（1）2023 年 1 月 15 日,逸香酒业对 2022 年 12 月发放的工资进行全员全额扣缴申报。该公司"三险一金"的扣缴比例分别为 8%、2%、0.5%、12%。每位员工的各月工资总额相同,不存在其他扣除或减免项目。基本情况如表 5-7 所示。

（2）员工彭云燕与丈夫育有一个孩子,孩子上小学五年级,夫妻约定,子女教育专项附加扣除由彭云燕一方扣除。彭云燕是独生子女,父母健在且均年满 60 周岁,无其他专项附加扣除和依法确定的其他扣除。本年度彭云燕利用业余时间为甲公司提供咨询服务,取得一次性税前劳务报酬 40 000 元,甲公司为其代扣代缴了个人所得税 7 600 元;本年 9 月转让给乙公司专利技术权,取得一次性税前特许权使用费收入 20 000 元,乙公司为其代扣代缴了个人所得税 3 200 元。

2023 年 3 月 15 日,彭云燕进行 2022 年度的汇算清缴。由于对个人所得税的汇算清缴不太了解,她决定向财务部门的王芳寻求帮助。

任务要求

如果你是王芳,请完成以下任务:
（1）计算逸香酒业 2022 年 12 月预扣预缴的个人所得税。
（2）计算彭云燕 2022 年综合所得年度汇算应纳个人所得税额及应补(退)税额。

任务准备

一、居民个人综合所得的计税方法

居民个人综合所得,是指居民个人取得的工资、薪金所得,劳务报酬所得,稿酬所得,特许权使用费所得。按现行税法规定,扣缴义务人在向居民个人支付工资、薪金所得,劳务报酬所得,稿酬所得,特许权使用费所得时,应按规定分月或分次预扣预缴个人所得税;居民个人需要办理综合所得汇算清缴的,应当在取得所得的次年 3 月 1 日至 6 月 30 日办理汇算清缴。

鉴于居民个人综合所得预扣预缴税款和汇算清缴的计算均涉及专项扣除、专项附加扣除、依法确定的其他扣除、捐赠等,因此本书首先介绍各项扣除的范围及标准,然后介绍预扣预缴税款和汇算清缴的计算方法。

表 5-7　员工个人所得税基础信息一览表

姓名	证照类型	证照号码	月工资、薪金收入	基本养老保险	基本医疗保险	失业保险	住房公积金	"三险一金"合计金额	子女教育专项附加扣除	住房贷款利息专项附加扣除	住房租金专项附加扣除	赡养老人专项附加扣除	专项附加扣除合计	任职从业日期	已预扣预缴税额
沈飞岚	居民身份证	350221198309135116	22 000	1 760	440	110	2 640	4 950	1 000	1 000		1 000	3 000	2022.01	7 435
彭云燕	居民身份证	350221197209130897	13 000	1 040	260	65	1 560	2 925	1 000			2 000	3 000	2022.01	684.75
李忠肯	居民身份证	350221197810136850	12 000	960	240	60	1 440	2 700	1 000			2 000	3 000	2022.01	429
王芳	居民身份证	350221198009062398	4 000	320	80	20	480	900			1 500		1 500	2022.02	0
陈功	居民身份证	350221197911190980	8 600	688	172	43	1 032	1 935	1 000	1 000		1 000	3 000	2022.01	0
恭善德	居民身份证	350221198001280071	9 200	736	184	46	1 104	2 070	1 000	1 000		1 000	3 000	2022.01	0
赵万亿	居民身份证	350221198203198123	8 000	640	160	40	960	1 800	1 000		1 500	2 000	4 500	2022.01	0
扬子商	居民身份证	350221198207018091	8 000	640	160	40	960	1 800	1 000	1 000		1 000	3 000	2022.01	0
黄玉如	居民身份证	350221198211116067	8 000	640	160	40	960	1 800			1 500		1 500	2022.01	0
肖中晟	居民身份证	350221198403052353	20 000	1 600	400	100	2 400	4 500	2 000				2 000	2022.01	6 830
王阿珂	居民身份证	350221198406160337	7 100	568	142	35.5	852	1 597.5		1 000			1 000	2022.02	0
范伟伟	居民身份证	350221198409180981	7 100	568	142	35.5	852	1 597.5	1 000		1 500	1 000	3 500	2022.01	0
林一成	居民身份证	350221197709308178	6 100	488	122	30.5	732	1 372.5	1 000		1 500	1 000	3 500	2022.01	0
贺芳	居民身份证	350221197009101030	6 000	480	120	30	720	1 350	1 000		1 500	1 000	3 500	2022.01	0
周大雄	居民身份证	350221198808120378	6 100	488	122	30.5	732	1 372.5			1 500	1 000	2 500	2022.01	0
张易达	居民身份证	350521198809309803	5 800	464	116	29	696	1 305	500		1 500	1 000	3 000	2022.01	0
杨昫富	居民身份证	350521198809216056	5 500	440	110	27.5	660	1 237.5	500		1 500	1 000	3 000	2022.01	0

（续表）

姓名	证照类型	证照号码	月工资、薪金收入	基本养老保险	基本医疗保险	失业保险	住房公积金	"三险一金"合计金额	子女教育专项附加扣除	住房贷款利息专项附加扣除	住房租金专项附加扣除	赡养老人专项附加扣除	专项附加扣除合计	任职从业日期	已预扣预缴税额
刘波	居民身份证	350521198808207873	5 600	448	112	28	672	1 260	500		1 500	2 000	4 000	2 022.01	0
杨凯	居民身份证	350521198811119088	5 500	440	110	27.5	660	1 237.5	500			1 000	1 500	2 022.02	0
李露露	居民身份证	350521196809220072	5 600	448	112	28	672	1 260			1 500		1 500	2 022.01	0
徐政	居民身份证	350521197003078185	5 500	440	110	27.5	660	1 237.5	500		1 500	1 000	3 000	2 022.01	0
黄薇薇	居民身份证	350521197106089800	5 600	448	112	28	672	1 260			1 500		1 500	2 022.01	0
吕维维	居民身份证	350521197502120860	5 500	440	110	27.5	660	1 237.5			1 500		1 500	2 022.01	0
陈振南	居民身份证	350521198902182061	8 100	648	162	40.5	972	1 822.5	500			1 000	1 500	2 022.01	0
梁如平	居民身份证	350521199002160186	8 200	656	164	41	984	1 845			1 500		1 500	2 022.02	0
张艾琪	居民身份证	350521199103221846	8 100	648	162	40.5	972	1 822.5	500		1 500	1 000	3 000	2 022.01	421.58
周市委	居民身份证	350521198707161791	8 500	680	170	42.5	1 020	1 912.5	500		1 500	1 000	3 000	2 022.01	0
徐玮璐	居民身份证	350521198701306691	7 000	560	140	35	840	1 575			1 500	1 000	2 500	2 022.01	0
朱凯凯	居民身份证	350521198608121751	6 900	552	138	34.5	828	1 552.5	500		1 500	1 000	3 000	2 022.01	0
杨之强	居民身份证	350521197210181256	7 100	568	142	35.5	852	1 597.5	500		1 500	1 000	3 000	2 022.01	0

（一）扣除范围及标准

1．专项扣除

专项扣除，包括居民个人按照国家规定的范围和标准缴纳的基本养老保险、基本医疗保险、失业保险等社会保险费和住房公积金等。

2．专项附加扣除

专项附加扣除，包括子女教育、继续教育、大病医疗、住房贷款利息或者住房租金、赡养老人、3 岁以下婴幼儿照护等支出，具体范围、标准和实施步骤由国务院确定，并报全国人民代表大会常务委员会备案。

1）子女教育

纳税人的子女接受全日制学历教育的相关支出，按照每个子女每月 1 000 元的标准定额扣除。

学历教育包括义务教育（小学、初中教育）、高中阶段教育（普通高中、中等职业、技工教育）、高等教育（大学专科、大学本科、硕士研究生、博士研究生教育）。

年满 3 岁至小学入学前处于学前教育阶段的子女，按照每个子女每月 1 000 元的标准定额扣除。

父母可以选择由其中一方按扣除标准的 100% 扣除，也可以选择由双方分别按扣除标准的 50% 扣除，具体扣除方式在一个纳税年度内不能变更。

纳税人子女在中国境外接受教育的，纳税人应当留存境外学校录取通知书、留学签证等相关教育的证明资料备查。

2）继续教育

纳税人在中国境内接受学历（学位）继续教育的支出，在学历（学位）教育期间按照每月 400 元定额扣除。同一学历（学位）继续教育的扣除期限不能超过 48 个月。纳税人接受技能人员职业资格继续教育、专业技术人员职业资格继续教育的支出，在取得相关证书的当年，按照 3 600 元定额扣除。

继续教育的扣除主体以纳税人本人为主。大学本科及以下的学历继续教育可以由接受教育的本人扣除，也可以由其父母按照子女教育扣除，但对于同一教育事项，不得重复扣除。

纳税人接受技能人员职业资格继续教育、专业技术人员职业资格继续教育的，应当留存职业资格相关证书等资料。

3）大病医疗

在一个纳税年度内，纳税人发生的与基本医保相关的医药费用支出，扣除医保报销后个人负担（指医保目录范围内的自付部分）累计超过 15 000 元的部分，由纳税人在办理年度汇算清缴时，在 80 000 元限额内据实扣除。

纳税人发生的医药费用支出可以选择由本人或其配偶一方扣除；未成年子女发生的医药费用支出可以选择由其父母一方扣除。纳税人及其配偶、未成年子女发生的医药费用支出，按规定分别计算扣除额。

纳税人需留存大病患者医药服务收费及医保报销相关票据原件或复印件，或者医疗保障部门出具的纳税年度医药费用清单等资料备查。

大病医疗专项附加扣除在次年 3 月 1 日至 6 月 30 日汇算清缴时扣除。

【学中做 5-3】

（单选题）2020 年居民张某发生大病医疗费 21.5 万元,其中医保报销 12 万元,其余均为医保目录范围内的个人自付。张某大病医疗的税前扣除金额是(　　)万元。

A. 9.5　　　　　　　B. 8.0　　　　　　　C. 6.5　　　　　　　D. 1.5

答案:B

4）住房贷款利息

纳税人本人或其配偶单独或共同使用商业银行或住房公积金个人住房贷款为本人或其配偶购买中国境内住房,发生的首套住房贷款利息支出。

住房贷款利息专项附加扣除采取定额扣除方式。在实际发生贷款利息的年度,按照每月 1 000 元标准定额扣除,扣除期限最长不超过 240 个月。纳税人只能享受一次首套住房贷款的利息扣除。

经夫妻双方约定,可以选择由其中一方扣除,具体扣除方式在一个纳税年度内不能变更。夫妻双方婚前分别购买住房发生的首套住房贷款,其贷款利息支出,婚后可以选择其中一套购买的住房,由购买方按扣除标准的 100% 扣除,也可以由夫妻双方对各自购买的住房分别按扣除标准的 50% 扣除,具体扣除方式在一个纳税年度内不能变更。

需要留存备查资料包括:住房贷款合同、贷款还款支出凭证等资料。

5）住房租金

纳税人在主要工作城市没有自有住房而发生的住房租金支出,可以按照标准定额扣除。

住房租金专项附加扣除按照以下标准定额扣除:直辖市、省会城市、计划单列市以及国务院确定的其他城市,扣除标准为每月 1 500 元;除第一项所列城市以外,市辖区户籍人口超过 100 万的城市,扣除标准为每月 1 100 元;市辖区人口不超过 100 万(含)的城市,扣除标准为每月 800 元。纳税人的配偶在纳税人的主要工作城市有自有住房的,视同纳税人在主要工作城市有自有住房。市辖区户籍人口,以国家统计局公布的数据为准。

住房租金支出由签订租赁住房合同的承租人扣除。夫妻双方主要工作城市相同的,只能由一方(即承租人)扣除住房租金支出。夫妻双方主要工作城市不相同的,且各自在其主要工作城市都没有住房的,可以分别扣除住房租金支出。夫妻双方不得同时分别享受住房贷款利息扣除和住房租金扣除。

纳税人享受住房租金专项附加扣除,需要留存备查资料包括:住房租赁合同或协议等资料。

6）赡养老人

赡养老人专项附加扣除的扣除主体包括:一是负有赡养义务的所有子女。《婚姻法》规定:婚生子女、非婚生子女、养子女、继子女有赡养扶助父母的义务。二是祖父母、外祖父母的子女均已经去世,负有赡养义务的孙子女、外孙子女。

纳税人赡养一位及以上被赡养人的赡养支出,统一按照以下标准定额扣除:纳税人为独生子女的,按照每月 2 000 元的标准定额扣除;纳税人为非独生子女的,由其与兄弟姐妹分摊每月 2 000 元的扣除额度,每人分摊的额度不能超过每月 1 000 元。可以由赡养人均摊或者约定分摊,也可以由被赡养人指定分摊。约定或者指定分摊的须签订书面分摊协议,指定分摊优先于约定分摊。具体分摊方式和额度在一个纳税年度内不能变更。

所称被赡养人是指年满60岁的父母,以及子女均已去世的年满60岁的祖父母、外祖父母。

享受赡养老人扣除,只需填报相关信息即可,无需报送资料。填报的信息包括:是否为独生子女、月扣除金额、被赡养人姓名及身份证件类型和号码、与纳税人关系;此外,有共同赡养人的,还要填报分摊方式、共同赡养人姓名及身份证件类型和号码等信息。

7) 3岁以下婴幼儿照护

纳税人照护3岁以下婴幼儿子女的相关支出,按照每个婴幼儿每月1000元的标准定额扣除。父母可以选择由其中一方按扣除标准的100%扣除,也可以选择由双方分别按扣除标准的50%扣除,具体扣除方式在一个纳税年度内不能变更。

纳税人享受符合规定的3岁以下婴幼儿照护专项附加扣除的计算时间为婴幼儿出生的当月至年满3周岁的前一个月。

纳税人享受3岁以下婴幼儿照护专项附加扣除,应当填报配偶及子女的姓名、身份证件类型(如居民身份证、子女出生医学证明等)及号码以及本人与配偶之间扣除分配比例等信息。纳税人需要留存备查的资料包括子女的出生医学证明等资料。

3. 依法确定的其他扣除

依法确定的其他扣除,包括个人缴付符合国家规定的企业年金、职业年金,个人购买符合国家规定的商业健康保险、税收递延型商业养老保险的支出,以及国务院规定可以扣除的其他项目。

知新:全额扣除的公益性捐赠

4. 公益慈善事业捐赠

个人将其所得对教育、扶贫、济困等公益慈善事业进行捐赠,捐赠额未超过纳税人申报的应纳税所得额30%的部分,可以从其应纳税所得额中扣除;国务院规定对公益慈善事业捐赠实行全额税前扣除的,从其规定。其中:个人将其所得对教育、扶贫、济困等公益慈善事业进行捐赠,是指个人将其所得通过中国境内的公益性社会组织、国家机关向教育、扶贫、济困等公益慈善事业的捐赠;应纳税所得额,是指计算扣除捐赠额之前的应纳税所得额。

个人捐赠住房作为公共租赁住房,符合税收法律法规规定的,对其公益性捐赠支出未超过其申报的应纳税所得额30%的部分,准予从其应纳税所得额中扣除。

(二) 居民个人综合所得预扣预缴税款的计算方法

扣缴义务人在向居民个人支付工资、薪金所得,劳务报酬所得,稿酬所得,特许权使用费所得时,按以下方法预扣预缴个人所得税,并向主管税务机关报送《个人所得税扣缴申报表》。

1. 居民个人工资、薪金所得预扣预缴税款计算方法

扣缴义务人向居民个人支付工资、薪金所得时,应当按照累计预扣法计算预扣税款,并按月办理全员全额扣缴申报。其计算公式如下:

本期应预扣预缴税额=(累计预扣预缴应纳税所得额×预扣率-速算扣除数)-
累计减免税额-累计已预扣预缴税额

累计预扣预缴应纳税所得额=累计收入-累计免税收入-累计减除费用-累计专项扣除-
累计专项附加扣除-累计依法确定的其他扣除

其中:累计减除费用,按照 5 000 元/月乘以纳税人当年截至本月在本单位的任职受雇月份数计算。

专项附加扣除中,除大病医疗之外,其他专项附加扣除可由纳税人选择在预扣预缴税款时进行扣除。

纳税人同时从两处以上取得工资、薪金所得,并由扣缴义务人减除专项附加扣除的,对同一专项附加扣除项目,在一个纳税年度内只能选择从一处取得的所得中减除。

计算居民个人工资、薪金所得预扣预缴税额适用的预扣率、速算扣除数,按表 5-3 执行。

【学中做 5-4】 中国居民王先生 2018 年入职甲公司。2022 年每月应发工资均为 40 000 元,每月减除费用 5 000 元,"三险一金"等专项扣除 9 000 元,享受 3 岁以下婴幼儿照护、赡养老人两项专项附加扣除共计 3 000 元/月,依法确定的其他扣除为 600 元/月。计算王先生 2022 年每月工资、薪金所得应由甲公司预扣预缴的个人所得税,并对甲公司预扣个人所得税的业务进行会计处理。

解析:1 月工资薪金所得预扣预缴的个人所得税 $= (40\,000 - 5\,000 - 9\,000 - 3\,000 - 600) \times 3\% = 672$(元)

2 月工资薪金所得预扣预缴的个人所得税 $= (40\,000 \times 2 - 5\,000 \times 2 - 9\,000 \times 2 - 3\,000 \times 2 - 600 \times 2) \times 10\% - 2\,520 - 672 = 1\,288$(元)

3 月工资薪金所得预扣预缴的个人所得税 $= (40\,000 \times 3 - 5\,000 \times 3 - 9\,000 \times 3 - 3\,000 \times 3 - 600 \times 3) \times 10\% - 2\,520 - 672 - 1\,288 = 2\,240$(元)

4 月工资薪金所得预扣预缴的个人所得税 $= (40\,000 \times 4 - 5\,000 \times 4 - 9\,000 \times 4 - 3\,000 \times 4 - 600 \times 4) \times 10\% - 2\,520 - 672 - 1\,288 - 2\,240 = 2\,240$(元)

5 月工资薪金所得预扣预缴的个人所得税 $= (40\,000 \times 5 - 5\,000 \times 5 - 9\,000 \times 5 - 3\,000 \times 5 - 600 \times 5) \times 10\% - 2\,520 - 672 - 1\,288 - 2\,240 - 2\,240 = 2\,240$(元)

6 月工资薪金所得预扣预缴的个人所得税 $= (40\,000 \times 6 - 5\,000 \times 6 - 9\,000 \times 6 - 3\,000 \times 6 - 600 \times 6) \times 10\% - 2\,520 - 672 - 1\,288 - 2\,240 - 2\,240 - 2\,240 = 2\,240$(元)

7 月工资薪金所得预扣预缴的个人所得税 $= (40\,000 \times 7 - 5\,000 \times 7 - 9\,000 \times 7 - 3\,000 \times 7 - 600 \times 7) \times 20\% - 16\,920 - 672 - 1\,288 - 2\,240 - 2\,240 - 2\,240 - 2\,240 = 3\,520$(元)

8 月工资薪金所得预扣预缴的个人所得税 $= (40\,000 \times 8 - 5\,000 \times 8 - 9\,000 \times 8 - 3\,000 \times 8 - 600 \times 8) \times 20\% - 16\,920 - 672 - 1\,288 - 2\,240 - 2\,240 - 2\,240 - 2\,240 - 3\,520 = 4\,480$(元)

9 月工资薪金所得预扣预缴的个人所得税 $= (40\,000 \times 9 - 5\,000 \times 9 - 9\,000 \times 9 - 3\,000 \times 9 - 600 \times 9) \times 20\% - 16\,920 - 672 - 1\,288 - 2\,240 - 2\,240 - 2\,240 - 2\,240 - 3\,520 - 4\,480 = 4\,480$(元)

10 月工资薪金所得预扣预缴的个人所得税 $= (40\,000 \times 10 - 5\,000 \times 10 - 9\,000 \times 10 - 3\,000 \times 10 - 600 \times 10) \times 20\% - 16\,920 - 672 - 1\,288 - 2\,240 - 2\,240 - 2\,240 - 2\,240 - 3\,520 - 4\,480 - 4\,480 = 4\,480$(元)

11 月工资薪金所得预扣预缴的个人所得税 $= (40\,000 \times 11 - 5\,000 \times 11 - 9\,000 \times 11 - 3\,000 \times 11 - 600 \times 11) \times 20\% - 16\,920 - 672 - 1\,288 - 2\,240 - 2\,240 - 2\,240 - 2\,240 - 3\,520 - 4\,480 - 4\,480 - 4\,480 = 4\,480$(元)

12 月工资薪金所得预扣预缴的个人所得税 = (40 000 × 12 − 5 000 × 12 − 9 000 × 12 − 3 000 × 12 − 600 × 12) × 20% − 16 920 − 672 − 1 288 − 2 240 − 2 240 − 2 240 − 2 240 − 3 520 − 4 480 − 4 480 − 4 480 − 4 480 = 4 480(元)

王先生 2022 年工资、薪金所得应由甲公司预扣预缴的个人所得税 = 672 + 1 288 + 2 240 + 2 240 + 2 240 + 2 240 + 3 520 + 4 480 + 4 480 + 4 480 + 4 480 + 4 480 = 36 840(元)

企业作为个人所得税的扣缴义务人,应按规定方法计算扣缴职工应缴纳的个人所得税。扣缴义务人预扣个人所得税时,应借记"应付职工薪酬"科目,贷记"应交税费——代扣代交个人所得税"科目。其会计处理如下:

2022 年 1 月甲公司预扣个人所得税时:

借:应付职工薪酬　　　　　　　　　　　　　　　　　　　　672
　　贷:应交税费——代扣代交个人所得税　　　　　　　　　　　　672

甲公司 2022 年 2~12 月预扣个人所得税时的会计处理同上。

2. 居民个人劳务报酬所得、稿酬所得、特许权使用费所得预扣预缴税款计算方法

扣缴义务人向居民个人支付劳务报酬所得、稿酬所得、特许权使用费所得,以每次或每月收入额为预扣预缴应纳税所得额,按次或按月预扣预缴个人所得税。劳务报酬所得适用 20%~40% 的三级超额累进预扣率(表 5-4),稿酬所得、特许权使用费所得适用 20% 的比例预扣率。其计算公式如下:

劳务报酬所得应预扣预缴税额 = 预扣预缴应纳税所得额(收入额) × 预扣率 − 速算扣除数

稿酬所得、特许权使用费所得应预扣预缴税额 = 预扣预缴应纳税所得额(收入额) × 20%

劳务报酬所得、稿酬所得、特许权使用费所得以收入减除费用后的余额为收入额。其中,稿酬所得的收入额减按 70% 计算。

劳务报酬所得、稿酬所得、特许权使用费所得每次收入不超过 4 000 元的,减除费用按 800 元计算;每次收入 4 000 元以上的,减除费用按 20% 计算。

【学中做 5-5】中国居民王先生 2022 年 9 月利用闲暇时间为 B 培训机构讲课 2 天,取得一次性劳务报酬所得 50 000 元。计算该笔所得应由 B 培训机构预扣预缴的个人所得税,并对 B 培训机构预扣个人所得税的业务进行会计处理。

解析:该笔劳务报酬所得预扣预缴的个人所得税 = 50 000 × (1 − 20%) × 30% − 2 000 = 10 000(元)

企业支付劳务报酬所得、稿酬所得、特许权使用费所得时,一般由支付单位作为扣缴义务人为纳税人代扣代缴税款。企业在代扣个人所得税时,应借记"生产成本""管理费用""销售费用""无形资产"等科目,贷记"应交税费——代扣代交个人所得税"科目。其会计处理如下:

借:管理费用　　　　　　　　　　　　　　　　　　　　10 000
　　贷:应交税费——代扣代交个人所得税　　　　　　　　　　10 000

【学中做 5-6】中国居民王先生 2022 年 11 月转让给 C 公司一项专利技术,取得一次性特许权使用费收入 10 000 元。计算该笔所得应由 C 公司预扣预缴的个人所得税,并对 C 公司预扣个人所得税的业务进行会计处理。

解析:该笔特许权使用费所得预扣预缴的个人所得税 = 10 000 × (1 - 20%) × 20% = 1 600(元)

企业支付劳务报酬所得、稿酬所得、特许权使用费所得时,一般由支付单位作为扣缴义务人为纳税人代扣代缴税款。企业在代扣个人所得税时,应借记"生产成本""管理费用""销售费用""无形资产"等科目,贷记"应交税费——代扣代交个人所得税"科目。其会计处理如下:

借:无形资产　　　　　　　　　　　　　　　　　　　　　　　1 600
　　贷:应交税费——代扣代交个人所得税　　　　　　　　　　　1 600

自 2020 年 7 月 1 日起,对一个纳税年度内首次取得工资、薪金所得的居民个人,扣缴义务人在预扣预缴个人所得税时,可按照 5 000 元/月乘以纳税人当年截至本月月份数计算累计减除费用。首次取得工资、薪金所得的居民个人,是指自纳税年度首月起至新入职时,未取得工资、薪金所得或者未按照累计预扣法预扣预缴过连续性劳务报酬所得个人所得税的居民个人。

自 2021 年 1 月 1 日起,对上一完整纳税年度内每月均在同一单位预扣预缴工资、薪金所得个人所得税且全年工资、薪金收入不超过 6 万元的居民个人,扣缴义务人在预扣预缴本年度工资、薪金所得个人所得税时,累计减除费用自 1 月份起直至按照全年 6 万元计算扣除。即在纳税人累计收入不超过 6 万元的月份,暂不预扣预缴个人所得税;在其累计收入超过 6 万元的当月及年内后续月份,再预扣预缴个人所得税。

扣缴义务人应当按规定办理全员全额扣缴申报,并在《个人所得税扣缴申报表》相应纳税人的备注栏注明"上年各月均有申报且全年收入不超过 6 万元"字样。

(三) 居民个人综合所得汇算清缴的计算方法

居民个人办理年度综合所得汇算清缴时,应当依法计算劳务报酬所得、稿酬所得、特许权使用费所得的收入额,并入年度综合所得计算应纳税款,税款多退少补。其计算公式如下:

$$应退或应补税额 = [(综合所得收入额 - 60\,000\,元 - "三险一金"等专项扣除 - 子女教育等专项附加扣除 - 依法确定的其他扣除) × 适用税率 - 速算扣除数] - 已预缴税额$$

其中,综合所得收入额包括:

(1) 工资、薪金所得,以年度工资、薪金收入减除不征税收入、免税收入的余额为收入额。

(2) 劳务报酬所得、稿酬所得、特许权使用费所得,以各自的收入减除 20% 的费用后的余额为收入额。其中,稿酬所得的收入额按 70% 计算。

计算居民个人综合所得应纳税额的汇算清缴适用的税率、速算扣除数,按表 5-1 执行。

做中学 5-2

【学中做 5-7】 根据[学中做 5-4][学中做 5-5][学中做 5-6]的资料,中国居民王先生于次年的 3 月 15 日办理汇算清缴,假设王先生无其他收入及减免税额等情况。计算王先生应补(退)的个人所得税。

解析：2022 年王先生综合所得应缴纳的个人所得税 =［40 000 × 12 + 50 000 ×（1 − 20%）+ 10 000 ×（1 − 20%）− 60 000 − 9 000 × 12 − 3 000 × 12 − 600 × 12］× 25% − 31 920 = 47 280(元)

应补(退)税额 = 应纳税额 − 预扣预缴税额 = 47 280 −（36 840 + 10 000 + 1 600）= − 1 160

王先生 2022 年度汇算清缴应申请退税款 1 160 元。

二、非居民个人工资、薪金所得，劳务报酬所得，稿酬所得，特许权使用费所得的计税方法

扣缴义务人向非居民个人支付工资、薪金所得，劳务报酬所得，稿酬所得和特许权使用费所得时，应当按以下方法按月或者按次代扣代缴个人所得税：

（1）非居民个人的工资、薪金所得，以每月收入额减除费用 5 000 元后的余额为应纳税所得额，适用按月换算后的非居民个人月度税率表(表 5-5)计算应纳税额。

（2）劳务报酬所得、稿酬所得、特许权使用费所得，以每次收入额为应纳税所得额，适用按月换算后的非居民个人月度税率表(表 5-5)计算应纳税额。其中，劳务报酬所得、稿酬所得、特许权使用费所得以收入减除 20% 的费用后的余额为收入额。稿酬所得的收入额再减按 70% 计算。

其计算公式如下：

$$应纳税额 = 应纳税所得额 × 税率 − 速算扣除数$$

（知新）:《财政部 税务总局关于非居民个人和无住所居民个人有关个人所得税政策的公告》财政部 税务总局公告 2019 年第 35 号

三、经营所得的计税方法

经营所得，以每一纳税年度的收入总额减除成本、费用以及损失后的余额，为应纳税所得额。适用 5% ～ 35% 的五级超额累进税率(表 5-2)。

其计算公式如下：

$$年应纳税额 = 应纳税所得额 × 税率 − 速算扣除数$$
$$=（收入总额 − 成本 − 费用 − 损失）× 税率 − 速算扣除数$$

做中学 5-3

上述成本、费用是指生产、经营活动中发生的各项直接支出和分配计入成本的间接费用以及销售费用、管理费用、财务费用。损失是指生产、经营活动中发生的固定资产和存货的盘亏、毁损、报废损失，转让财产损失，坏账损失，自然灾害等不可抗力因素造成的损失以及其他损失。

取得经营所得的个人，没有综合所得的，计算其每一纳税年度的应纳税所得额时，应当减除费用 6 万元、专项扣除、专项附加扣除以及依法确定的其他扣除。专项附加扣除在办理汇算清缴时减除。

【学中做 5-8】 个体户李女士经营一家服装店，账簿资料齐全。2022 年取得经营收入 500 000 元，发生成本费用总计 220 000 元。李女士本年度按照省级人民政府规定标准扣除的"三险一金"共计 13 500 元，同时享受子女教育、赡养老人专项附加扣除共计

知新:《财政部 税务总局关于小微企业和个体工商户所得税优惠政策的公告》(财政部 税务总局公告 2023 年第 5 号)

3 000 元/月。假设李女士当年除经营所得外,无综合所得,无其他减免情况。计算李女士应缴纳的个人所得税,并进行会计处理。

解析:自 2021 年 1 月 1 日至 2024 年 12 月 31 日,对个体工商户年应纳税所得额不超过 100 万元的部分,在现行优惠政策基础上,减半征收个人所得税。

应纳个人所得税额 $= [(500\,000 - 220\,000 - 60\,000 - 13\,500 - 3\,000 \times 12) \times 20\% - 10\,500] \times 50\% = 11\,800(元)$

个体工商户计提预交的个人所得税时,借记"所得税费用"科目,贷记"应交税费——应交个人所得税"科目。其会计处理如下:

借:所得税费用　　　　　　　　　　　　　　　　　　　　　11 800
　　贷:应交税费——应交个人所得税　　　　　　　　　　　　　11 800

四、财产租赁所得的计税方法

财产租赁所得,以个人每次取得的收入,定额或定率减除规定费用后的余额为应纳税所得额。每次收入不超过 4 000 元的,减除费用 800 元;每次收入 4 000 元以上的,减除 20% 的费用,其余额为应纳税所得额,适用 20% 的比例税率。

在确定财产租赁的应纳税所得额时,纳税人在出租财产过程中缴纳的税费,可持完税(缴款)凭证,从其财产租赁收入中扣除。准予扣除的项目除了规定费用和有关税费外,还准予扣除能够提供有效、准确凭证,证明由纳税人负担的该出租财产实际开支的修缮费用。允许扣除的修缮费用,以每次 800 元为限。一次扣除不完的,准予在下一次继续扣除,直到扣完为止。

其计算公式如下:

(1)每次(月)收入不超过 4 000 元的:

应纳税额 $= [$每次(月)收入额 $-$ 准予扣除项目金额 $-$ 修缮费用(800 元为限) $- 800] \times 20\%$

(2)每次(月)收入超过 4 000 元的:

应纳税额 $= [$每次(月)收入额 $-$ 准予扣除项目金额 $-$ 修缮费用(800 元为限) $] \times (1-20\%) \times 20\%$

做中学 5-4

【学中做 5-9】宋先生于 2022 年 1 月将其自有的一套商铺出租,租金按月支付,租期为 3 年。每月租金收入为 12 000 元(不含增值税),出租过程中每月缴纳可在税前扣除的相关税费 1 542 元。2022 年 5 月宋先生对该商铺进行维护,共花费 5 000 元(能够取得合法凭证)。计算 2022 年宋先生此项财产租赁所得应缴纳的个人所得税。

解析:1～4 月各月应缴纳个人所得税 $= (12\,000 - 1\,542) \times (1-20\%) \times 20\% = 1\,673.28(元)$

5～10 月应缴纳的个人所得税 $= (12\,000 - 1\,542 - 800) \times (1-20\%) \times 20\% = 1\,545.28(元)$

11 月应缴纳的个人所得税 $= (12\,000 - 1\,542 - 200) \times (1-20\%) \times 20\% = 1\,641.28(元)$

12 月应缴纳个人所得税 $= (12\,000 - 1\,542) \times (1-20\%) \times 20\% = 1\,673.28(元)$

2022 年宋先生此项财产租赁所得共需缴纳的个人所得税 $= 1\,673.28 \times 4 + 1\,545.28$

$\times 6 + 1\,641.28 + 1\,673.28 = 19\,279.36(元)$

五、财产转让所得的计税方法

财产转让所得以转让财产的收入额减除财产原值和合理费用后的余额,为应纳税所得额,适用 20% 的比例税率。

合理费用,是指卖出财产时按照规定支付的有关税费。其计算公式如下:

$$应纳税额 = 应纳税所得额 \times 税率$$
$$= (收入总额 - 财产原值 - 合理税费) \times 20\%$$

【学中做 5-10】 蒋女士 2022 年 7 月转让一套住房,取得转让收入为 800 000 元(不含增值税)。该套住房于 2018 年以 350 000 元的价格(含增值税,能够提供合法票据)购入。出售房屋时支付各项可在税前扣除的税费 60 000 元。计算蒋女士应缴纳的个人所得税。

解析:应纳个人所得税 $= (800\,000 - 350\,000 - 60\,000) \times 20\% = 78\,000(元)$

六、利息、股息、红利所得的计税方法

利息、股息、红利所得以每次收入额为应纳税所得额,不得从收入额中扣除任何费用,适用 20% 的比例税率。其计算公式如下:

$$应纳税额 = 应纳税所得额 \times 适用税率$$

【学中做 5-11】 2022 年 3 月,张先生在二级市场上购入境内 A 上市公司股票 200 000 股,成交价格为每股 15 元,同年 9 月取得该上市公司分配的红利 42 000 元。2022 年 12 月,张某以每股 16 元的价格将其全部转让。请计算张先生应缴纳的个人所得税。

解析:个人从公开发行和转让市场取得的上市公司股票,持股期限超过 1 年的,股息红利所得暂免征收个人所得税。个人从公开发行和转让市场取得的上市公司股票,持股期限在 1 个月以内(含 1 个月)的,其股息红利所得全额计入应纳税所得额;持股期限在 1 个月以上至 1 年(含 1 年)的,暂减按 50% 计入应纳税所得额。

上市公司派发股息红利时,对个人持股 1 年以内(含 1 年)的,上市公司暂不扣缴个人所得税;待个人转让股票时,证券登记结算公司根据其持股期限计算应纳税额。

红利所得应缴纳的个人所得税 $= 42\,000 \times 50\% \times 20\% = 4\,200(元)$

个人转让境内上市公司股票免征个人所得税。

知新:《财政部　国家税务总局 证监会关于上市公司股息红利差别化个人所得税政策有关问题的通知》(财税〔2015〕101号)

七、偶然所得的计税方法

偶然所得,以每次收入额为应纳税所得额。其计算公式如下:

$$应纳税额 = 应纳税所得额 \times 适用税率$$

【学中做 5-12】 2022 年 12 月,孙先生有一张体育彩票中奖,获得奖金 20 000 元。孙先生从中奖收入中拿出 2 000 元通过教育部门捐赠给当地希望小学。计算孙先生此次中奖应缴纳的个人所得税。

解析:根据税法有关规定,个人将其所得通过中国境内的公益性社会组织、国家机关

向教育、扶贫、济困等公益慈善事业的捐赠,捐赠额未超过纳税人申报的应纳税所得额30%的部分,可以从其应纳税所得额中扣除。

2 000÷20 000＝10%,小于捐赠扣除比例30%。所以,孙先生的捐赠额可以全部从应纳税所得额中扣除。

孙先生此次中奖应缴纳的个人所得税＝(20 000－2 000)×20%＝3 600(元)

 ## 任务实施

(1) 请将逸香酒业 2022 年 12 月预扣预缴的个人所得税处理过程填入表 5-8。

表 5-8　任务(1)处理表

预扣预缴应纳税所得额	本期预扣预缴税额

(2) 请将彭云燕 2022 年度综合所得年度汇算应纳个人所得税额及应补(退)税额的处理过程填入表 5-9。

表 5-9　任务(2)处理表

应纳税所得额	本期应纳税额	应补(退)税额

税收热点畅谈

近几年,一系列惠及民生的减税降费政策先后出台实施。比如在备受关注的养老"第三支柱"个人养老金制度中,对个人养老金实施递延纳税优惠政策。通过政策支持、商业化运营的个人养老金是对基本养老保险的有益补充,能够满足当下多样化的养老需求,提升保障水平。请查阅资料,了解个人养老金的税收优惠政策。

 ## 任务总结

在完成上述任务后,请你分享学到的知识或技能。

 **任务评价**

表 5-10 任务评价表　　　　　　　　　　　　　单位:分

项目	评价内容	分值	自评	组评	师评	其他
素养 (20)	到岗出勤	2				
	学习、工作用品准备	2				
	探究问题、积极发言	2				
	按时完成任务	2				
	团队协作	2				
	分析问题、解决问题的能力	2				
	爱国情怀与责任意识	2				
	诚信纳税理念	2				
	认真谨慎的职业素养	2				
	创新意识	2				
知识 (30)	工资、薪金所得预扣预缴个人所得税的计算	4				
	劳务报酬所得、稿酬所得、特许权使用费所得预扣预缴个人所得税的计算	4				
	居民个人综合所得应纳税额的计算	4				
	经营所得应纳税额的计算	3				
	财产租赁所得应纳税额的计算	3				
	财产转让所得应纳税额的计算	3				
	利息、股息、红利所得应纳税额的计算	3				
	偶然所得应纳税额的计算	3				
	非居民个人各项所得应纳税额的计算	3				
能力 (50)	准确计算个人所得税的应纳税额	20				
	能进行个人所得税的相关会计处理	15				
	文字描述准确、语言表达流畅	15				
小计						
总计(评分细则及各主体评分占比,由教师根据教学实际确定)						

 **任务拓展**

查阅资料,了解个人转让上市公司限售股的个人所得税政策。

任务三　申报个人所得税

任务情境

（1）王芳于 2023 年 1 月 15 日，登录自然人电子税务局扣缴客户端审核基础信息，审核结果：本月无人员变动。完成逸香酒业 2022 年 12 月扣缴个人所得税申报。

（2）王芳帮助彭云燕在其"个人所得税"App 上进行个人所得税汇算清缴。

任务要求

如果你是王芳，请完成以下任务：

（1）填写《个人所得税扣缴申报表》。

（2）填写《个人所得税年度自行纳税申报表》。

任务准备

一、个人所得税纳税期限

居民个人取得综合所得，按年计算个人所得税；有扣缴义务人的，由扣缴义务人按月或者按次预扣预缴税款；需要办理汇算清缴的，应当在取得所得的次年 3 月 1 日至 6 月 30 日内办理汇算清缴。预扣预缴办法由国务院税务主管部门制定。

非居民个人取得工资、薪金所得，劳务报酬所得，稿酬所得和特许权使用费所得，有扣缴义务人的，由扣缴义务人按月或者按次代扣代缴税款，不办理汇算清缴。

纳税人取得经营所得，按年计算个人所得税，由纳税人在月度或者季度终了后 15 日内向税务机关报送纳税申报表，并预缴税款；在取得所得的次年 3 月 31 日前办理汇算清缴。

纳税人取得利息、股息、红利所得，财产租赁所得，财产转让所得和偶然所得，按月或者按次计算个人所得税，有扣缴义务人的，由扣缴义务人按月或者按次代扣代缴税款。

纳税人取得应税所得没有扣缴义务人的，应当在取得所得的次月 15 日内向税务机关报送纳税申报表，并缴纳税款。

纳税人取得应税所得，扣缴义务人未扣缴税款的，纳税人应当在取得所得的次年 6 月 30 日前，缴纳税款；税务机关通知限期缴纳的，纳税人应按照期限缴纳税款。

居民个人从中国境外取得所得的，应当在取得所得的次年 3 月 1 日至 6 月 30 日内申报纳税。

非居民个人在中国境内从两处以上取得工资、薪金所得的，应当在取得所得的次月 15 日内申报纳税。

纳税人因移居境外注销中国户籍的，应当在注销中国户籍前办理税款清算。

做中学 5-5

二、个人所得税纳税申报管理办法

我国的个人所得税纳税申报采用全员全额扣缴申报纳税和自行申报纳税相结合的方式。

（一）扣缴纳税申报

1. 扣缴义务人

扣缴义务人，是指向个人支付所得的单位或者个人。扣缴义务人应当依法办理全员全额扣缴申报。全员全额扣缴申报，是指扣缴义务人应当在代扣税款的次月 15 日内，向主管税务机关报送其支付所得的所有个人的有关信息、支付所得数额、扣除事项和数额、扣缴税款的具体数额和总额以及其他相关涉税信息资料。

对扣缴义务人按照规定扣缴的税款，按年付给 2% 的手续费。不包括税务机关、司法机关等查补或者责令补扣的税款。

2. 扣缴范围

实行个人所得税全员全额扣缴申报的应税所得包括：

（1）工资、薪金所得。

（2）劳务报酬所得。

（3）稿酬所得。

（4）特许权使用费所得。

（5）利息、股息、红利所得。

（6）财产租赁所得。

（7）财产转让所得。

（8）偶然所得。

3. 扣缴期限

扣缴义务人每月或者每次预扣、代扣的税款，应当在次月 15 日内缴入国库，并向税务机关报送《个人所得税扣缴申报表》。

4. 纳税申报

扣缴义务人代扣代缴个人所得税时，应填报《个人所得税扣缴申报表》和《个人所得税基础信息表》。

（二）自行纳税申报

根据《中华人民共和国个人所得税法》及有关规定，有下列情形之一的，纳税人应当依法办理纳税申报：

（1）取得综合所得需要办理汇算清缴。

（2）取得应税所得没有扣缴义务人。

（3）取得应税所得，扣缴义务人未扣缴税款。

（4）取得境外所得。

（5）因移居境外注销中国户籍。

（6）非居民个人在中国境内从两处以上取得工资、薪金所得。

（7）国务院规定的其他情形。

知新：取得综合所得需要办理汇算清缴的情形

【学中做 5-13】

（多选题）根据个人所得税法的相关规定，下列各项中属于需办理纳税申报情形的有（　　）。

A. 取得应税所得没有扣缴义务人的

B. 有来源于境外所得的

C. 因移居境外注销中国户籍的

D. 非居民个人在中国境内，从两处以上取得工资、薪金所得的

答案：ABCD

三、个人所得税纳税申报

（一）办理流程

个人所得税纳税申报办理流程如图5-1所示。

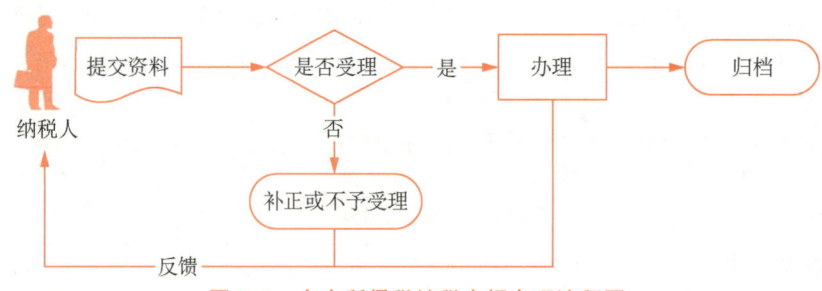

图5-1　个人所得税纳税申报办理流程图

（二）办理资料

1. 扣缴申报

扣缴义务人扣缴申报办理除提交《个人所得税扣缴申报表》外，需根据不同情形，提供规定的相应材料。

知新：个人所得税扣缴申报办理材料

2. 自行申报

个人自行申报办理除提交《个人所得税年度自行纳税申报表》《个人所得税经营所得纳税申报表》外，需根据不同情形，提供规定的相应材料。

（三）个人所得税纳税申报材料

1. 扣缴纳税申报办理材料

扣缴纳税申报办理材料主要包括：

（1）《个人所得税扣缴申报表》。

（2）《个人所得税基础信息表（A表）》。

（3）《个人所得税专项附加扣除信息表》。

知新：个人所得税自行申报办理材料

2. 自行纳税申报办理材料

自行纳税申报办理材料主要包括：

（1）《个人所得税年度自行纳税申报表》。

（2）《个人所得税经营所得纳税申报表》。

（3）《个人所得税专项附加扣除信息表》。

知新：《个人所得税扣缴申报表》及填写说明

四、缴纳个人所得税的会计处理

实际缴纳个人所得税时，借记"应交税费——代扣代交个人所得税""应交税费——应交个人所得税"科目，贷记"银行存款"科目。

知新：《个人所得税年度自行纳税申报表（A表）》及填写说明

任务实施

（1）请根据任务二填写《个人所得税扣缴申报表》，如表5-11所示。

表5-11　个人所得税扣缴申报表

税款所属期：　　年　月　日至　　年　月　日
扣缴义务人名称：
扣缴义务人纳税人识别号（统一社会信用代码）：

金额单位：人民币元（列至角分）

序号	姓名	身份证件类型	身份证件号码	是否为非居民个人	所得项目	本月（次）情况 收入额计算 收入	免税收入	减除费用	减除费用	免税费用收入	专项扣除 基本养老保险费	基本医疗保险费	失业保险费	住房公积金	其他扣除 年金	商业健康保险	税延养老保险	财产原值	允许扣除的税费	其他	累计情况 累计收入额	累计减除费用	累计专项扣除	累计专项附加扣除 子女教育	继续教育	住房贷款利息	住房租金	赡养老人	3岁以下婴幼儿照护	累计其他扣除	减免税额	准予扣除的捐赠额	税款计算 应纳税所得额	税率/预扣率	速算扣除数	应纳税额	减免税额	应纳税额	已缴税额	应补/退税额	备注
		1	2	3	4	5	6	7	8	9	10	11	12	13	14	15	16	17	18	19	20	21	22	23	24	25	26	27	28	29	30	31	32	33	34	35	36	37	38	39	40	41
1																																										
合计																																										

谨声明：本表是根据国家税收法律法规及相关规定填报的，是真实的、可靠的、完整的。
扣缴义务人（签章）：

经办人签字：
经办人身份证件号码：
代理机构签章：
代理机构统一社会信用代码：

受理人：
受理税务机关（章）：
受理日期：　　年　月　日

（2）请根据任务二填写彭云燕的《个人所得税年度自行纳税申报表》，如表 5-12 所示。

表 5-12 个人所得税年度自行纳税申报表（A 表）

（仅取得境内综合所得年度汇算适用）

税款所属期：　　年　月　日至　　年　月　日

纳税人姓名：

纳税人识别号：　　　　　　　　　　　　　　　　金额单位：人民币元（列至角分）

基本情况						
手机号码		电子邮箱		邮政编码	□□□□□□	
联系地址	＿＿＿＿省（区、市）＿＿＿＿市＿＿＿区（县）＿＿＿＿街道（乡、镇）＿＿＿＿					
纳税地点（单选）						
1. 有任职受雇单位的，需选本项并填写"任职受雇单位信息"：			□任职受雇单位所在地			
任职受雇单位信息	名称					
	纳税人识别号	□□□□□□□□□□□□□□□□□□				
2. 没有任职受雇单位的，可以从本栏次选择一地：			□户籍所在地　　　　□经常居住地			
户籍所在地/经常居住地	＿＿＿＿省（区、市）＿＿＿＿市＿＿＿区（县）＿＿＿＿街道（乡、镇）＿＿＿＿					
申报类型（单选）						
□首次申报			□更正申报			
综合所得个人所得税计算						

项目	行次	金额
一、收入合计（第 1 行＝第 2 行＋第 3 行＋第 4 行＋第 5 行）	1	
（一）工资、薪金	2	
（二）劳务报酬	3	
（三）稿酬	4	
（四）特许权使用费	5	
二、费用合计［第 6 行＝（第 3 行＋第 4 行＋第 5 行）×20%］	6	
三、免税收入合计（第 7 行＝第 8 行＋第 9 行）	7	
（一）稿酬所得免税部分［第 8 行＝第 4 行×（1－20%）×30%］	8	
（二）其他免税收入（附报《个人所得税减免税事项报告表》）	9	
四、减除费用	10	
五、专项扣除合计（第 11 行＝第 12 行＋第 13 行＋第 14 行＋第 15 行）	11	

（续表）

项目	行次	金额
（一）基本养老保险费	12	
（二）基本医疗保险费	13	
（三）失业保险费	14	
（四）住房公积金	15	
六、专项附加扣除合计（附报《个人所得税专项附加扣除信息表》） （第 16 行 = 第 17 行 + 第 18 行 + 第 19 行 + 第 20 行 + 第 21 行 + 第 22 行）	16	
（一）子女教育	17	
（二）继续教育	18	
（三）大病医疗	19	
（四）住房贷款利息	20	
（五）住房租金	21	
（六）赡养老人	22	
七、其他扣除合计（第 23 行 = 第 24 行 + 第 25 行 + 第 26 行 + 第 27 行 + 第 28 行）	23	
（一）年金	24	
（二）商业健康保险（附报《商业健康保险税前扣除情况明细表》）	25	
（三）税延养老保险（附报《个人税收递延型商业养老保险税前扣除情况明细表》）	26	
（四）允许扣除的税费	27	
（五）其他	28	
八、准予扣除的捐赠额（附报《个人所得税公益慈善事业捐赠扣除明细表》）	29	
九、应纳税所得额 （第 30 行 = 第 1 行 - 第 6 行 - 第 7 行 - 第 10 行 - 第 11 行 - 第 16 行 - 第 23 行 - 第 29 行）	30	
十、税率(%)	31	
十一、速算扣除数	32	
十二、应纳税额（第 33 行 = 第 30 行 × 第 31 行 - 第 32 行）	33	
全年一次性奖金个人所得税计算 （无住所居民个人预判为非居民个人取得的数月奖金，选择按全年一次性奖金计税的填写本部分）		
一、全年一次性奖金收入	34	
二、准予扣除的捐赠额（附报《个人所得税公益慈善事业捐赠扣除明细表》）	35	
三、税率(%)	36	
四、速算扣除数	37	

（续表）

项目	行次	金额
五、应纳税额［第 38 行＝（第 34 行－第 35 行）×第 36 行－第 37 行］	38	
税额调整		
一、综合所得收入调整额（需在"备注"栏说明调整具体原因、计算方式等）	39	
二、应纳税额调整额	40	
应补/退个人所得税计算		
一、应纳税额合计（第 41 行＝第 33 行＋第 38 行＋第 40 行）	41	
二、减免税额（附报《个人所得税减免税事项报告表》）	42	
三、已缴税额	43	
四、应补/退税额（第 44 行＝第 41 行－第 42 行－第 43 行）	44	

无住所个人附报信息			
纳税年度内在中国境内居住天数		已在中国境内居住年数	

退税申请
（应补/退税额小于 0 的填写本部分）

□申请退税（需填写"开户银行名称""开户银行省份""银行账号"）		□放弃退税	
开户银行名称		开户银行省份	
银行账号			

备注

谨声明:本表是根据国家税收法律法规及相关规定填报的,本人对填报内容(附带资料)的真实性、可靠性、完整性负责。

纳税人签字： 年 月 日

经办人签字： 经办人身份证件类型： 经办人身份证件号码： 代理机构签章： 代理机构统一社会信用代码：	受理人： 受理税务机关（章）： 受理日期： 年 月 日

实操：实训平台操作演示

新闻：2022年度个税汇算新变化

税收热点畅谈

2023 年 3 月 1 日起,2022 年度个人所得税汇算清缴退税工作正式启动,这也是实施个人综合所得退税政策的第四年。与往年相比,今年的退税政策中,不仅新增了 3 岁以下婴幼儿照护专项附加扣除个人养老金等退税项目,还针对 2022 年度收入降幅较大的纳税人等两类人群提供了优先退税政策。不断扩容的个人所得税退税优惠政策,对群众减负,经济托底起到了重要作用。请查阅资料了解个人所得税的改革发展史,对比新旧政策下税负的差异。

任务总结

在完成上述任务后,请你分享学到的知识或技能。

任务评价

表5-13　任务评价表　　　　　　　　　　　　　　　　　　　单位:分

项目	评价内容	分值	自评	组评	师评	其他
素养 (20)	到岗出勤	2				
	学习、工作用品准备	2				
	探究问题、积极发言	2				
	按时完成任务	2				
	团队协作	2				
	分析问题、解决问题的能力	2				
	爱国情怀与责任意识	2				
	诚信纳税理念	2				
	认真谨慎的职业素养	2				
	创新意识	2				
知识 (30)	个人所得税纳税期限	5				
	个人所得税预扣预缴申报方法	10				
	个人所得税自行申报方法	10				
	申报表项目的填写	3				
	缴纳税费的会计分录	2				
能力 (50)	能正确填报个人所得税扣缴申报表	15				
	能正确填写个人所得税年度自行纳税申报表	15				
	能够熟练使用"个税"App进行汇算清缴	10				
	文字描述准确、语言表达流畅	10				
小计						
总计(评分细则及各主体评分占比,由教师根据教学实际确定)						

任务拓展

登录手机"个人所得税"App掌上办理个人所得税汇算清缴。

任务四　优化个人所得税管理

任务情境

肖中晟先生是逸香酒业的技术总监,2022年度每月工资、薪金收入均为20 000元,"三险一金"等专项扣除共计4 500元。其妻子每月工资、薪金收入4 000元。2023年3月15日,肖先生进行个人所得税年度汇算清缴。

肖先生夫妻二人育有两个孩子,老大读初中二年级,老二读小学五年级。子女教育专项附加扣除有以下三种方案可供选择:方案一,由肖先生一方按照扣除标准的100%扣除;方案二,夫妻双方分别按照扣除标准的50%扣除;方案三,由妻子一方按照扣除标准的100%扣除。

另外,肖先生利用业余时间为甲公司提供技术培训服务,2022年度获得一次性税前培训费收入50 000元,另外前往培训的往返交通费,食宿等费用共计10 000元。有以下两种方案可供选择:方案一,甲公司支付培训费50 000元,往返交通费用、食宿等费用由肖先生自己负担;方案二,甲公司支付培训费40 000元,往返交通费、食宿费等费用都由甲公司负担。

2022年肖先生因为工作表现突出,逸香酒业给予年终奖120 000元。有以下两种方案可供选择:方案一,年终奖单独计税;方案二,年终奖并入综合所得计税。

肖先生一家除上述收入,无其他相关收入来源,无其他专项附加扣除和依法确定的其他扣除。肖先生请王芳为其家庭缴纳个人所得税提出合理建议。

任务要求

如果你是王芳,请完成以下任务:
(1) 分析方案可能存在的风险点。
(2) 选择合适的方案。

任务准备

一、税法依据

(一) 子女教育专项附加扣除
纳税人的子女接受全日制学历教育的相关支出,按照每个子女每月1 000元的标准定额扣除。

学历教育包括义务教育（小学、初中教育）、高中阶段教育（普通高中、中等职业、技工教育）、高等教育（大学专科、大学本科、硕士研究生、博士研究生教育）。

父母可以选择由其中一方按扣除标准的 100% 扣除，也可以选择由双方分别按扣除标准的 50% 扣除，具体扣除方式在一个纳税年度内不能变更。

（二）劳务报酬

扣缴义务人向居民个人支付劳务报酬所得时，预扣预缴个人所得税，并向主管税务机关报送《个人所得税扣缴申报表》。年度预扣预缴税额与年度应纳税额不一致的，由居民个人于次年 3 月 1 日至 6 月 30 日向主管税务机关办理综合所得年度汇算清缴，税款多退少补。

预扣预缴时：劳务报酬所得以收入减除费用后的余额为收入额，每次收入不超过 4 000 元的，减除费用按 800 元计算；每次收入 4 000 元以上的，减除费用按 20% 计算。劳务报酬所得以每次收入额为预扣预缴应纳税所得额，适用 20% 至 40% 的超额累进预扣率。

汇算清缴时：劳务报酬所得以收入减除 20% 的费用后的余额为收入额，以收入额为应纳税所得额。

（三）全年一次性奖金

居民个人取得全年一次性奖金，在 2023 年 12 月 31 日前，可选择不并入当年综合所得，以全年一次性奖金收入除以 12 个月得到的数额，按照按月换算后的综合所得税率表（见表 5-5），确定适用税率和速算扣除数，单独计算纳税。其计算公式如下：

$$应纳税额 ＝ 全年一次性奖金收入 × 适用税率 － 速算扣除数$$

居民个人取得全年一次性奖金，也可以选择并入当年综合所得计算纳税。

二、税务风险提示

纳税人要在规定的时间内及时办理个人所得税年度汇算清缴。

纳税人基础信息是个人所得税申报的基础，不完整、不准确的个人信息，将对纳税人享受专项附加扣除政策和申报纳税及汇算清缴产生不利影响，甚至产生涉税风险。

由于目前大部分优惠政策需要纳税人自行判断，故应当关注适用的个人所得税优惠政策是不是真正地满足条件。

 任务实施

（1）请将方案中可能存在的风险点写到下面的横线上。

_____

_____

_____

（2）请在表 5-14 中分析各情形对个人所得税的影响，选出最优的方案。

表 5-14 方案分析表

专项附加扣除	培训服务	年终奖
结论：		

任务总结

在完成上述任务后，请你分享学到的知识或技能。

任务评价

表 5-15 任务评价表　　　　　　　　　　　　　　　　单位：分

项目	评价内容	分值	自评	组评	师评	其他
素养 （20）	到岗出勤	2				
	学习、工作用品准备	2				
	探究问题、积极发言	2				
	按时完成任务	2				
	团队协作	2				
	分析问题、解决问题的能力	3				
	依法纳税意识	3				
	税务风险识别及理财能力	4				
知识 （30）	专项附加扣除的规定	10				
	劳务报酬所得的规定	10				
	全年一次性奖金的规定	10				
能力 （50）	能分析业务存在的风险点	15				
	能正确应用税收政策	20				
能力 （50）	能为纳税人建言献策	10				
	文字描述准确、语言表达流畅	5				
小计						
总计（评分细则及各主体评分占比，由教师根据教学实际确定）						

任务拓展

知识巩固

技能提升

项目六

企业所得税申报与管理

 素养目标

1. 坚持诚实守信、不做假账
2. 具有创新创业意识
3. 具有保护环境、节能节水的意识
4. 具有社会责任感

知识目标

1. 掌握企业所得税的纳税义务人、征税对象、税率
2. 熟悉企业所得税收入项目、扣除项目、不得扣除项目的确认
3. 熟悉企业所得税税收优惠政策
4. 掌握实行查账征收的居民企业纳税人预缴及年度应纳税额的计算方法
5. 掌握企业所得税纳税期限、地点及纳税申报表的填制方法
6. 掌握企业所得税的会计处理方法

能力目标

1. 能够判定企业所得税的纳税义务人、征税对象以及所适用的税率
2. 正确计算查账征收居民企业纳税人预缴及年度企业所得税税额
3. 准确申报查账征收居民企业纳税人企业所得税预缴及年度汇算清缴
4. 正确进行企业所得税的会计处理
5. 帮助企业优化企业所得税管理

 **知识导图**

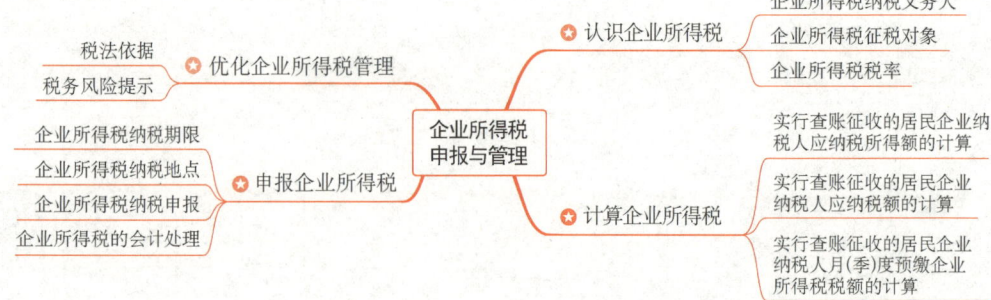

项目导读·思政园地

税惠政策赋能 助力企业创新

习近平总书记在党的二十大报告中指出："加快实施创新驱动发展战略。强化企业科技创新主体地位,发挥科技型骨干企业引领支撑作用。"创新是引领发展的第一动力。党的十八大以来,我国持续加大对科技创新的税收优惠力度,逐步形成覆盖企业成长和创新全生命周期的税收政策支持体系,有力支持市场主体创新创造。

2022年9月下旬,财政部、税务总局、科技部联合发布《关于加大支持科技创新税前扣除力度的公告》,给雅化集团绵阳实业有限公司带来了好消息。作为拥有中国民用爆破器材行业唯一的国家级企业技术中心的企业,雅化集团绵阳实业有限公司从2022年年初就开始筹建一条全自动电子雷管生产线,并投入大量资金。"购买设备允许当年一次性扣除,这个政策'大礼包'来得太及时了,大大缓解了企业资金周转压力,为我们生产线的建设按了'快进键'。"该公司总经理王川表示。

据统计,"十三五"时期,我国鼓励科技创新税收政策累计减税达到2.54万亿元,减免金额年均增长28.5%。税收减免有力支持企业加大创新力度。数据显示,我国企业研发投入强度从2013年的2.08%提高到2021年的2.44%,国家创新能力综合排名上升至世界第12位。

北京国家会计学院财税政策与应用研究所所长李旭红表示,国家政策制度环境是企业成长最重要的环境,财税支持政策具有较强的激励和引导作用,对强化企业创新意愿和营造创新氛围意义重大。

任务一　　认识企业所得税

任务情境

作为进入公司不久的税务会计王芳,今天准备熟悉公司企业所得税的相关资料,以备进行企业所得税的预缴和汇算清缴工作。经查看相关资料可知,逸香酒业营业执照由厦门市市场监督管理局颁发,注册地为厦门市海沧区汉江街道四平路6872号。其经营范围为:生产原酒、啤酒;酒、饮料批发及零售;受理货物运输(代理运输)。该公司不具有高新技术企业资质。

任务要求

如果你是王芳,请完成以下任务:
(1) 判断逸香酒业是否属于企业所得税的纳税义务人。

（2）若为企业所得税的纳税义务人，判断逸香酒业属于居民企业还是非居民企业。

（3）分析逸香酒业适用的企业所得税税率。

 ## 任务准备

一、企业所得税纳税义务人

企业所得税是对我国境内的企业和其他取得收入的组织的生产经营所得和其他所得征收的所得税。

在中华人民共和国境内，企业和其他取得收入的组织（以下统称企业）为企业所得税的纳税人。企业所得税法规定，个人独资企业、合伙企业不是企业所得税的纳税人。基于不同企业承担的纳税责任不同，企业所得税的纳税人分为居民企业和非居民企业。

（一）居民企业

居民企业是指依法在中国境内成立，或者依照外国（地区）法律成立但实际管理机构在中国境内的企业，包括企业、事业单位、社会团体以及取得收入的其他组织。实际管理机构是指对企业的生产经营、人员、账务、财产等实施实质性全面管理和控制的机构。

（二）非居民企业

非居民企业是指依照外国（地区）法律成立且实际管理机构不在中国境内，但在中国境内设立机构、场所的，或者在中国境内未设立机构、场所，但有来源于中国境内所得的企业。机构、场所是指在中国境内从事生产经营活动的机构、场所，包括：

（1）管理机构、营业机构、办事机构。

（2）工厂、农场、开采自然资源的场所。

（3）提供劳务的场所。

（4）从事建筑、安装、装配、修理、勘探等工程作业的场所。

（5）其他从事生产经营活动的机构、场所。

非居民企业委托营业代理人在中国境内从事生产经营活动的，包括委托单位或者个人经常代其签订合同，或者储存、交付货物等，该营业代理人视为非居民企业在中国境内设立的机构、场所。

【学中做 6-1】

（单选题）下列各项中，不属于企业所得税纳税人的是（　　）。

A. 依外国法律成立但实际管理机构在中国境内的企业

B. 在中国境内成立的有限责任公司

C. 在中国境内成立的个人独资企业

D. 在中国境内未设立机构、场所，但有来源于中国境内所得的企业

答案：C

解析：选项 AB，为企业所得税居民企业纳税人；选项 C，为个人所得税的纳税义务人；选项 D，为企业所得税非居民企业纳税人。

二、企业所得税征税对象

（一）居民企业征税对象

居民企业应当就其来源于中国境内、境外的所得缴纳企业所得税。所得包括销售货物所得、提供劳务所得、转让财产所得、股息红利等权益性投资所得、利息所得、租金所得、特许权使用费所得、接受捐赠所得和其他所得。

（二）非居民企业征税对象

非居民企业在中国境内设立机构、场所的，应当就其所设机构、场所取得的来源于中国境内的所得，以及发生在中国境外但与其所设机构、场所有实际联系的所得，缴纳企业所得税。其中，"实际联系"是指非居民企业在中国境内设立的机构、场所拥有据以取得所得的股权、债券，以及拥有、管理、控制据以取得所得的财产等。

非居民企业在中国境内未设立机构、场所的，或者虽设立机构、场所但取得的所得与其所设机构、场所没有实际联系的，应当就其来源于中国境内的所得缴纳企业所得税。

来源于中国境内、境外的所得，按照以下原则确定：

（1）销售货物所得，按照交易活动发生地确定。

（2）提供劳务所得，按照劳务发生地确定。

（3）转让财产所得，不动产转让所得按照不动产所在地确定，动产转让所得按照转让动产的企业或者机构、场所所在地确定，权益性投资资产转让所得按照被投资企业所在地确定。

（4）股息、红利等权益性投资所得，按照分配所得的企业所在地确定。

（5）利息所得、租金所得、特许权使用费所得，按照负担、支付所得的企业或者机构、场所所在地确定，或者按照负担、支付所得的个人住所地确定。

（6）其他所得，由国务院财政、税务主管部门确定。

【学中做 6-2】

（多选题）甲公司为居民企业，其以下的所得应缴纳企业所得税的有（　　）。

A. 向境外销售货物，交易发生地在中国境内

B. 在境外提供劳务

C. 将其境外的一栋办公楼进行转让

D. 向境内销售货物

答案：ABCD

解析：居民企业就来源于中国境内、境外的所得缴纳企业所得税。选项 AD，属于来源于中国境内所得，选项 BC 属于来源于境外所得。

三、企业所得税税率

我国企业所得税实行比例税率。比例税率简便易行，透明度高，不会因征税而改变企业间收入分配比例。现行规定如下：

（1）基本税率为 25%。居民企业以及在中国境内设立机构、场所且取得的所得与其所设机构、场所有实际联系的非居民企业，应当就其来源于中国境内、境外的所得缴纳企业所得税，适用税率为 25%。

（2）低税率为 20%。非居民企业在中国境内未设立机构、场所的，或者虽设立机构、场所但取得的所得与其所设机构、场所没有实际联系的，应当就其来源于中国境内的所得缴纳企业所得税，适用税率为 20%。但实际征税时减按 10%的税率征收。

 **任务实施**

请分析选择逸香酒业相关的企业所得税情况：
（1）是否属于企业所得税纳税义务人。　□是　　　□否
（2）属于居民企业还是非居民企业。　　□居民企业　□非居民企业
（3）就其来源于境内还是境外所得纳税。□境内　　　□境外
（4）该公司适用的企业所得税税率。　　□25%　　　□15%

 **任务总结**

在完成上述任务后，请你分享学到的知识或技能。

 **任务评价**

表 6-1　任务评价表　　　　　　　　　　　　　　　单位：分

项目	评价内容	分值	自评	组评	师评	其他
素养 （20）	到岗出勤	2				
	学习、工作用品准备	2				
	探究问题、积极发言	4				
	按时完成任务	2				
	团队协作	2				
	分析问题、解决问题的能力	4				
	树立依法纳税的意识	4				
知识 （30）	企业所得税的纳税义务人	10				
	居民企业和非居民企业的划分以及征税对象	10				
	企业所得税税率	10				
能力 （50）	能判断企业是否属于企业所得税纳税义务人	15				
	能判断企业属于居民纳税人还是非居民纳税人	15				
	能分析企业哪些来源需要缴纳企业所得税	10				
	能分析企业适用的企业所得税税率	10				
小计						
总计（评分细则及各主体评分占比，由教师根据教学实际确定）						

任务拓展

任务二　　计算企业所得税

任务情境

2023 年 1 月 10 日，逸香酒业的年终结账工作已经基本完成，王芳开始准备企业所得税申报所需相关资料。逸香酒业企业所得税实行按季度预缴年度汇算清缴的方式，其中年度汇算清缴不仅工作量大，而且对专业知识的要求特别高。为顺利完成企业所得税汇算清缴工作，王芳打算在每天完成当日工作任务之余，对企业全年经营业务活动进行梳理，整理会计处理与企业所得税税收政策的差异，以便正确计算年度应纳税所得额和应纳税额。具体信息如表 6-2 至表 6-8 所示。同时根据相关信息数据计算企业第 4 季度应预缴企业所得税税额。

表 6-2　企业基本信息表

纳税申报企业类型：100	资产总额（万元）：20 000
从业人数：300 人	所属国民经济行业：151
从事国家限制或禁止行业：否	小型微利企业：　　　否
采用一般企业财务报表格式：是	上市公司：　　　　　否
企业使用的会计准则或制度：企业会计准则（一般企业）110 企业无重组及递延纳税事项 企业研发支出辅助账样式采用 2021 年版	

股东名称	证件类型	证件号码	投资比例	国籍
沈飞岚	居民身份证	350221198309135116	100%	中国

对外投资情况：
无

表 6-3　企业 2022 年有关经营情况表

序号	经营情况
1	以前年度未发生亏损，当年平均从业人数为 300 人
2	企业工资、薪金支出符合合理性标准
3	当年广告费和业务宣传支出均列支于销售费用中，且符合扣除标准

（续表）

序号	经营情况
4	当年发生的债券投资收益全部为国债利息收入，于半年计提一次利息
5	固定资产、无形资产采用直线法计提（原值与计税基础相同，折旧或摊销年限为税务局规定的最低年限，企业未选择享受资产一次性扣除及加速折旧优惠政策）
6	本年未计提减值准备
7	企业仅为职工缴纳基本社会保险费，不缴纳补充养老保险、补充医疗保险
8	2022 年计提的工资在 2022 年 12 月 31 日全部发放
9	12 月企业向厦门市何村小学直接捐赠人民币叁拾陆万元整（360 000.00）
10	研发费用：本年直接从事研发活动人员工资薪金 12 963 600.00 元，直接从事研发活动人员五险一金 122 581.54 元（备注：无资本化且均发生在前 3 个季度，企业预缴申报选择享受加计扣除）
11	企业员工李天华和赵峰 2 人为残疾人，2 人全年工资合计 272 623.00 元
12	企业第 1 至第 3 季度已预缴企业所得税金额为 4 785 125.54 元；第 4 季度已计提应预缴的企业所得税金额为 3 616 719.79 元

表 6-4　期间费用明细表　　　　　　　　　　　　　单位：元

管理费用	本年累计金额	销售费用	本年累计金额
职工薪酬	14 154 758.50	职工薪酬	11 254 909.50
业务招待费	2 688 000.00	广告费	1 000 000.00
办公费	855 165.57	业务宣传费	790 000.00
差旅费	807 092.60	差旅费	1 001 090.50
折旧费	1 361 000.00		
财务费用	本年累计金额	研发费用	本年累计金额
手续费	3 506 800.62	职工薪酬	1 3086 181.54
利息支出（均为利息支出）	8 101 462.27		

表 6-5　总账汇总表　　　　　　　　　　　　　　　单位：元

序号	一级科目	二级科目	本年累计（借方）	本年累计（贷方）	借或贷	本年累计（余额）
1	主营业务收入	销售商品收入	245 094 569.60	245 094 569.60	平	0
2	主营业务成本	销售商品成本	98 037 827.84	98 037 827.84	平	0
3	营业外支出	捐赠支出	360 000.00	360 000.00	平	0
4	应付职工薪酬	工资薪金	31 122 690.00	31 122 690.00	平	0

（续表）

序号	一级科目	二级科目	本年累计（借方）	本年累计（贷方）	借或贷	本年累计（余额）
5	应付职工薪酬	社会保险费	2 422 761.54	2 422 761.54	平	0
6	应付职工薪酬	住房公积金	1 024 000.00	1 024 000.00	平	0
7	应付职工薪酬	工会经费	528 907.00	528 907.00	平	0
8	应付职工薪酬	职工教育经费	696 802.00	696 802.00	平	0
9	应付职工薪酬	职工福利费	2 700 689.00	2 700 689.00	平	0
10	投资收益	国债利息	370 000.00	370 000.00	平	0

表 6-6　固定资产折旧明细表　　　　　　　　　　　　　单位：元

序号	固定资产类别	取得日期	折旧年限	预计净残值	原值	年折旧额	累计折旧额	固定资产净值
1	房屋建筑物	2021 年 12 月	20	0	12 000 000.00	600 000.00	600 000.00	1 1400 000.00
2	生产用用具	2021 年 12 月	5	0	780 000.00	156 000.00	156 000.00	624 000.00
3	运输工具（汽车）	2021 年 12 月	4	0	1 620 000.00	405 000.00	405 000.00	1 215 000.00
4	电子设备	2021 年 12 月	3	0	600 000.00	200 000.00	200 000.00	400 000.00
5	房屋建筑物	2022 年 12 月	20	0	1 000 000.00	50 000.00	0.00	1 000 000.00

表 6-7　折旧年限表

序号	项目	折旧年限	备注
1	一、固定资产		残值率定为 0%
2	房屋、建筑物	20 年	
3	飞机、火车、轮船、机器、机械和其他生产设备	10 年	
4	与生产经营活动有关的器具、工具、家具等	5 年	
5	飞机、火车、轮船以外的运输工具	4 年	
6	电子设备	3 年	
7	二、生物资产		
8	林木类	10 年	
9	畜类	3 年	
10	三、无形资产	10 年	

表 6-8 利润表

2022 年 10—12 月　　　　　　　　　　　　　　　　　　　　　　　　　　　单位:元

项　目	行次	本期金额	本年累计
一、营业收入	1	74 044 988.00	245 094 569.6
减:营业成本	2	29 617 995.20	98 037 827.84
税金及附加	3	11 838 178.65	41 396 717.79
销售费用	4	6 523 000.00	14 046 000.00
管理费用	5	7 141 141.58	19 866 016.67
研发费用	6		1 3086 181.54
财务费用	7	4 457 793.42	11 608 262.89
其中:利息费用	8	4 457 793.42	11 608 262.89
利息收入	9		
资产减值损失	10		
加:其他收益	11		
投资收益(损失以"－"号填列)	12	370 000.00	370 000.00
其中:对联营企业和合营企业的投资收益	13		
公允价值变动收益(损失以"－"号填列)	14		
资产处置收益(损失以"－"号填列)	15		
二、营业利润(亏损以"－"号填列)	16	14 836 879.15	47 423 562.87
加:营业外收入	17		
减:营业外支出	18		360 000.00
三、利润总额(亏损总额以"－"号填列)	19	14 836 879.15	47 063 562.87
减:所得税费用	20	3 616 719.79	8 401 845.33
四、净利润(净亏损以"－"号填列)	21	11 220 159.36	38 661 717.54

 任务要求

如果你是王芳,根据相关账簿和原始单据信息,请完成以下任务:

(1) 计算逸香酒业 2022 年第 4 季度预缴企业所得税税额。

(2) 判断逸香酒业是否存在调整项目及调整金额。

(3) 计算逸香酒业 2022 年度应纳税所得额和应纳税额。

任务准备

我国企业所得税按年计算,分月或分季预缴,年度汇算清缴。作为居民企业纳税人,又分为查账征收企业所得税和核定征收企业所得税,其中查账征收企业所得税需要正确计算应纳税所得额。

一、实行查账征收的居民企业纳税人应纳税所得额的计算

应纳税所得额的计算一般有两种方法,即直接计算法和间接计算法。

(一)直接计算法

直接计算法是按税法规定直接计算应纳税所得额的方法,即企业按照税收规定每一纳税年度的收入总额,减除不征税收入、免税收入、各项扣除以及允许弥补的以前年度亏损后的余额,为应纳税所得额,其计算公式如下:

$$应纳税所得额＝收入总额－不征税收入－减免税收入－各项扣除金额－$$
$$抵扣和减免所得－弥补以前年度亏损额$$

采用直接法计算应纳税所得额,需要对企业的各项经济业务活动以税收规定为依据,确认收入以及可扣除的各项费用等,计算应纳税所得额,其工作量比较大。

1. 收入总额的确认

企业的收入总额包括以货币形式和非货币形式从各种来源取得的收入。企业取得收入的货币形式包括现金、银行存款、应收账款、应收票据、准备持有至到期的债券投资以及债务的豁免等;企业以非货币形式取得的收入,包括固定资产、生物资产、无形资产、股权投资、存货、不准备持有至到期的债券投资、劳务以及有关权益等,这些非货币资产应当按照公允价值确定收入额,公允价值是指按照市场价格确定的价值。收入的具体构成如下:

1)一般收入的确认

(1)销售货物收入。它是指企业销售商品、产品、原材料、包装物、低值易耗品以及其他存货取得的收入。

企业销售商品同时满足下列条件的,应确认收入的实现:①商品销售合同已经签订,企业已将商品所有权相关的主要风险和报酬转移给购货方。②企业对已售出的商品既没有保留通常与所有权相联系的继续管理权,也没有实施有效控制。③收入的金额能够可靠地计量。④已发生或将发生的销售方的成本能够可靠地核算。

符合上款收入确认条件,采取下列商品销售方式的,应按以下规定确认收入实现时间:①销售商品采用托收承付方式的,在办妥托收手续时确认收入。②销售商品采取预收款方式的,在发出商品时确认收入。③销售商品需要安装和检验的,在购买方接受商品以及安装和检验完毕时确认收入。如果安装程序比较简单,可在发出商品时确认收入。④销售商品采用支付手续费方式委托代销的,在收到代销清单时确认收入。

(2)提供劳务收入。它是指企业从事建筑安装、修理修配、交通运输、仓储租赁、金融保险、邮电通信、咨询经纪、文化体育、科学研究、技术服务、教育培训、餐饮住宿、中介代理、卫生保健、社区服务、旅游、娱乐、加工以及其他劳务服务活动取得的收入。

知新:《中华人民共和国企业所得税法》

知新:《中华人民共和国企业所得税实施条例》

企业在各个纳税期末,提供劳务交易的结果能够可靠估计的,应采用完工进度(完工百分比)法确认提供劳务收入。提供劳务交易的结果能够可靠估计,是指同时满足下列条件:①收入的金额能够可靠地计量。②交易的完工进度能够可靠地确定。③交易中已发生和将发生的成本能够可靠地核算。

企业提供劳务完工进度的确定,可选用下列方法:①已完工作的测量。②已提供劳务占劳务总量的比例。③发生成本占总成本的比例。

企业应按照从接受劳务方已收或应收的合同或协议价款确定劳务收入总额,根据纳税期末提供劳务收入总额乘以完工进度扣除以前纳税年度累计已确认提供劳务收入后的金额,确认为当期劳务收入;同时,按照提供劳务估计总成本乘以完工进度扣除以前纳税年度累计已确认劳务成本后的金额,结转为当期劳务成本。

【学中做 6-3】

(多选题)2022 年度某施工队对一大型施工项目采用完工进度法确认其提供劳务的收入。可选用的方法有( )。

A. 已完工作的测量

B. 发生成本占总成本的比例

C. 已提供劳务占劳务总量的比例

D. 已建造时间占合同约定时间的比例

答案:ABC

解析:企业提供劳务完工进度的确定,可选用下列方法:已完工作的测量、已提供劳务占劳务总量的比例、发生成本占总成本的比例。

下列提供劳务满足收入确认条件的,应按规定确认收入:①安装费,应根据安装完工进度确认收入。安装工作是商品销售附带条件的,安装费在确认商品销售实现时确认收入。②宣传媒介的收费,应在相关的广告或商业行为出现于公众面前时确认收入。广告的制作费,应根据制作广告的完工进度确认收入。③软件费,为特定客户开发软件的收费,应根据开发的完工进度确认收入。④服务费,包含在商品售价内可区分的服务费,在提供服务的期间分期确认收入。⑤艺术表演、招待宴会和其他特殊活动的收费,在相关活动发生时确认收入。收费涉及几项活动的,预收的款项应合理分配给每项活动,分别确认收入。⑥会员费,申请入会或加入会员,只允许取得会籍,所有其他服务或商品都要另行收费的,在取得该会员费时确认收入。申请入会或加入会员后,会员在会员期内不再付费就可得到各种服务或商品,或者以低于非会员的价格销售商品或提供服务的,该会员费应在整个受益期内分期确认收入。⑦特许权费,属于提供设备和其他有形资产的特许权费,在交付资产或转移资产所有权时确认收入;属于提供初始及后续服务的特许权费,在提供服务时确认收入。⑧劳务费,长期为客户提供重复的劳务收取的劳务费,在相关劳务活动发生时确认收入。

(3) 转让财产收入。它是指企业转让固定资产、生物资产、无形资产、股权、债权等财产取得的收入。转让财产收入应当按照从财产受让方已收或应收的合同或协议价款确认收入。转让股权收入,应于转让协议生效,且完成股权变更手续时,确认收入的实现。

（4）股息、红利等权益性投资收益。它是指企业因权益性投资从被投资方取得的收入。股息、红利等权益性投资收益，除国务院财政、税务主管部门另有规定外，按照被投资方作出利润分配决定的日期确认收入的实现。

（5）利息收入。它是指企业将资金提供给他人使用但不构成权益性投资，或者因他人占用本企业资金取得的收入，包括存款利息、贷款利息、债券利息、欠款利息等收入。利息收入应按照合同约定的债务人应付利息的日期确认收入的实现。

（6）租金收入。它是指企业提供固定资产、包装物或者其他有形资产的使用权取得的收入。租金收入应按照合同约定的承租人应付租金的日期确认收入的实现。其中，对于交易合同或协议中规定租赁期限跨年度，且租金提前一次性支付的，根据收入与费用配比原则，出租人可对上述已确认的收入，在租赁期内，分期均匀计入相关年度收入。

（7）特许权使用费收入。它是指企业提供专利权、非专利技术、商标权、著作权以及其他特许使用权取得的收入。特许权使用费收入应按照合同约定的特许权使用人应付特许权使用费的日期确认收入的实现。

（8）接受捐赠收入。它是指企业接受的来自其他企业、组织或者个人无偿给予的货币性资产、非货币性资产。接受捐赠收入按照实际收到捐赠资产的日期确认收入的实现。

（9）其他收入。它是指企业取得的除以上收入外的其他收入，包括企业资产溢余收入、逾期未退包装物押金收入、确实无法偿付的应付款项、已经作坏账损失处理后又收回的应收款项、债务重组收入、补贴收入、违约金收入、汇兑收益等。

企业取得财产（包括各类资产、股权、债权等）转让收入、债务重组收入、接受捐赠收入、无法偿付的应付款收入等，不论是以货币形式、还是非货币形式体现，除另有规定外，均应一次性计入确认收入的年度计算缴纳企业所得税。

企业按照市场价格销售货物、提供劳务等，凡由政府财政部门根据企业销售货物、提供劳务的数量、金额的一定比例给予全部或部分资金支付的，应当按照权责发生制原则确认收入，除上述情形外，企业取得的各种政府财政支付，如财政补贴、补偿、退税等，应当按照实际取得收入的时间确认收入。

【学中做 6-4】

（多选题）以下关于企业所得税收入确认时间的表述正确的有（　　）。

A. 股息、红利等权益性投资收益，按照投资方收到分配金额的日期确认收入的实现

B. 利息收入，按照合同约定的债务人应付利息的日期确认收入的实现

C. 租金收入，在实际收到租金收入时确认收入的实现

D. 接受捐赠收入，在实际收到捐赠资产时确认收入的实现

答案：BD

解析：选项 A，股息、红利等权益性投资收益，按照被投资方作出利润分配决定的日期确认收入的实现；选项 C，租金收入应按照合同约定的承租人应付租金的日期确认收入的实现。对于交易合同或协议中规定租赁期限跨年度，且租金提前一次性支付的，根据收入与费用配比原则，出租人可对上述已确认的收入，在租赁期内，分期均匀计入相关年度收入。

2）特殊收入的确认

（1）采取分期收款方式销售货物按照合同约定的收款日期确认收入的实现。

（2）采用售后回购方式销售商品，销售的商品按售价确认收入，回购的商品作为购进商品处理。有证据表明不符合销售收入确认条件的，如以销售商品方式进行融资，收到的款项应确认为负债。回购价格大于原售价的，差额应在回购期间确认为利息费用。

（3）采取以旧换新方式销售商品，应当按照销售商品收入的确认条件确认收入，回收的商品作为购进商品处理。

（4）采取商业折扣（折扣销售）条件销售商品：企业为促进商品销售而在商品价格上给予的价格扣除属于商业折扣，商品销售涉及商业折扣的，应当按照扣除商业折扣后的金额确定销售商品收入金额。

（5）采取现金折扣（销售折扣）条件销售商品：债权人为鼓励债务人在规定的期限内付款而向债务人提供的债务扣除属于现金折扣，销售商品涉及现金折扣的，应当按扣除现金折扣前的金额确定销售商品收入金额。

（6）采取折让方式销售商品：企业因售出商品的质量不合格等原因而在售价上给予的减让属于销售折让；企业因售出商品质量、品种不符合要求等原因而发生的退货属于销售退回。企业已经确认销售收入的售出商品发生销售折让和销售退回，应当在发生当期冲减当期销售商品收入。

（7）采取买一赠一等方式组合销售本企业商品的，不属于捐赠，应将总的销售金额按各项商品的公允价值的比例来分摊确认各项的销售收入。

（8）企业受托加工制造大型机械设备、船舶、飞机等，以及从事建筑、安装、装配业务或者提供劳务等，持续时间超过 12 个月的，按照纳税年度内完工进度或者完成的工作量确认收入的实现。

（9）采取产品分成方式取得收入的，以企业分得产品的时间确认收入的实现，其收入额按照产品的公允价值确定。

（10）企业发生非货币性资产交换，以及将货物、财产、劳务用于捐赠、偿债、赞助、集资、广告、样品、职工福利和进行利润分配等用途，应当视同销售货物、转让财产和提供劳务，但国务院财政、税务主管部门另有规定的除外。

【学中做 6-5】

（多选题）以下关于企业所得税特殊收入的表述正确的有（　　）。

A. 采取以旧换新方式销售商品，应当按照销售商品收入的确认条件确认收入，回收的商品作为购进商品处理

B. 企业采取商业折扣销售商品，应该按照扣除商业折扣后的金额确定销售商品收入的金额

C. 采取分期收款方式销售货物的，应该在发出货物时确认收入的实现

D. 采取买一赠一等方式组合销售本企业商品的，不属于捐赠，应将总的销售金额按各项商品的公允价值的比例来分摊确认各项的销售收入

答案：ABD

解析：选项 C 错误，采取分期收款方式销售货物按照合同约定的收款日期确认收入

的实现。

3）处置资产收入的确认

（1）企业发生下列情形的处置资产，除将资产转移至境外以外，由于资产所有权属在形式和实质上均不发生改变，可作为内部处置资产，不视同销售确认收入，相关资产的计税基础延续计算。①将资产用于生产、制造、加工另一产品。②改变资产形状、结构或性能。③改变资产用途（如自建商品房转为自用或经营）。④将资产在总机构及其分支机构之间转移。⑤上述两种或两种以上情形的混合。⑥其他不改变资产所有权属的用途。

（2）企业将资产移送他人的下列情形，因资产所有权属已发生改变而不属于内部处置资产，应按规定视同销售确定收入。①用于市场推广或销售。②用于交际应酬。③用于职工奖励或福利。④用于股息分配。⑤用于对外捐赠。⑥其他改变资产所有权属的用途。企业发生以上规定情形的，除另有规定外，应按照被移送资产的公允价值确定销售收入。

【学中做 6-6】

（多选题）企业发生的下列业务，在企业所得税上应当视同销售确认收入的有（　　）。

A. 将自产的货物进行对外捐赠

B. 将自产的货物用于利润分配

C. 将自产的货物作为福利用于职工个人消费

D. 将自产的货物用于对外投资

答案：ABCD

解析：选项 ABCD 均属于因资产所有权属已发生改变而不属于内部处置资产，应按规定视同销售确定收入。

2. 不征税收入

收入总额中的下列收入为不征税收入：

（1）财政拨款，是指各级人民政府对纳入预算管理的事业单位、社会团体等组织拨付的财政资金，但国务院和国务院财政、税务主管部门另有规定的除外。

（2）依法收取并纳入财政管理的行政事业性收费、政府性基金。行政事业性收费，是指依照法律法规等有关规定，按照国务院规定程序批准，在实施社会公共管理，以及在向公民、法人或者其他组织提供特定公共服务过程中，向特定对象收取并纳入财政管理的费用。政府性基金，是指企业依照法律、行政法规等有关规定，代政府收取的具有专项用途的财政资金。

（3）国务院规定的其他不征税收入，是指企业取得的，由国务院财政、税务主管部门规定专项用途并经国务院批准的财政性资金。

财政性资金，是指企业取得的来源于政府及其有关部门的财政补助、补贴、贷款贴息，以及其他各类财政专项资金，包括直接减免的增值税和即征即退、先征后退、先征后返的各种税收，但不包括企业按规定取得的出口退税款。

企业取得的不征税收入，应按照《财政部 国家税务总局关于专项用途财政性资金企业所得税处理问题的通知》（财税〔2011〕70 号）的规定进行处理。凡未按照文件规定进行管理的，应作为企业应税收入计入应纳税所得额，依法缴纳企业所得税。

【学中做 6-7】

（多选题）依据企业所得税相关法律制度规定，下列收入中，属于不征税收入的有（　　）。

A. 财政拨款

B. 企业自产货物用于对外捐赠

C. 依法收取并纳入财政管理的行政事业性收费、政府性基金

D. 企业买一赠一销售活动，所赠送的商品

答案：AC

解析：选项 AC，属于不征税收入；选项 B，应做视同销售，征收企业所得税；选项 D，采取买一赠一等方式组合销售本企业商品的，不属于捐赠，应将总的销售金额按各项商品的公允价值的比例来分摊确认各项的销售收入。

3. 准予扣除项目

税前扣除项目包括成本、费用、税金、损失和其他支出。

（1）成本，是指企业在生产经营活动中发生的销售成本、销货成本、业务支出以及其他耗费。

（2）费用，是指企业在生产经营活动中发生的销售费用、管理费用和财务费用，已经计入成本的有关费用除外。

（3）税金，是指企业发生的除企业所得税和允许抵扣的增值税以外的各项税金及其附加。

（4）损失，是指企业在生产经营活动中发生的固定资产和存货的盘亏、毁损、报废损失，转让财产损失，呆账损失，坏账损失，自然灾害等不可抗力因素造成的损失以及其他损失。企业发生的损失，减除责任人赔偿和保险赔款后的余额，依照国务院财政、税务主管部门的规定扣除。企业已经作为损失处理的资产，在以后纳税年度又全部收回或者部分收回时，应当计入当期收入。

（5）其他支出，是指除成本、费用、税金、损失外，企业在生产经营活动中发生的与生产经营活动有关的、合理的支出。

根据企业所得税相关法律制度规定，对企业发生的部分成本费用项目准予在一定的范围和标准内税前扣除。其主要包括：职工薪酬、业务招待费、广告费和业务宣传费、借款利息支出、手续费和佣金、公益性捐赠等。企业根据相关会计制度规定已作为支出入账，凡未超过税收规定标准的，可按照实际发生额税前扣除，超过税收规定标准的，其超过部分不得在当期计算应纳税所得额时扣除。

4. 不得扣除项目的确定

根据《中华人民共和国企业所得税法》及其实施条例，企业在计算应纳税所得额时，不得扣除支出项目如下：

（1）向投资者支付的股息、红利等权益性投资收益款项。

（2）企业所得税税款。

（3）税收滞纳金，是指纳税人违反税收法规，被税务机关处以的滞纳金。

（4）罚金、罚款和被没收财物的损失，是指纳税人违反国家有关法律、法规规定，被有关部门处以的罚款，以及被司法机关处以的罚金和被没收财物的损失。

知新：违法经济合同而支付的违约金，可否在企业所得税前扣除？

（5）不属于公益性捐赠规定条件的捐赠支出。

（6）赞助支出，是指企业发生的与生产经营活动无关的各种非广告性质支出。

（7）未经核定的准备金支出，是指不符合国务院财政、税务主管部门规定的各项资产减值准备、风险准备等准备金支出。

（8）企业之间支付的管理费、企业内营业机构之间支付的租金和特许权使用费，以及非银行企业内营业机构之间支付的利息，不得扣除。

（9）企业以其取得的不征税收入用于支出所形成的费用或资产（包括对资产计提的折旧、摊销）不得在税前扣除，但企业取得的各项免税收入所对应的各项成本费用，除另有规定者外，可以在计算企业应纳税所得额时扣除。

（10）与取得收入无关的其他支出。

【学中做6-8】

（单选题）以下各项支出中，根据企业所得税相关法律制度规定可在税前扣除的是（　　）。

A．税收滞纳金 　　　　　　　　B．罚金罚款

C．未超过规定标准的业务招待费 　　D．企业所得税税款

答案：C

解析：ABD均属于根据企业所得税相关法律制度规定不得税前扣除的项目。

做中学6-1

5．弥补亏损

亏损是指企业依照企业所得税法的规定，将每一纳税年度的收入总额减除不征税收入、免税收入和各项扣除后小于零的数额。税法规定，企业某一纳税年度发生的亏损可以用下一年度的所得弥补，下一年度的所得不足以弥补的，可以逐年延续弥补，但最长不得超过5年。企业在汇总计算缴纳所得税时，其境外营业机构的亏损不得抵减境内营业机构的盈利。自2018年1月1日起，当年具备高新技术企业或科技型中小企业资格的企业，其具备资格年度之前5个年度发生的尚未弥补完的亏损，准予结转以后年度弥补，最长结转年限由5年延长至10年。

6．资产的税务处理

企业的资产在企业的经济业务活动中会经历取得、计提折旧或摊销以及处置，取得时的计税基础会影响折旧和摊销金额，也会影响处置时税后确认的损益额，从而会影响应纳税所得额。税法规定，纳入税务处理范围的资产形式主要有固定资产、生物资产、无形资产、长期待摊费用、投资资产、存货等，均以历史成本为计税基础。历史成本是指企业取得该项资产时实际发生的支出。企业持有各项资产期间资产增值或者减值，除国务院财政、税务主管部门规定可以确认损益外，不得调整该资产的计税基础。

1）固定资产的税务处理

固定资产是指企业为生产产品、提供劳务、出租或者经营管理而持有的、使用时间超过12个月的非货币性资产，包括房屋、建筑物、机器、机械、运输工具以及其他与生产经营活动有关的设备、器具、工具等。

（1）固定资产计税基础。①外购的固定资产，以购买价款和支付的相关税费以及直接归属于使该资产达到预定用途发生的其他支出为计税基础。②自行建造的固定资

产,以竣工结算前发生的支出为计税基础。③融资租入的固定资产,以租赁合同约定的付款总额和承租人在签订租赁合同过程中发生的相关费用为计税基础,租赁合同未约定付款总额的,以该资产的公允价值和承租人在签订租赁合同过程中发生的相关费用为计税基础。④盘盈的固定资产,以同类固定资产的重置完全价值为计税基础。⑤通过捐赠、投资、非货币性资产交换、债务重组等方式取得的固定资产,以该资产的公允价值和支付的相关税费为计税基础。⑥改建的固定资产,除已足额提取折旧的固定资产和租入的固定资产以外的其他固定资产,以改建过程中发生的改建支出增加计税基础。

(2)固定资产折旧的范围。在计算应纳税所得额时,企业按照规定计算的固定资产折旧,准予扣除。下列固定资产不得计算折旧扣除:①房屋、建筑物以外未投入使用的固定资产。②以经营租赁方式租入的固定资产。③以融资租赁方式租出的固定资产。④已足额提取折旧仍继续使用的固定资产。⑤与经营活动无关的固定资产。⑥单独估价作为固定资产入账的土地。⑦其他不得计算折旧扣除的固定资产。

【学中做 6-9】

(单选题) 根据税法相关规定,下列表述中错误的是(　　　)。

A. 企业未使用的房屋和建筑物,可以计提折旧

B. 企业以经营租赁方式租入的固定资产,不得计提折旧

C. 企业盘盈的固定资产,以该固定资产的原值为计税基础

D. 企业未使用的机器设备,不得计提折旧

答案:C

解析:根据房屋、建筑物以外未投入使用的固定资产,不得计提折旧,可知选项 AD 正确;根据经营租赁方式租入的固定资产,不得计提折旧,选项 B 正确;根据企业盘盈的固定资产,以同类固定资产的重置完全价值为计税基础,选项 C 错误。

(3)固定资产折旧的计提方法。①企业应当自固定资产投入使用月份的次月起计算折旧;停止使用的固定资产,应当自停止使用月份的次月起停止计算折旧。②企业应当根据固定资产的性质和使用情况,合理确定固定资产的预计净残值。固定资产的预计净残值一经确定,不得变更。③固定资产按照直线法计算的折旧,准予扣除。

(4)固定资产折旧的计提年限。除国务院财政、税务主管部门另有规定外,固定资产计算折旧的最低年限如下:①房屋、建筑物,为 20 年。②飞机、火车、轮船、机器、机械和其他生产设备,为 10 年。③与生产经营活动有关的器具、工具、家具等,为 5 年。④飞机、火车、轮船以外的运输工具,为 4 年。⑤电子设备,为 3 年。

2)无形资产的税务处理

无形资产,是指企业为生产产品、提供劳务、出租或经营管理而持有和使用,但没有实物形态的资产,包括专利权、商标权、著作权、土地使用权、非专利技术、商誉等。

(1)无形资产的计税基础。①外购的无形资产,以购买价款和支付的相关税费以及直接归属于使该资产达到预定用途发生的其他支出为计税基础。②自行开发的无形资产,以开发过程中该资产符合资本化条件后至达到预定用途前发生的支出为计税基础。③通过捐赠、投资、非货币性资产交换、债务重组等方式取得的无形资产,以该资产的公允

价值和支付的相关税费为计税基础。

（2）无形资产摊销的范围。在计算应纳税所得额时，企业按照规定计算的无形资产摊销费用，准予扣除。下列无形资产不得计算摊销费用扣除：①自行开发的支出已在计算应纳税所得额时扣除的无形资产。②自创商誉。③与经营活动无关的无形资产。④其他不得计算摊销费用扣除的无形资产。

（3）无形资产的摊销方法及年限。无形资产的摊销，采取直线法计算。无形资产的摊销年限不得低于 10 年。作为投资或者受让的无形资产，有关法律规定或者合同约定了使用年限的，可以按照规定或者约定的使用年限分期摊销。外购商誉的支出，在企业整体转让或者清算时，准予扣除。

【学中做 6-10】

（多选题）根据资产相关税务处理，下列说法正确的有（　　）。

A. 自创商誉，可以计算摊销费用

B. 外购商标权，可以进行摊销费用

C. 房屋、建筑物以外的未投入使用的固定资产，不得计提折旧

D. 无形资产，除有关法律或合同规定使用年限外，无形资产的摊销年限不得低于 10 年

答案：BCD

解析：选项 A，自创商誉，不得计算摊销费用。

3）长期待摊费用的税务处理

长期待摊费用，是指企业发生的应在 1 个年度以上或几个年度进行摊销的费用。在计算应纳税所得额时，企业发生的下列支出作为长期待摊费用，按照规定摊销的，准予扣除。

（1）已足额提取折旧的固定资产的改建支出。

（2）租入固定资产的改建支出。

（3）固定资产的大修理支出。

（4）其他应当作为长期待摊费用的支出。

企业的固定资产修理支出（非固定资产大修理支出）可在发生当期直接扣除。固定资产的改建支出，是指改变房屋或者建筑物结构、延长使用年限等发生的支出。已足额提取折旧的固定资产的改建支出，按照固定资产预计尚可使用年限分期摊销；租入固定资产的改建支出，按照合同约定的剩余租赁期限分期摊销；改建的固定资产延长使用年限的，除已足额提取折旧的固定资产、租入固定资产的改建支出外，其他的固定资产发生改建支出，应当适当延长折旧年限。

大修理支出，按照固定资产尚可使用年限分期摊销。

企业所得税法所指固定资产的大修理支出，是指同时符合下列条件的支出：①修理支出达到取得固定资产时的计税基础 50% 以上。②修理后固定资产的使用年限延长 2 年以上。

其他应当作为长期待摊费用的支出，自支出发生月份的次月起，分期摊销，摊销年限不得低于 3 年。

做中学 6-2

4）存货的税务处理

存货，是指企业持有以备出售的产品或者商品、处在生产过程中的在产品、在生产过程或者提供劳务过程中耗用的材料和物料等。

（1）存货的计税基础。存货按照以下方法确定成本：①通过支付现金方式取得的存货，以购买价款和支付的相关税费为成本。②通过支付现金以外的方式取得的存货，以该存货的公允价值和支付的相关税费为成本。③生产性生物资产收获的农产品，以产出或者采收过程中发生的材料费、人工费和分摊的间接费用等必要支出为成本。

（2）存货的成本计算方法。企业使用或者销售的存货的成本计算方法，可以在先进先出法、加权平均法、个别计价法中选用一种。计价方法一经选用，不得随意变更。

7. 企业所得税税收优惠政策

根据税法相关规定，我国企业所得税优惠政策包括免税收入、减计收入、加计扣除、加速折旧、所得减免、抵扣应纳税所得额、降低税率、税额抵免等。

知新：在存货价格持续上涨的情况下，企业存货发出的计价方法采用先进先出法对企业利润的影响，对企业所得税的影响。

（二）间接计算法

纳税人在实务中，因采用直接计算法计算应纳税所得额成本较高，所以均采用间接法进行计算。我国实行查账征收的居民企业纳税人进行企业所得税纳税申报时，就是在财务会计"利润总额"的基础上，按照税收规定调整会计处理和税收规定之间的差异，通过调增或调减处理，计算应纳税所得额。其计算公式如下：

$$应纳税所得额＝利润总额－境外所得＋纳税调整增加额－纳税调整减少额－$$
$$免税、减计收入及加计扣除＋境外应税所得抵减境内亏损－所得减免－$$
$$弥补以前年度亏损－抵扣应纳税所得额$$

"利润总额"，是指纳税人当期的利润总额。实行企业会计准则、小企业会计准则、企业会计制度、分行业会计制度的纳税人，其数据直接取自《利润表》。

知新：企业所得税优惠事项管理目录

实行查账征收的居民纳税人在实务中纳税人需对收入类、扣除类和资产类经济业务活动，对比会计处理与税收规定的一致性，对于存在的差异需填报《A105000 纳税调整项目明细表》，数据生成到主表《A100000 中华人民共和国企业所得税年度纳税申报表（A类）》中。

1. 收入类调整

纳税人根据税收规定对收入的确认原则，与企业计入当期损益的账载金额进行对比，对于不一致的进行纳税调整。具体调整内容如下：

知新：《中华人民共和国企业所得税年度纳税申报表》及填表说明

（1）视同销售收入。此调整是指会计处理不确认收入，而税收规定确认应税收入，两者产生的差异。需要纳税调整的视同销售收入主要包括：非货币交换视同销售、用于市场推广或销售视同销售、用于交际应酬视同销售、用于职工奖励或福利视同销售、用于股息分配视同销售、用于对外捐赠视同销售、用于对外投资项目视同销售、提供劳务视同销售、其他视同销售。

纳税人对需调整的视同销售收入，应先填报《A105000 纳税调整项目明细表》的附表《A105010 视同销售和房地产开发企业特定业务纳税调整明细表》，由附表数据生成主表数据。

【**学中做 6-11**】甲公司 2022 年通过公益性社会团体向灾区捐赠自产货物一批,该货物成本 80 万元,市场销售价格 100 万元,该公司货物适用的增值税税率为 13%。分析以上经济业务税收金额,并作出纳税调整。

解析:查询公司对该业务账务处理如下:

借:营业外支出	930 000
贷:库存商品	800 000
应交税费——应交增值税(销项税额)	130 000

对该项经济业务活动收入的账载金额为 0,税收金额为 100 万元,对 100 万元应作纳税调增处理。

纳税人填报《A105010 视同销售和房地产开发企业特定业务纳税调整明细表》中第 7 行次"用于对外捐赠视同销售收入""税收金额"为 1 000 000,"纳税调整金额"为 1 000 000。

纳税人填报《A105010 视同销售和房地产开发企业特定业务纳税调整明细表》第 17 行次"用于对外捐赠视同销售成本""税收金额"为 800 000,"纳税调整金额"为 -800 000。

纳税人填报《A105000 纳税调整项目明细表》第 30 行项目"其他"账载金额为 930 000,税收金额为 1 130 000,"调减金额"为 200 000。

同时纳税人按照捐赠支出 1 130 000 元,填报《A105070 捐赠支出及纳税调整明细表》。

(2) 未按权责发生制原则确认的收入。此调整是指纳税人会计处理按照权责发生制确认收入,而税收规定未按照权责发生制确认收入,两者产生的差异。需要调整项目主要包括:跨期收取的租金、利息、特许权使用费收入、分期确认收入、政府补助递延收入、其他未按照权责发生制确认的收入。

纳税人对需调整的事项,需要先填报《A105000 纳税调整项目明细表》的附表《A105020 未按权责发生制确认收入纳税调整明细表》,由附表数据生成主表数据。

【**学中做 6-12**】甲公司 2022 年 1 月 1 日采用分期收款方式销售某大型设备,该分期收款方式具有融资性质,该设备合同约定的销售价格为 1 200 万元,分 3 年于每年年末支付。如果该设备采用直接收款方式进行销售,其销售价格为 1 000 万元。该设备的成本为 600 万元。分析以上经济业务的税收金额,并做出纳税调整。

解析:查询公司对该业务账务处理如下:

借:长期应收款	12 000 000
贷:主营业务收入	10 000 000
未确认融资收益	2 000 000
借:主营业务成本	6 000 000
贷:库存商品	6 000 000

对该项经济业务活动收入的账载金额为 1 000 万元,按照税收规定,应按照合同约定收款日期确认收入的实现,所以 2022 年税收金额应为 400 万元(1 200÷3),应纳税调减 600 万元。该项经济业务活动成本的账载金额为 600 万元,税收金额应为 200 万元

（600÷3），应纳税调增 400 万元。

纳税人填报《A105020 未按权责发生制确认收入纳税调整明细表》第 6 行"分期收款方式销售货物收入"，"合同金额"为 12 000 000，"账载金额"为 10 000 000，"税收金额"为 4 000 000，"纳税调整金额"为 -6 000 000。

纳税人填报《A105000 纳税调整项目明细表》第 30 行项目"其他"账载金额为 6 000 000，税收金额为 2 000 000，"调增金额"为 4 000 000。

（3）投资收益。此调整是指纳税人会计处理确认投资收益金额与税收规定不一致，两者产生的差异。主要调整项目包括交易性金融资产、衍生工具、交易性金融负债、长期股权投资、短期投资、长期债券投资等。

纳税人对投资收益产生的差异，应先填报《A105000 纳税调整项目明细表》的附表《A105030 投资收益纳税调整明细表》，由附表数据生成主表数据。

（4）按权益法核算长期股权投资对初始投资成本调整确认收益。此调整是指纳税人对长期股权投资采用权益法核算时，对初始投资成本小于取得投资时应享有被投资单位可辨认净资产公允价值份额的差额计入取得投资当期营业外收入，而税收规定按照实际投资成本确认投资成本，两者产生的差异应作纳税调减处理。

（5）交易性金融资产初始投资。此调整是指纳税人根据税收规定确认交易性金融资产初始投资金额与会计核算的交易性金融资产初始投资账面价值，两者之间的差异。其差异产生的原因为：交易性金融资产购入时会发生交易费用，在会计处理上确认为投资收益，而税收规定应确认为投资成本，该差异应作纳税调整处理。

（6）公允价值变动净损益。此调整是指纳税人会计核算的以公允价值计量的金融资产、金融负债以及投资性房地产类项目，在会计处理上其公允价值变动计入了当期损益，而根据税收规定，金融资产在实际转让时，就其转让取得的价款扣除购入时的投资成本计入应纳税所得额，并不确认公允价值变动损益。以上两者产生的差异，应进行纳税调整。

【学中做 6-13】甲公司 2022 年 11 月 1 日购入交易性金融资产，并于 12 月进行了处置。分析交易性金融资产取得、持有收益和处置收益的税收金额，并做出纳税调整。

解析：查询甲公司对该业务账务处理如下：

借：交易性金融资产——成本 　　　　　　　　　　　　　1 000 000
　　投资收益 　　　　　　　　　　　　　　　　　　　　　 20 000
　　贷：其他货币资金 　　　　　　　　　　　　　　　　　　 1 020 000

借：交易性金融资产——公允价值变动 　　　　　　　　　　 100 000
　　贷：公允价值变动损益 　　　　　　　　　　　　　　　　 100 000

借：其他货币资金 　　　　　　　　　　　　　　　　　　　1 250 000
　　贷：交易性金融资产——成本 　　　　　　　　　　　　　 1 000 000
　　　　交易性金融资产——公允价值变动 　　　　　　　　　 100 000
　　　　投资收益 　　　　　　　　　　　　　　　　　　　 150 000

借：投资收益 　　　　　　　　　　　　　　　　　　　　　 10 000
　　贷：应交税费——转让金融商品应交增值税 　　　　　　 10 000

交易性金融资产购入时：会计处理时，对交易费用确认投资损失2万元，税收规定支付的2万元应作为交易性金融资产的投资成本，即投资成本为102万元。所以需要对"交易性金融资产初始投资调整"项目进行调整，因会计处理确认了投资损失使利润总额减少，所以应纳税调增2万元。

交易性金融资产持有期间：会计处理对其进行公允价值计量，确认公允价值变动产生收益10万元，税收规定公允价值变动不计入应纳税所得，所以需要对"公允价值净损益"项目调整，因会计确认的为收益，使利润总额增加，所以应纳税调减10万元。

交易性金融资产处置时：会计处理确认投资收益为14万元，税收规定应确认的收益为22万元（125-102-1），所以需要对"投资收益"项目进行调整，因税收规定确认的收益大于会计处理确认收益8万元，所以应纳税调增8万元。

纳税人对购入交易性金融资产会计和税收差异，填报《A105000纳税调整项目明细表》第6行"交易性金融资产初始投资调整""调增金额"为20 000。对持有期间会计和税收差异，填报在《A105000纳税调整项目明细表》第7行"公允价值变动净损益""调减金额"为100 000。对处置时会计和税收差异，填报《A105030投资收益纳税调整明细表》，在"交易性金融资产""处置收益"栏次中"会计确认的处置所得或损失"填写140 000，"税收计算的处置所得"填写220 000，"调整金额"为80 000。

（7）不征税收入。此调整是纳税人在会计处理上计入收入总额，但属于税收规定的不征税收入，两者产生的差异。纳税人应对根据税收规定作为不征税收入处理，但会计处理已计入当期损益的金额，作纳税调减处理。当纳税人以前年度取得财政性资金且已作为不征税收入处理，在5年（60个月）内未发生支出且未缴回财政部门或其他拨付资金的政府部门，应计入应税收入额的金额，应作纳税调整处理。

（8）销售折扣、折让和退回。调整金额为不符合税收规定的销售折扣、折让应进行纳税调整的金额和发生的销售退回的会计处理与税收规定有差异，就其差异需进行纳税调整。

2. 扣除类调整项目

1）视同销售成本

此调整内容为收入类调整中"视同销售收入"所对应的成本差异，即对于视同销售业务活动收入产生的差异应在"视同销售收入"进行调整，而对应的成本差异，在此项目调整。

纳税人对视同销售收入对应的成本调整，应先填报《A105000纳税调整项目明细表》的附表《A105010视同销售和房地产开发企业特定业务纳税调整明细表》，由附表数据生成主表数据。

2）职工薪酬

职工薪酬包括：工资薪金支出、职工福利费支出、职工教育经费支出、工会经费支出、各类基本社会保障性缴款、住房公积金、补充养老保险、补充医疗保险等。

纳税人对职工薪酬，应先填报《A105000纳税调整项目明细表》的附表《A105050职工薪酬支出及纳税调整明细表》，主要填列项目为：账载金额、实际发生额和税收金额，其中账载金额是指纳税人会计核算计入成本费用的金额，实际发生额是指纳税人"应付职工薪酬"会计科目借方发生额,税收金额是指纳税人依据税收规定允许税前扣除的金额,用账载金额减去税收金额为纳税调整金额。最后由附表数据生成主表《A105000 纳税调整项目明细表》第 14 行"职工薪酬"数据。

(1)工资、薪金支出。工资、薪金支出是指企业每一纳税年度支付给在本企业任职或者受雇员工的所有现金形式或者非现金形式的劳动报酬,包括基本工资、奖金、津贴、补贴、年终加薪、加班工资,以及与员工任职或者受雇有关的其他支出。根据税收相关规定,企业发生的合理的工资薪金支出,准予扣除。

知新:什么是合理的工资薪金支出?

(2)职工福利费支出。企业发生的职工福利费支出,不超过工资薪金总额 14%的部分准予扣除。超过的部分,不得扣除。即职工福利费支出的税收金额为"工资薪金支出\税收金额"×税收规定扣除率、账载金额、实际发生额三者孰小值。

(3)职工教育经费支出。企业发生的职工教育经费支出,不超过工资薪金总额 8%的部分准予扣除,超过部分,准予在以后纳税年度结转扣除。则职工教育经费的税收金额为"工资薪金支出\税收金额"×税收规定扣除率与实际发生额和以前年度累计结转扣除额之和两者孰小值。

企业职工培训费属于教育经费的范畴,集成电路设计企业和符合条件的软件企业,应当单独核算,能够单独核算的可以按实际发生额全额扣除,对于不能准确划分的,以及准确划分后职工教育经费中扣除职工培训费用的余额,一律按照职工教育经费的规定比例扣除。

知新:职工教育经费是指什么?

(4)工会经费支出。企业拨缴的工会经费,不超过工资薪金总额 2%的部分准予扣除。拨付工会组织的,凭工会组织开具的《工会经费收入专用收据》,税务机关代收的,凭合法、有效的工会经费代收凭证在税前扣除。

【学中做 6-14】甲公司为居民企业,其经营范围为生产销售办公用品,2022 年经税务会计查询账簿"应付职工薪酬"和相关成本费用账户,其账载金额等于实际发生额,全年公司计入成本、费用中员工合理的工资总额为 600 万元,当年实际发生的职工福利费 90 万元、职工教育经费 30 万元、工会经费 12 万元(取得工会经费收入专用凭据)。职工教育经费不存在以前年度累计结转扣除额。计算职工工资、职工福利费、职工教育经费、职工工会经费税收金额,并进行纳税调整。

解析:实际发生的职工工资总额 600 万元,属于合理的工资薪金支出,准予据实扣除,则税收金额为 600 万元,不需要作纳税调整。

职工福利费扣除限额为 84 万元(600×14%),实际发生额为 90 万元,则税收金额为 84 万元,实际超过的 6 万元不得税前扣除,应作纳税调增处理。

职工教育经费的扣除限额为 48 万元(600×8%),实际发生额为 30 万元,税收金额为 30 万元,不需要作纳税调整。

工会经费的扣除限额为 12 万元(600×2%),实际发生额为 12 万元,则税收金额为 12 万元,不需要作纳税调整。

纳税人填报《A105050 职工薪酬支出及纳税调整明细表》第 1 行次"一、工资薪金支出""账载金额"为 6 000 000,"实际发生额"为 6 000 000,"税收金额"为 6 000 000,"纳税调整金额"为 0;第 3 行次"二、职工福利费支出""账载金额"为 900 000,"实际发生额"为

900 000，"税收金额"为 840 000，"纳税调整金额"为 60 000；第 5 行次"三、职工教育经费支出其中按税收规定比例扣除的职工教育经费""账载金额"为 300 000，"实际发生额"为 300 000，"税收金额"为 300 000，"纳税调整金额"为 0；第 7 行次"四、工会经费支出""账载金额"为 120 000，"实际发生额"为 120 000，"税收金额"为 120 000，"纳税调整金额"为 0。

（5）基本社会保障性缴费和住房公积金。企业依照国务院有关主管部门或者省级人民政府规定的范围和标准为职工缴纳的"五险一金"，即基本养老保险费、基本医疗保险费、失业保险费、工伤保险费、生育保险费等基本社会保险费和住房公积金，准予扣除。

（6）补充养老、补充医疗及其他。企业为在本企业任职或受雇的全体员工缴纳的补充养老保险费、补充医疗保险费，分别在不超过职工工资总额 5% 的标准内的部分，可以在税前准予扣除，超过部分，不得扣除。除企业依照国家有关规定为特殊工种职工支付的人身安全保险费和国务院财政、税务主管部门规定可以扣除的其他商业保险费外，企业为投资者或职工支付的商业保险费，不得扣除。企业职工因公出差乘坐交通工具发生的人身意外保险费支出，准予企业在计算应纳税所得额时扣除。

3）业务招待费支出

企业发生的与生产经营活动有关的业务招待费支出，按照发生额的 60% 扣除，但最高不得超过当年销售（营业）收入的 5‰。则税收金额为以上两个标准中孰小值。

业务招待费限额计算基数的收入范围，是当年销售（营业）收入，销售（营业）收入包括销售货物收入、让渡资产使用权（收取资产租金或使用费）收入、提供劳务收入等主营业务收入，还包括其他业务收入、视同销售收入等。但不包括营业外收入、转让固定资产或无形资产所有权收入、投资收益（从事股权投资业务的企业除外）。

企业在筹建期间，发生的与筹办活动有关的业务招待费支出，可按实际发生额的 60% 计入企业筹办费，并按有关规定在税前扣除。

【学中做 6-15】 甲公司税务会计，经查询 2022 年相关账簿获得以下信息：公司全年发生业务招待费 80 万元，全年发生主营业务收入 2 000 万元，其他业务收入 1 000 万元，营业外收入 10 万元，资产处置收益 100 万元，购买债券取得投资收益 10 万元，公司存在视同销售业务，即将自产产品进行对外捐赠，该批产品的市场售价为 10 万元。计算甲公司 2022 年度业务招待费税收金额，并进行纳税调整。

解析：计算确定可在税前列支的业务招待费的扣除基数 = 2 000 + 1 000 + 10 = 3 010（万元），

第一标准为发生额的 60%：80×60% = 48（万元）

第二标准为营业收入的 5‰：3 010×5‰ = 15.05（万元）

则业务招待费的税收金额为以上两者的孰小值，即 15.05 万元，本年发生额为 80 万元，其差额 64.95 万元，应作纳税调增处理。

纳税人填报《A105000 纳税调整项目明细表》第 15 行次"（三）业务招待费支出""账载金额"为 800 000，"税收金额"为 150 500，"调增金额"为 649 500。

4）广告费和业务宣传费

企业发生的符合条件的广告费和业务宣传费支出，除国务院财政、税务主管部门另有规定外，不超过当年销售（营业）收入 15% 的部分，准予扣除；超过部分，准予结转以后纳税年度扣除。

2011年1月1日起至2025年12月31日,对化妆品制造或销售、医药制造和饮料制造(不含酒类制造)企业发生的广告费和业务宣传费支出,不超过当年销售(营业)收入30%的部分,准予扣除;超过部分,准予在以后纳税年度结转扣除。烟草企业的烟草广告费和业务宣传费支出,一律不得在计算应纳税所得额时扣除。

自2011年开始,企业在筹建期间发生的广告费和业务宣传费,可按实际发生额计入企业筹办费,并按有关规定在税前扣除。

纳税人对发生的广告费和业务宣传费,应先填报《A105000纳税调整项目明细表》的附表《A105060广告费和业务宣传费等跨年度纳税调整明细表》,由附表数据生成主表《A105000纳税调整项目明细表》第16行"(四)广告费和业务宣传费支出"数据。当本年符合条件计入损益的广告费和业务宣传费大于本企业计算的广告费和业务宣传费扣除限额时,应对其差额进行纳税调增;当本年符合条件计入损益的广告费和业务宣传费小于等于本企业计算的广告费和业务宣传费扣除限额时,如以前年度累计结转扣除额大于以上差额,则按照差额进行纳税调减处理,如以前年度累计结转扣除额小于以上差额,则按照以前年度累计结转扣除额进行纳税调减处理。

【学中做6-16】 甲公司经营范围为生产销售笔记本电脑,企业税务会计经查询2022年相关账簿获得以下信息:全年发生广告费500万元,业务宣传费10万元,全年发生主营业务收入2 000万元,其他业务收入1 000万元,营业外收入(捐赠收入)10万元,资产处置收益(出售固定资产)100万元,购买债券取得投资收益10万元;存在视同销售业务,即将自产产品进行对外捐赠,该批产品的市场售价为10万元。计算甲公司2022年可税前扣除的广告费、业务宣传费,并进行纳税调整。

解析:计算确定可在税前列支的广告费和业务宣传费的扣除基数 = 2 000 + 1 000 + 10 = 3 010(万元)

广告费和业务宣传费不超过当年营业收入的15%的部分准予扣除,可扣除广告费、业务宣传费限额为451.5万元(3 010 × 15%),而企业实际发生广告费和业务宣传费合计510万元,则企业2022年可税前扣除的广告费、业务宣传费金额为451.5万元。企业实际发生超过扣除标准的部分为58.5万元(510 − 451.5),应作纳税调增处理,其超过扣除限额的部分可以结转以后年度扣除。

纳税人填报《A105060广告费和业务宣传费等跨年度纳税调整明细表》,第1行次"一、本年支出"为5 100 000,不存在不允许扣除的广告费和业务宣传费支出,故第3行次"二、本年符合条件支出"为5 100 000,第4行次"本年计算扣除限额的基数"为30 100 000,第5行次"税收规定扣除率"为15%,第6行次"四、本企业计算的扣除限额"为4 515 000,第7行次"本年度结转以后年度扣除额"为585 000,第12行次"本年支出纳税调整金额"为585 000。

5) 捐赠支出

企业通过公益性社会组织或者县级(含县级)以上人民政府及其组成部门和直属机构,用于慈善活动、公益事业的捐赠支出,在年度利润总额12%以内的部分,准予税前扣除;超过年度利润总额12%的部分,准予结转以后3年内税前扣除。年度利润总额,是指企业依照国家统一会计制度的规定计算的大于零的数额。企业在对公益性捐赠支出计算扣除时,应先扣除以前年度结转的捐赠支出,再扣除当年发生的捐赠支出。自 2019 年 1 月 1 日至 2025 年 12 月 31 日,企业通过公益性社会组织或者县级(含)以上人民政府及其组成部门和直属机构,用于目标脱贫地区的扶贫捐赠支出,准予在计算企业所得税应纳税所得额时据实扣除。企业同时发生扶贫捐赠支出和其他公益性捐赠支出,在计算公益性捐赠支出年度扣除限额时,符合条件的扶贫捐赠支出不计算在内。自 2020 年 4 月 9 日起,对企业、社会组织和团体赞助、捐赠杭州亚运会的资金、物资、服务支出,在计算企业应纳税所得额时予以全额扣除。

纳税人对发生捐赠支出,应先填报《A105000 纳税调整项目明细表》的附表《A105070 捐赠支出及纳税调整明细表》,由附表数据生成主表《A105000 纳税调整项目明细表》第 17 行"(五)捐赠支出"数据。捐赠支出分为非公益性捐赠、限额扣除的公益性捐赠、全额扣除的公益性捐赠三部分。其中非公益性捐赠为不得扣除项目,应全额进行纳税调增处理;限额扣除的公益性捐赠,首先计算税收规定的扣除限额,当扣除限额大于前三年捐赠支出未扣除的部分,需要就前三年捐赠支出未扣除的部分进行纳税调减处理,然后扣除限额与前三年捐赠支出未扣除的部分的差额与会计核算捐赠金额进行比较,会计核算捐赠金额大的,对多出的部分进行纳税调增处理;当扣除限额小于前三年捐赠支出未扣除的部分,需要按扣除限额的金额进行纳税调减处理,剩余继续在三年期限内结转扣除,本年发生的全部限额捐赠支出都作纳税调增处理,结转以后年度扣除;全额扣除的公益性捐赠属于在税前可以全额扣除,不需要进行纳税调整处理。

【学中做 6-17】甲公司为居民企业,税务会计经查询 2022 年相关账簿和利润表获得以下信息:全年利润总额为 1 000 万元,通过省级人民政府向灾区捐赠款 100 万元,直接向某希望小学捐赠 10 万元。计算甲公司 2022 年对外捐赠的税收金额,并做出相应的纳税调整。

解析:甲公司当年可在税前列支的公益性捐赠限额为 120 万元(1 000×12%)。

通过省级人民政府机关对受灾地区的捐赠 100 万元低于限额 120 万元,所以可以全额在税前扣除,即限额扣除的公益性捐赠税收金额为 100 万元。

直接给受赠人的捐赠支出在计算应纳税所得额时不得扣除,即直接向希望小学的捐款税收金额为 0。

纳税人填报《A105070 捐赠支出及纳税调增明细表》,该表第 1 行次"一、非公益性捐赠""账载金额"为 100 000,"纳税调增金额"为 100 000。第 6 行次"本年 2022 账载金额"为 1 000 000,"税收金额"为 1 000 000,"纳税调整金额"为 0。

6) 利息费用

企业在生产、经营活动中发生的利息费用,按下列规定扣除:①非金融企业向金融企业借款的利息支出、金融企业的各项存款利息支出和同业拆借利息支出、企业经批准发行债券的利息支出可据实扣除。②非金融企业向非金融企业借款的利息支出,不超过按照金融企业同期同类贷款利率计算的数额的部分可据实扣除,超过部分不得扣除。

纳税人向金融机构的借款可以在税前全额扣除,不需要在《A105000 纳税调整项目明细表》填报反映;纳税人向非金融企业借款,税收金额为按照金融企业同期同类贷款利率计算的数额的部分。税收金额与账载金额进行比较,大于的部分,应作纳税调增处理;小于部分可作纳税调减处理。

【学中做6-18】 甲公司税务会计经查阅2022年相关账簿及原始单据获得以下信息:在"财务费用"账户中含有两笔利息支出,①1月初以年利率6%向某银行借入的期限为9个月短期借款,发生利息费用为45万元。②1月初向无关联的非金融企业借入期限为1年的借款,借款金额为500万元,发生的借款利息费用为40万元。计算甲公司2022年度利息支出的税收金额,并做出纳税调整。

解析:甲公司向银行的借款属于向金融机构借款,其发生的45万元的借款利息可以据实扣除。不需要在纳税调整项目表中填列。

向非金融企业借入款项的扣除限额为30万元(500×6%),而实际产生的借款利息为40万元,则税收金额为30万元,应在《A105000 纳税调整项目明细表》中作纳税调增处理。

纳税人填报《A105000 纳税调整项目明细表》第18行"(六)利息支出""账载金额"为400 000,"税收金额"为300 000,"调增金额"为100 000。

7) 罚金、罚款和被没收财物的损失

本项目不包括纳税人按照经济合同规定支付的违约金(包括银行罚息)、罚款和诉讼费。该项目根据税收相关规定属于不得扣除项目,无税收金额,企业账载金额应全额作纳税调增处理。

8) 税收滞纳金、加收利息

纳税人发生的计入当期损益的税收滞纳金、加收利息支出,属于不得扣除项目,企业账载金额应全额作纳税调增处理。

9) 赞助支出

对于纳税人发生计入当期损益的不符合税收规定的公益性捐赠的赞助支出金额,包括直接向受赠人的捐赠、赞助支出等,对支出的金额,属于税收不得扣除项目,应作纳税调增处理;对于广告性的赞助支出,应在"广告费和业务宣传费支出"项目调整。

10) 与未实现融资收益相关在当期确认的财务费用

纳税人会计核算的与未实现融资收益相关并在当期确认的财务费用金额大于按照税收规定允许税前扣除金额的,应作纳税调增处理。如果纳税人会计核算的与未实现融资收益相关并在当期确认的财务费用金额小于按照税收规定允许税前扣除金额的,应作纳税调减处理。

11) 佣金和手续费支出

企业发生的与生产经营有关的手续费及佣金支出,不超过以下规定计算限额以内的部分,准予扣除;超过部分,不得扣除。

保险企业:财产保险企业按当年全部保费收入扣除退保金等后余额的18%(含本数,下同)计算限额;超过部分,允许结转以后年度扣除。

其他企业:按与具有合法经营资格中介服务机构或个人(不含交易双方及其雇员、代理人和代表人等)所签订服务协议或合同确认的收入金额的5%计算限额。

纳税人会计核算计入当期损益的佣金和手续费金额,大于按照税收规定允许税前扣除的佣金和手续费支出金额的,应作纳税调增处理。

12)不征税收入用于支出所形成的费用

符合条件的不征税收入用于支出所形成的计入当期损益的费用化支出,不得在计算应纳税所得额时扣除,应作纳税调增处理。

13)跨期扣除项目

跨期扣除项目是指企业发生的维简费、安全生产费用、预提费用、预计负债等经济业务活动而产生的会计核算与税收规定之间的差异。纳税人会计核算计入当期损益的跨期扣除项目金额大于按照税收规定允许税前扣除金额的,应作纳税调增处理,相反,应作纳税调减处理。

14)其他

其他因会计处理与税收规定有差异需纳税调整的扣除类项目金额。企业将货物、资产、劳务用于捐赠、广告等用途时,进行视同销售纳税调整后,对应支出的会计处理与税收规定有差异需纳税调整的金额在本项目进行调整。

3．资产类调整项目

1)资产折旧、摊销

纳税人在会计年度计入当期损益的资产折旧和摊销金额,与税收规定允许税前扣除的资产折旧、摊销金额之间可能会产生差异,对于该差异应作纳税调整。纳税人应填报附表《A105080 资产折旧、摊销及纳税调整明细表》,该附表数据生成到主表《A105000 纳税调增项目明细表》相关行次。差异产生的主要原因是会计处理和税收规定对资产的入账价值、计提折旧或摊销的范围、方法和年限不一致。

(1)会计处理资产的入账价值和资产的计税基础产生的差异。企业以各种方式取得的固定资产,初始确认与计量时按照会计准则规定确定的入账价值基本上与税收规定相一致,即取得时其账面价值一般等于计税基础。但融资性外购固定资产的初始计量,会计与税收的处理仍有差异,其差异反映在《A105080 资产折旧、摊销及纳税调整明细表》表中"资产原值"和"资产计税基础"项目中。

(2)折旧范围产生的差异。根据税收相关规定,对于"房屋、建筑物以外未投入使用的固定资产"和"与经营活动无关的固定资产"不得计提折旧,如果企业进行会计处理时,计提了折旧计入了当期损益,则纳税人应当对计提的折旧金额作纳税调增处理;对该部分差异,待以后投入使用允许计提折旧时或者处置报废时,再相应作纳税调减处理。

(3)折旧方法、折旧年限产生的差异。纳税人根据会计相关制度的规定按照一定折旧方法和折旧年限计入当期损益的折旧额或摊销额,可能会与税收相关规定的最低折旧年限、折旧方法以及根据可享受的税收优惠政策计算的折旧额和摊销额不一致,两者产生的差异应作纳税调整。

企业的固定资产由于技术进步等,确需加速折旧的,可以缩短折旧年限或者采取加速折旧的方法。其包括:由于技术进步,产品更新换代较快的固定资产;常年处于强震动、高腐蚀状态的固定资产。

对所有行业企业 2014 年 1 月 1 日后新购进的专门用于研发的仪器、设备,单位价值超过 100 万元的,可缩短折旧年限或采取加速折旧的方法。

企业外购的软件,凡符合固定资产或无形资产确认条件的,可以按照固定资产或无形资产进行核算,其折旧或摊销年限可以适当缩短,最短可为 2 年(含)。

集成电路生产企业的生产设备,其折旧年限可以适当缩短,最短可为 3 年(含)。

自 2020 年 1 月 1 日起至 2024 年 12 月 31 日,对在海南自由贸易港设立的企业,新购置(含自建、自行开发)固定资产或无形资产,单位价值超过 500 万元的,可以缩短折旧、摊销年限或采取加速折旧、摊销的方法。

企业缩短折旧年限的,最低折旧年限不得低于企业所得税法实施条例第六十条规定折旧年限的 60%;采取加速折旧方法的,可采取双倍余额递减法或者年数总和法。

对所有行业企业 2014 年 1 月 1 日后新购进的专门用于研发的仪器、设备,单位价值不超过 100 万元的,允许一次性计入当期成本费用,在计算应纳税所得额时扣除,不再分年度计算折旧。

对所有行业企业持有的单位价值不超过 5 000 元的固定资产,允许一次性计入当期成本费用在计算应纳税所得额时扣除,不再分年度计算折旧。

企业在 2018 年 1 月 1 日至 2023 年 12 月 31 日期间新购进的设备、器具(除房屋、建筑物以外),单位价值不超过 500 万元的,允许一次性计入当期成本费用在计算应纳税所得额时扣除,不再分年度计算折旧。

2020 年 1 月 1 日至 2024 年 12 月 31 日,对在海南自由贸易港设立的企业,新购置(含自建、自行开发)固定资产或无形资产,单位价值不超过 500 万元(含)的,允许一次性计入当期成本费用在计算应纳税所得额时扣除,不再分年度计算折旧和摊销;新购置(含自建、自行开发)固定资产或无形资产,单位价值超过 500 万元的,可以缩短折旧、摊销年限或采取加速折旧、摊销的方法。以上所称固定资产,是指除房屋、建筑物以外的固定资产。

【学中做 6-19】甲公司为居民企业,于 2021 年 12 月购买并投入使用一辆原值为 80 万元的运输货车,会计处理按 4 年折旧,净残值为 0。公司 2022 年对该项固定资产计提折旧 20 万元。公司按照税收规定,对该项固定资产选择一次性扣除。计算甲公司 2022 年该项资产的税收折旧额,并作出纳税调整。

解析:本年折旧摊销额的账载金额为 20 万元,税收折旧额为 80 万元,应作纳税调减 60 万元,根据税收规定,飞机、火车、轮船以外的运输工具,最低折旧年限为 4 年;则享受加速折旧政策的资产按税收一般规定计算的折旧摊销额为 20 万元。

纳税人需填报《A105080 资产折旧、摊销及纳税调整明细表》第 5 行次和第 11.2 行次,"资产原值"为 800 000,"本年折旧、摊销额"为 200 000,"累计折旧、摊销额"为 200 000,"资产计税基础"为 800 000,"税收折旧、摊销额"为 800 000,"纳税调整金额"为 -600 000。

2) 资产减值准备金

根据税收相关规定,不符合国务院财政、税务主管部门规定的各项资产减值准备、风险准备等准备金支出,不得在税前扣除。如坏账准备、存货跌价准备、固定资产减值准备、理赔费用准备金等,纳税人在会计处理时,计提各项准备并计入当期损益的金额,应进行纳税调整。

3) 资产损失

纳税人当期因资产盘亏、报废、损毁或被盗等原因,导致资产发生损失的,纳税人应对账载金额与根据税收规定允许税前扣除的资产损失金额进行比较，如两者之间有差异，需作纳税调整。这里的资产包括现金、银行存款、应收及预付款项、存货、固定资产、无形资产、在建工程、生产性生物资产。当资产损失的账载金额大于资产损失的税收金额时，应作纳税调增处理，相反，应作纳税调减处理。

该项目的调整，纳税人应填报附表《A105090 资产损失税前扣除及纳税调整明细表》，由附表数据生成到主表《A105000 纳税调整明细表》相应行次。

4. 免税收入、减计收入与加计扣除

纳税人享受免税收入、减计收入与加计扣除等税收优惠政策，应填报《A107010 免税收入、减计收入与加计扣除优惠明细表》。

1）免税收入

（1）国债利息收入免征企业所得税。国债利息收入，是指企业持有国务院财政部门发行的国债取得的利息收入。

（2）符合条件的居民企业之间的股息、红利等权益性投资收益免征企业所得税。具体包括：一般股息红利等权益性投资收益、内地居民企业通过沪港通投资且连续持有 H股满 12 个月取得的股息红利所得、内地居民企业通过深港通投资且连续持有 H 股满 12 个月取得的股息红利所得、居民企业持有创新企业 CDR 取得的股息红利所得、符合条件的永续债利息收入。其中，一般股息红利等权益性投资收益是指居民企业直接投资于其他居民企业取得的投资收益，不包括连续持有居民企业公开发行并上市流通的股票不足 12 个月取得的投资收益。

纳税人对于符合条件的居民企业之间的股息、红利等权益性投资收益应填报《A107011 符合条件的居民企业之间的股息、红利等权益性投资收益优惠表》享受以上税收优惠政策。

（3）符合条件的非营利组织的收入免征企业所得税。根据《财政部 国家税务总局关于非营利组织企业所得税免税收入问题的通知》（财税〔2009〕122 号）、《财政部 税务总局关于非营利组织免税资格认定管理有关问题的通知》（财税〔2018〕13 号）等相关税收政策规定，认定的符合条件的非营利组织，取得的捐赠收入等免税收入，但不包括从事营利性活动所取得的收入。

（4）中国清洁发展机制基金取得的收入免征企业所得税。根据《财政部 国家税务总局关于中国清洁发展机制基金及清洁发展机制项目实施企业有关企业所得税政策问题的通知》（财税〔2009〕30 号）等相关税收政策规定，中国清洁发展机制基金取得的 CDM 项目温室气体减排量转让收入上缴国家的部分，国际金融组织赠款收入，基金资金的存款利息收入，购买国债的利息收入，国内外机构、组织和个人的捐赠收入。

（5）投资者从证券投资基金分配中取得的收入免征企业所得税。

（6）取得的地方政府债券利息收入免征企业所得税。

（7）中国保险保障基金有限责任公司取得的保险保障基金等收入免征企业所得税。

（8）中国奥委会取得北京冬奥组委支付的收入免征企业所得税。

（9）中国残奥委会取得北京冬奥组委分期支付的收入免征企业所得税。

（10）取得的基础研究资金收入免征企业所得税。非营利性研究开发机构、高等学校根据《财政部 税务总局关于企业投入基础研究有关税收优惠政策的公告》（2022 年第 32

号)等相关税收政策规定取得的基础研究资金收入。

2)减计收入

(1)综合利用资源生产产品取得的收入在计算应纳税所得额时减计收入。纳税人以《资源综合利用企业所得税优惠目录》规定的资源作为主要原材料,生产国家非限制和禁止并符合国家和行业相关标准的产品取得的收入,减按90%计入收入总额。

(2)金融、保险等机构取得的涉农利息、保费减计收入。具体包括:自2017年1月1日至2023年12月31日,对金融机构农户小额贷款的利息收入在计算应纳税所得额时,按90%计入收入总额。自2017年1月1日至2023年12月31日,对保险公司为种植业、养殖业提供保险业务取得的保费收入,在计算应纳税所得额时,按90%计入收入总额。自2017年1月1日至2023年12月31日,对经省级金融管理部门(金融办、局等)批准成立的小额贷款公司取得的农户小额贷款利息收入,在计算应纳税所得额时,按90%计入收入总额。

(3)取得铁路债券利息收入减半征收企业所得税。对企业投资者持有2019—2023年发行的铁路债券取得的利息收入,减半征收企业所得税。铁路债券是指以中国铁路总公司为发行和偿还主体的债券,包括中国铁路建设债券、中期票据、短期融资券等债务融资工具。

(4)取得的社区家庭服务收入减计收入。自2019年6月1日至2025年12月31日,提供社区养老、托育、家政服务取得的收入,在计算应纳税所得额时,减按90%计入收入总额。

3)加计扣除

(1)开发新技术、新产品、新工艺发生的研究开发费用加计扣除。企业开展研发活动中实际发生的研发费用,未形成无形资产计入当期损益的,在按规定据实扣除的基础上,再按照本年度实际发生额的50%从本年度应纳税所得额中扣除;形成无形资产的,按照无形资产成本的150%在税前摊销。在2018年1月1日至2023年12月31日期间,再按照实际发生额的75%在税前加计扣除;形成无形资产的,在上述期间按照无形资产成本的175%在税前摊销。

现行适用研发费用税前加计扣除比例75%的企业,在2022年10月1日至2022年12月31日期间,税前加计扣除比例提高至100%。

制造业企业开展研发活动中实际发生的研发费用,未形成无形资产计入当期损益的,在按规定据实扣除的基础上,自2021年1月1日起,再按照实际发生额的100%在税前加计扣除;形成无形资产的,自2021年1月1日起,按照无形资产成本的200%在税前摊销。

科技型中小企业开展研发活动中实际发生的研发费用,未形成无形资产计入当期损益的,在按规定据实扣除的基础上,自2022年1月1日起,再按照实际发生额的100%在税前加计扣除;形成无形资产的,自2022年1月1日起,按照无形资产成本的200%在税前摊销。

纳税人享受以上加计扣除税收优惠政策的,应填报《A107012研发费用加计扣除优惠明细表》。

企业为获得创新性、创意性、突破性的产品进行创意设计活动而发生的相关费用按照

知新:养老托育服务机构有困难,税费优惠政策来帮您

规定进行税前加计扣除。创意设计活动是指多媒体软件、动漫游戏软件开发,数字动漫、游戏设计制作;房屋建筑工程设计(绿色建筑评价标准为三星)、风景园林工程专项设计;工业设计、多媒体设计、动漫及衍生产品设计、模型设计等。

以下行业不适用税前加计扣除优惠政策:烟草制造业、住宿和餐饮业、批发和零售业、房地产业、租赁和商务服务业、娱乐业、财政部和国家税务总局规定的其他行业。

(2)安置残疾人员所支付的工资加计扣除。企业安置残疾人员的,在按照支付给残疾人职工工资据实扣除的基础上,按照支付给残疾职工工资的100%加计扣除。

(3)企业投入基础研究支出加计扣除。对企业出资给非营利性科学技术研究开发机构、高等学校和政府性自然科学基金用于基础研究的支出,在计算应纳税所得额时可按实际发生额在税前扣除,并可按100%在税前加计扣除。

(4)高新技术企业设备器具加计扣除。《财政部 税务总局 科技部关于加大支持科技创新税前扣除力度的公告》(2022年第28号),高新技术企业在2022年10月1日至2022年12月31日期间新购置的设备、器具,允许当年一次性全额在计算应纳税所得额时扣除,并允许在税前实行100%加计扣除。

5.所得减免

纳税人从事项目所得可以享受所得减免优惠政策的,应填报《A107020 所得减免优惠明细表》,数据生成到主表《A100000 中华人民共和国企业所得税年度纳税申报表(A类)》相关行次。

知新:高新技术企业2022年第四季度税收优惠政策

1)农、林、牧、渔业项目

企业(包括"公司+农户"经营模式的企业)从事农、林、牧、渔业项目的所得,包括免征和减征两部分。

免征企业所得税的项目有:①蔬菜、谷物、薯类、油料、豆类、棉花、麻类、糖料、水果、坚果的种植;②农作物新品种的选育;③中药材的种植;④林木的培育和种植;⑤牲畜、家禽的饲养等;⑥林产品的采集;⑦灌溉、农产品初加工、兽医、农技推广、农机作业和维修等农、林、牧、渔服务业项目;⑧远洋捕捞。

减半征收企业所得税的项目有:①花卉、茶以及其他饮料作物和香料作物的种植;②海水养殖、内陆养殖等。

2)国家重点扶持的公共基础设施项目

国家重点扶持的公共基础设施项目,是指《公共基础设施项目企业所得税优惠目录》规定的港口码头、机场、铁路、公路、城市公共交通、电力、水利等项目。

企业从事国家重点扶持的公共基础设施项目的投资经营的所得,自项目取得第一笔生产经营收入所属纳税年度起,第一年至第三年免征企业所得税,第四年至第六年减半征收企业所得税。

企业承包经营、承包建设和内部自建自用上述规定的项目,不得享受上述企业所得税优惠。

3)从事符合条件的环境保护、节能节水项目的所得

符合条件的环境保护、节能节水项目,包括公共污水处理、公共垃圾处理、沼气综合开发利用、节能减排技术改造、海水淡化等。

企业从事符合条件的环境保护、节能节水项目的所得,自项目取得第一笔生产经营收入

所属纳税年度起,第一年至第三年免征企业所得税,第四年至第六年减半征收企业所得税。

4) 符合条件的技术转让所得

符合条件的技术转让所得免征、减征企业所得税,是指一个纳税年度内,居民企业转让技术所有权所得不超过 500 万元的部分,免征企业所得税;超过 500 万元的部分,减半征收企业所得税。

【学中做 6-20】 甲公司为居民企业,于 2022 年取得符合条件的技术转让收入 700 万元,与之相关的成本为 90 万元,相关税费 10 万元。计算甲公司该项技术转让所得可减免的所得额,并做出纳税调整。

解析:符合条件的技术转让所得为 600 万元(700 - 90 - 10),其中 500 万元为免税所得,超过 500 万元的部分为 100 万元,减半征收所得税。即减免所得额为 550 万元(500 + 100×50%)。

纳税人填报《A107020 所得减免优惠明细表》"项目收入"为 7 000 000,"项目成本"为 900 000,"相关税费"为 100 000,"项目所得额"之"免税项目"为 5 000 000,"项目所得额"之"减半项目"为 1 000 000,"减免所得额"为 5 500 000。

5) 清洁发展机制项目

清洁发展机制项目(以下简称"CDM 项目")实施企业将温室气体减排量转让收入的 65% 上缴给国家的 HFC 和 PFC 类 CDM 项目,以及将温室气体减排量转让收入的 30% 上缴给国家的 N2O 类 CDM 项目,其实施该类 CDM 项目的所得,自项目取得第一笔减排量转让收入所属纳税年度起,第一年至第三年免征企业所得税,第四年至第六年减半征收企业所得税。

6) 符合条件的节能服务公司实施合同能源管理项目

对符合条件的节能服务公司实施合同能源管理项目,符合企业所得税税法有关规定的,自项目取得第一笔生产经营收入所属纳税年度起,第一年至第三年免征企业所得税,第四年至第六年按照 25% 的法定税率减半征收企业所得税。

7) 集成电路生产项目所得

国家鼓励的集成电路线宽小于 28 纳米(含),且经营期在 15 年以上的集成电路生产企业或项目,第一年至第十年免征企业所得税。国家鼓励的集成电路线宽小于 65 纳米(含),且经营期在 15 年以上的集成电路生产企业或项目,第一年至第五年免征企业所得税,第六年至第十年按照 25% 的法定税率减半征收企业所得税。国家鼓励的集成电路线宽小于 130 纳米(含),且经营期在 10 年以上的集成电路生产企业或项目,第一年至第二年免征企业所得税,第三年至第五年按照 25% 的法定税率减半征收企业所得税。

6. 弥补以前年度亏损

纳税人发生弥补亏损、亏损结转等事项应填报附表《A106000 企业所得税弥补亏损明细表》,纳税人弥补以前年度亏损时,应按照"先到期亏损先弥补、同时到期亏损先发生的先弥补"的原则处理。附表数据生成到主表《A100000 中华人民共和国企业所得税年度纳税申报表(A 类)》相关行次。

7. 抵扣应纳税所得额

纳税人享受创业投资企业抵扣应纳税所得额优惠,应填报附表《A107030 抵扣应纳税所得额明细表》,附表数据生成到主表《A100000 中华人民共和国企业所得税年度纳税申报表(A 类)》相关行次。

公司制创业投资企业(以下简称创投企业)采取股权投资方式直接投资于未上市中小高新技术企业、种子期、初创期科技型企业(以下简称初创科技型企业)满 2 年(24 个月,下同)的,可以按照投资额的 70% 在股权持有满 2 年的当年抵扣该创投企业的应纳税所得额;当年不足抵扣的,可以在以后纳税年度结转抵扣。

有限合伙制创业投资企业(以下简称合伙创投企业)采取股权投资方式直接投资于未上市中小高新技术企业、初创科技型企业满 2 年的,该合伙创投企业的法人合伙人可以按照对中小高新技术企业、初创科技型企业投资额的 70% 抵扣法人合伙人从合伙创投企业分得的所得;当年不足抵扣的,可以在以后纳税年度结转抵扣。

二、实行查账征收的居民企业纳税人应纳税额的计算

企业的应纳税所得额乘以适用税率为应纳所得税额,再减去按税法规定的减免税额和抵免税额后的余额为应纳税额,其计算公式如下:

$$应纳税额 = 应纳税所得额 \times 25\% - 减免所得税额 - 抵免所得税额$$

(一) 减免所得税额

纳税人享受减免所得税额优惠,应填报《A107040 减免所得税优惠表》及其附表《A107041 高新技术企业优惠情况及明细表》《A107042 软件、集成电路企业优惠情况及明细表》。

知新:企业所得税"应纳税所得额"与"应纳税额"的区别

(1) 符合条件的小型微利企业减免所得税。

2021 年 1 月 1 日至 2022 年 12 月 31 日,对小型微利企业年应纳税所得额不超过 100 万元的部分,减按 12.5% 计入应纳税所得额,按 20% 的税率缴纳企业所得税。

2022 年 1 月 1 日至 2024 年 12 月 31 日,对小型微利企业年应纳税所得额超过 100 万元但不超过 300 万元的部分,减按 25% 计入应纳税所得额,按 20% 的税率缴纳企业所得税。

符合规定条件的小型微利企业,无论按查账征收方式还是核定征收方式缴纳企业所得税,均可享受上述优惠政策。

(2) 国家需要重点扶持的高新技术企业减按 15% 的税率征收企业所得税。

知新:小型微利企业所得税优惠政策及界定

企业获得高新技术企业资格后,自高新技术企业证书注明的发证时间所在年度起申报享受税收优惠,减按 15% 的税率征收企业所得税。企业享受减免优惠需填报《A107041 高新技术企业优惠情况及明细表》,数据生成到主表《A107040 减免所得税优惠表》相关行次。

(3) 经济特区和上海浦东新区新设立的高新技术企业在区内取得的所得定期减免企业所得税。

知新:高新技术企业享受条件

在 2008 年 1 月 1 日(含)之后完成登记注册的国家需要重点扶持的高新技术企业,在经济特区和上海浦东新区内取得的所得,自取得第一笔生产经营收入所属纳税年度起,第一年至第二年免征企业所得税,第三年至第五年按照 25% 的法定税率减半征收企业所得税。

（4）符合条件的集成电路生产企业享受减免企业所得税或者减按 15% 税率征收企业所得税。

（5）符合条件的技术先进型服务企业减按 15% 税率征收企业所得税。

（6）设在西部地区、广东横琴、福建平潭、深圳前海、广东南沙等地区的鼓励类产业企业减按 15% 的税率征收企业所得税。

（7）新疆困难地区新办企业、新疆喀什、霍尔果斯特殊经济开发区新办企业定期减免企业所得税。

（8）从事污染防治的第三方企业、上海自贸试验区临港新片区的重点产业企业、海南自由贸易港鼓励类企业减按 15% 的税率征收企业所得税。

（二）抵免所得税额

纳税人享受税额抵免优惠的应填报《A107050 税额抵免优惠明细表》。

企业购置并实际使用《环境保护专用设备企业所得税优惠目录》《节能节水专用设备企业所得税优惠目录》和《安全生产专用设备企业所得税优惠目录》规定的环境保护、节能节水、安全生产等专用设备的，该专用设备的投资额的 10% 可以从企业当年的应纳税额中抵免；当年不足抵免的，可以在以后 5 个纳税年度结转抵免。

做中学 6-3

知新：境外所得抵扣税额的计算

三、实行查账征收的居民企业纳税人月（季）度预缴企业所得税税额的计算

企业预缴企业所得税，应当按照月度或者季度的实际利润额预缴，其计算公式如下：

$$实际利润额 = 利润总额 + 特定业务计算的应纳税所得额 - 不征税收入 -$$
$$资产加速折旧、摊销（扣除）调减额 - 免税收入、减计收入、加计扣除 -$$
$$所得减免 - 弥补以前年度亏损$$

$$本期应补（退）所得税额 = 实际利润额 \times 25\% - 减免所得税额 - 本年实际已缴纳所得税额$$

纳税人按照月度或者季度的实际利润额预缴有困难的，可以按照上一纳税年度应纳税所得额的月度或者季度平均额预缴，或者按照经税务机关认可的其他方式预缴。

知新：《中华人民共和国企业所得税月（季）度预缴纳税申报表（A类）》及填表说明

✎ 任务实施

根据相关账簿和原始单据，以年度申报表和月（季）预缴申报表填报项目为思路，完成以下任务：

（1）请在表 6-9 中计算逸香酒业 2022 年第 4 季度预缴企业所得税税额。

表 6-9　2022 年第 4 季度预缴企业所得税税额

项目	计算过程
实际利润额	
第 4 季度应补（退）税额	

（2）请判断逸香酒业是否存在调整项目，若存在请填写调整金额，如表 6-10 所示。

表 6-10　2022 年纳税调整项目明细表

调整项目	调整具体内容	账载金额	税收金额（列出计算过程）	调增金额	调减金额
入类调整					
扣除类调整项目					
资产类调整项目					
免税项目					
减计收入					
加计扣除					
所得减免项目					
弥补以前年度亏损					

（3）请在表 6-11 中计算逸香酒业 2022 年度应纳税所得额和应纳税额。

表 6-11　2022 年应纳税额计算表

项目	计算过程
应纳税所得额	
应纳税额	

税收热点畅谈

　　2018 年 4 月，习近平总书记郑重宣布，党中央决定支持海南全岛建设自由贸易试验区，支持海南逐步探索、稳步推进中国特色自由贸易港建设。为支持海南自由贸易港建设，2020 年 6 月 23 日，财政部 国家税务总局发布《财政部 税务总局关于海南自由贸易港企业所得税优惠政策的通知》，对注册在海南自由贸易港并实质性运营的鼓励类产业企业，减按 15% 的税率征收企业所得税；对在海南自由贸易港设

新闻：海南
自由贸易港
企业所得税
优惠政策

立的旅游业、现代服务业、高新技术产业企业新增境外直接投资取得的所得,免征企业所得税。请你观看相关新闻后谈谈国家建设海南自由贸易港的重要意义。

 **任务总结**

在完成上述任务后,请你分享学到的知识或技能。

 **任务评价**

表6-12　任务评价表　　　　　　　　　　　　　　　单位:分

项目	评价内容	分值	自评	组评	师评	其他
素养 (20)	到岗出勤	2				
	学习、工作用品准备	2				
	探究问题、积极发言	2				
	按时完成任务	2				
	团队协作	2				
素养 (20)	分析问题、解决问题的能力	2				
	关注财税政策	2				
	创新创业的意识	3				
	保护环境、节能节水的意识	3				
知识 (30)	税收收入确认的原则	5				
	准予税前扣除成本及费用的范围及标准	15				
	不得扣除项目	5				
	企业所得税税收优惠	5				
能力 (50)	判断在收入上的税会差异,做出纳税调整	5				
	判断在扣除类项目中的税会差异,做出纳税调整	15				
	判断在资产类项目中的税会差异,做出纳税调整	10				
	判断是否可以享受税收优惠政策	10				
	正确计算企业所得税预缴及年度汇算清缴应纳税额	10				
小计						
总计(评分细则及各主体评分占比,由教师根据教学实际确定)						

任务拓展

任务三　　**申报企业所得税**

任务情境

2023 年 1 月 15 日，王芳登录厦门市电子税务局，完成 2022 年第 4 季度企业所得税预缴申报工作。2023 年 5 月 1 日，企业所得税的汇算清缴工作进入尾声，王芳通过前面对企业所得税资料的准备工作，开始登录电子税务局进行企业所得税年度纳税申报表的填制和申报。

任务要求

如果你是王芳，请完成以下任务：

（1）填制 2022 年第 4 季度预缴企业所得税纳税申报表。

（2）填制 2022 年度企业所得税纳税申报表。

任务准备

一、企业所得税纳税期限

企业所得税按年计征，分月或者分季预缴，年终汇算清缴，多退少补。

企业所得税的纳税年度，自公历 1 月 1 日起至 12 月 31 日止。企业在一个纳税年度的中间开业，或者由于合并、关闭等原因终止经营活动，使该纳税年度的实际经营期不足 12 个月的，应当以其实际经营期为一个纳税年度。企业清算时，应当以清算期间作为一个纳税年度。

按月或按季预缴的，应当自月份或者季度终了之日起 15 日内，向税务机关报送预缴企业所得税纳税申报表，预缴税款。

自年度终了之日起 5 个月内，向税务机关报送年度企业所得税纳税申报表，并汇算清缴，结清应缴所得税款。

企业在年度中间终止经营活动的，应当自实际经营终止之日起 60 日内，向税务机关办理当期企业所得税汇算清缴。

二、企业所得税纳税地点

除税收法规、行政法规另有规定,居民企业以企业登记注册地为纳税地点;但登记注册地在境外的,以实际管理机构所在地为纳税地点。企业登记注册地,是指企业依照国家有关规定登记注册的住所地。除国务院另有规定外,企业之间不得合并缴纳企业所得税。

居民企业在中国境内设立不具有法人资格的营业机构的,应当汇总计算并缴纳企业所得税。企业汇总计算并缴纳所得税时,应当统一核算应纳税所得额。

三、企业所得税纳税申报

企业在报送企业所得税纳税申报表时,应当按照规定附送财务会计报告和其他有关资料。

企业应当在办理注销登记前,就其清算所得向税务机关申报并依法缴纳企业所得税。

依照企业所得税法缴纳的企业所得税,以人民币计算,所得以人民币以外的货币计算的,应当折合成人民币计算并缴纳税款。

企业在纳税年度内无论盈利或者亏损,都应当依照企业所得税法规定的期限,向税务机关报送预缴企业所得税纳税申报表、年度企业所得税纳税申报表、财务会计报告和税务机关规定应当报送的其他有关资料。

知新:居民企业在中国境内设立不具有法人资格的营业机构的,如何汇总缴纳企业所得税?

(一) 实行查账征收居民企业纳税人企业所得税月(季)度预缴申报

1. 办理流程

实行查账征收居民企业纳税人企业所得税月(季)度预缴申报办理流程如图6-1所示。

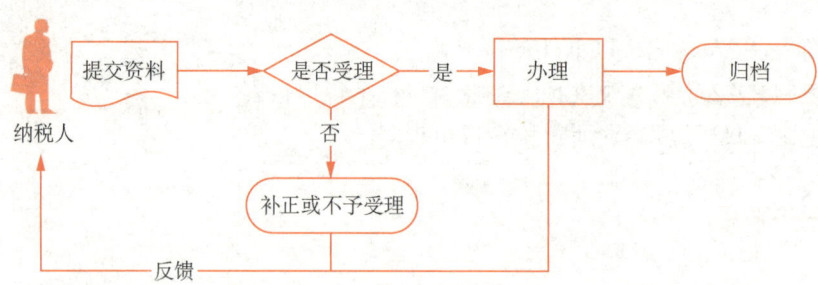

图6-1　实行查账征收居民企业纳税人企业所得税月(季)度预缴办理流程图

2. 办理资料

实行查账征收的居民企业所得税纳税人月(季)预缴企业所得税除提交《中华人民共和国企业所得税月(季)度预缴纳税申报表(A类)》及其附表外,需根据不同情形,提供规定的相应材料。

3. 实行查账征收居民企业纳税人企业所得税月(季)度预缴纳税申报

实行查账征收居民企业纳税人企业所得税月(季)度预缴纳税申报表包括:

(1)《A200000 中华人民共和国企业所得税月(季)度预缴纳税申报表(A类)》。

(2)《A201020 资产加速折旧、摊销(扣除)优惠明细表》。

(3)《A202000 企业所得税汇总纳税分支机构所得税分配表》。

实行查账征收企业所得税的居民纳税人在月(季)度预缴企业所得税时,应填报《A200000 中华人民共和国企业所得税月(季)度预缴纳税申报表(A类)》及其附表

知新:查账征收居民企业纳税人企业所得税月(季)度预缴申报办理资料

《A201020 资产加速折旧、摊销（扣除）优惠明细表》，预缴方式为"按照实际利润额预缴"的纳税人，填报主表第 1 行至第 16 行，预缴方式为"按照上一纳税年度应纳税所得额平均额预缴"的纳税人填报主表第 10、11、12、13、14、16 行，预缴方式为"按照税务机关确定的其他方法预缴"的纳税人填报主表第 16 行。企业所得税优惠事项部分优惠不得在预缴时享受，纳税人预缴可享受的优惠事项根据《企业所得税申报事项目录》填列。

（二）实行查账征收居民企业纳税人企业所得税年度纳税申报

1. 办理流程

实行查账征收居民企业纳税人企业所得税年度纳税申报流程如图 6-2 所示。

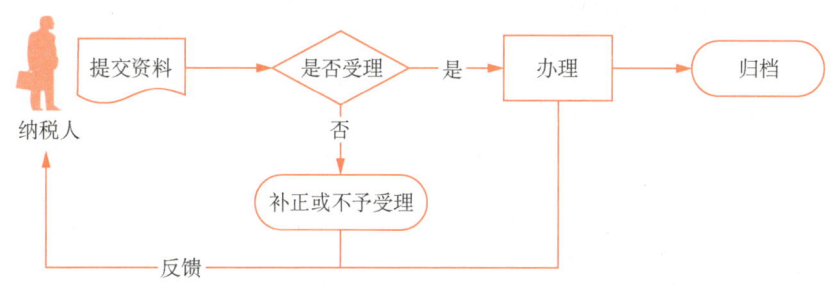

知新：《企业所得税申报事项目录》

图 6-2　实行查账征收居民企业纳税人企业所得税年度纳税申报流程图

2. 办税资料

实行查账征收的居民企业所得税纳税人企业所得税年度纳税申报除提交《中华人民共和国企业所得税年度纳税申报表（A 类）》及其附表，需根据不同情形，提供规定的相应材料。

3. 实行查账征收居民企业纳税人企业所得税年度纳税申报

知新：实行查账征收居民企业纳税人企业所得税年度纳税申报办理资料

实行查账征收企业所得税的居民纳税人，在进行企业所得税年度汇算清缴时，应填报企业所得税年度纳税申报表（A 类），年度汇算清缴申报表由 37 张表单组成，其中必填表为 2 张，选填表为 35 张，全套申报表包括基础信息表、主表，以及主表所附附表，其中附表包括一级明细表，二级明细表和三级明细表。企业在填列基础信息表后，需要根据主表找附表，填完附表资料填主表，主表数据大部分从附表数据自动生成，个别数据需根据财务报表信息填报。企业所得税年度纳税申报表填报表单如表 6-13 所示。

表 6-13　企业所得税年度纳税申报表填报表单

表单编号	表单名称	是否填报
A000000	企业所得税年度纳税申报基础信息表	√
A100000	中华人民共和国企业所得税年度纳税申报表（A 类）	√
A101010	一般企业收入明细表	☐
A101020	金融企业收入明细表	☐
A102010	一般企业成本支出明细表	☐
A102020	金融企业支出明细表	☐
A103000	事业单位、民间非营利组织收入、支出明细表	☐
A104000	期间费用明细表	☐
A105000	纳税调整项目明细表	☐

（续表）

表单编号	表单名称	是否填报
A105010	视同销售和房地产开发企业特定业务纳税调整明细表	☐
A105020	未按权责发生制确认收入纳税调整明细表	☐
A105030	投资收益纳税调整明细表	☐
A105040	专项用途财政性资金纳税调整明细表	☐
A105050	职工薪酬支出及纳税调整明细表	☐
A105060	广告费和业务宣传费等跨年度纳税调整明细表	☐
A105070	捐赠支出及纳税调整明细表	☐
A105080	资产折旧、摊销及纳税调整明细表	☐
A105090	资产损失税前扣除及纳税调整明细表	☐
A105100	企业重组及递延纳税事项纳税调整明细表	☐
A105110	政策性搬迁纳税调整明细表	☐
A105120	特殊行业准备金及纳税调整明细表	☐
A106000	企业所得税弥补亏损明细表	☐
A107010	免税、减计收入及加计扣除优惠明细表	☐
A107011	符合条件的居民企业之间的股息、红利等权益性投资收益优惠明细表	☐
A107012	研发费用加计扣除优惠明细表	☐
A107020	所得减免优惠明细表	☐
A107030	抵扣应纳税所得额明细表	☐
A107040	减免所得税优惠明细表	☐
A107041	高新技术企业优惠情况及明细表	☐
A107042	软件、集成电路企业优惠情况及明细表	☐
A107050	税额抵免优惠明细表	☐
A108000	境外所得税收抵免明细表	☐
A108010	境外所得纳税调整后所得明细表	☐
A108020	境外分支机构弥补亏损明细表	☐
A108030	跨年度结转抵免境外所得税明细表	☐
A109000	跨地区经营汇总纳税企业年度分摊企业所得税明细表	☐
A109010	企业所得税汇总纳税分支机构所得税分配表	☐

说明：企业应当根据实际情况选择需要填报的表单。

四、企业所得税的会计处理

企业每月或季度根据计算的预缴税额，在月度或季度结束前应对企业所得税进行计提，借记"所得税费用"科目，贷记"应交税费——应交企业所得税"科目，实际申报缴纳时，借记"应交税费——应交企业所得税"科目，贷记"银行存款"科目。

企业在汇算清缴企业所得税时，如全年应交企业所得税大于全年已预缴的企业所得税税额，则需要补缴企业所得税。企业按照应补缴的所得税税额，借记"以前年度损益调整"科目,贷记"应交税费——应交企业所得税"科目,实际缴纳时,借记"应交税费——应交企业所得税"科目,贷记"银行存款"科目。如全年应交企业所得税小于全年已预缴的企业所得税税额,其差额为多缴的企业所得税,需要按其差额借记"应交税费——应交企业所得税"科目,贷记"以前年度损益调整"科目,税务机关退还多缴纳的企业所得税时,借记"银行存款"科目,贷记"应交税费——应交企业所得税"科目;如不办理退税,则多缴纳税额可以抵缴以后企业应预缴的企业所得税税额。同时企业应将"以前年度损益调整"转入"利润分配",并对计提的"盈余公积"进行调整。

实务中,部分企业由于年度汇算清缴工作量较少,在年底结账时,就可以完成汇算清缴工作,计算出应补缴或退回的企业所得税税额,根据权责发生制原则,企业在年度结账前,对应补缴或退还税额进行计提或冲回时,直接借记或贷记"所得税费用"科目,借记或贷记"应交税费——应交企业所得税"科目。

 **任务实施**

（1）请填写实行查账征收居民企业纳税人企业所得税预缴纳税申报表,如表 6-14、表 6-15 所示。

表 6-14　A200000 中华人民共和国企业所得税月（季）度预缴纳税申报表（A 类）

税款所属期间:　　年　月　日至　年　月　日

纳税人识别号（统一社会信用代码）:

纳税人名称:　　　　　　　　　　　　　　　　　　　　金额单位:人民币元（列至角分）

优惠及附报事项有关信息									
项目	一季度		二季度		三季度		四季度		季度平均值
	季初	季末	季初	季末	季初	季末	季初	季末	
从业人数									
资产总额（万元）									
国家限制或禁止行业	□是□否				小型微利企业				□是□否
	附报事项名称								金额或选项
事项 1	（填写特定事项名称）								
事项 2	（填写特定事项名称）								
	预缴税款计算								本年累计
1	营业收入								
2	营业成本								
3	利润总额								
4	加:特定业务计算的应纳税所得额								
5	减:不征税收入								
6	减:资产加速折旧、摊销（扣除）调减额（填写 A201020）								
7	减:免税收入、减计收入、加计扣除（7.1＋7.2＋…）								

预缴税款计算		本年累计
7.1	（填写优惠事项名称）	
7.2	（填写优惠事项名称）	
8	减：所得减免（8.1＋8.2＋…）	
8.1	（填写优惠事项名称）	
8.2	（填写优惠事项名称）	
9	减：弥补以前年度亏损	
10	实际利润额（3＋4－5－6－7－8－9）\按照上一纳税年度应纳税所得额平均额确定的应纳税所得额	
11	税率（25%）	
12	应纳所得税额（10×11）	
13	减：减免所得税额（13.1＋13.2＋…）	
13.1	（填写优惠事项名称）	
13.2	（填写优惠事项名称）	
14	减：本年实际已缴纳所得税额	
15	减：特定业务预缴（征）所得税额	
16	本期应补（退）所得税额（12－13－14－15）\税务机关确定的本期应纳所得税额	
汇总纳税企业总分机构税款计算		
17		总机构本期分摊应补（退）所得税额（18＋19＋20）	
18		其中：总机构分摊应补（退）所得税额（16×总机构分摊比例＿＿％）	
19	总机构	财政集中分配应补（退）所得税额（16×财政集中分配比例＿＿％）	
20		总机构具有主体生产经营职能的部门分摊所得税额（16×全部分支机构分摊比例＿＿％×总机构具有主体生产经营职能部门分摊比例＿＿％）	
21	分支机构	分支机构本期分摊比例	
22		分支机构本期分摊应补（退）所得税额	
实际缴纳企业所得税计算		
23	减：民族自治地区企业所得税地方分享部分：□免征□ 减征：减征幅度＿＿＿％）	本年累计应减免金额〔（12－13－15）×40%×减征幅度〕	
24	实际应补（退）所得税额		

谨声明：本纳税申报表是根据国家税收法律法规及相关规定填报的，是真实的、可靠的、完整的。

纳税人（签章）：　　　　　年　月　日

经办人： 经办人身份证号： 代理机构签章： 代理机构统一社会信用代码：	受理人： 受理税务机关（章）： 受理日期：　年　月　日

表 6-15　A201020 资产加速折旧、摊销（扣除）优惠明细表

行次	项　目	本年享受优惠的资产原值	本年累计折旧\摊销（扣除）金额				
			账载折旧\摊销金额	按照税收一般规定计算的折旧\摊销金额	享受加速政策计算的折旧\摊销金额	纳税调减金额	享受加速政策优惠金额
		1	2	3	4	5	6(4−3)
1	一、加速折旧、摊销（不含一次性扣除，1.1＋1.2＋…）						
1.1							
1.2							
2	二、一次性扣除（2.1＋2.2＋…）						
2.1							
2.2							
3	合计（1＋2）						

（2）请填写实行查账征收居民企业纳税人企业所得税年度纳税申报表，如表 6-16 至表 6-27 所示。

表 6-16　A000000 企业所得税年度纳税申报基础信息表

基本经营情况（必填项目）			
101 纳税申报企业类型（填写代码）		102 分支机构就地纳税比例（%）	
103 资产总额（填写平均值，单位：万元）		104 从业人数（填写平均值，单位：人）	
105 所属国民经济行业（填写代码）		106 从事国家限制或禁止行业	□是□否
107 适用会计准则或会计制度（填写代码）		108 采用一般企业财务报表格式（2019 年版）	□是□否
109 小型微利企业	□是□否	110 上市公司	是(□境内□境外)□否
有关涉税事项情况（存在或者发生下列事项时必填）			
201 从事股权投资业务	□是	202 存在境外关联交易	□是
203 境外所得信息	203-1 选择采用的境外所得抵免方式	□分国（地区）不分项　　□不分国（地区）不分项	
	203-2 新增境外直接投资信息	□是(产业类别:□旅游业□现代服务业□高新技术产业)	

（续表）

204 有限合伙制创业投资企业的法人合伙人	□是	205 创业投资企业		□是
206 技术先进型服务企业类型（填写代码）		207 非营利组织		□是
208 软件、集成电路企业类型（填写代码）		209 集成电路生产项目类型	□130 纳米 □65 纳米 □28 纳米	
210 科技型中小企业	210-1____年（申报所属期年度）入库编号 1		210-2 入库时间 1	
	210-3____年（所属期下一年度）入库编号 2		210-4 入库时间 2	
211 高新技术企业申报所属期年度有效的高新技术企业证书	211-1 证书编号 1		211-2 发证时间 1	
	211-3 证书编号 2		211-4 发证时间 2	
212 重组事项税务处理方式	□一般性 □特殊性	213 重组交易类型（填写代码）		
214 重组当事方类型（填写代码）		215 政策性搬迁开始时间	__年__月	
216 发生政策性搬迁且停止生产经营无所得年度	□是	217 政策性搬迁损失分期扣除年度		□是
218 发生非货币性资产对外投资递延纳税事项	□是	219 非货币性资产对外投资转让所得递延纳税年度		□是
220 发生技术成果投资入股递延纳税事项	□是	221 技术成果投资入股递延纳税年度		□是
222 发生资产（股权）划转特殊性税务处理事项	□是	223 债务重组所得递延纳税年度		□是
224 研发支出辅助账样式	□2015 版 □2021 版 □自行			

主要股东及分红情况（必填项目）

股东名称	证件种类	证件号码	投资比例（%）	当年（决议日）分配的股息、红利等权益性投资收益金额	国籍（注册地址）
其余股东合计	—	—			—

表 6-17 A100000 中华人民共和国企业所得税年度纳税申报表(A 类)

税款所属期间: 年 月 日至 年 月 日

纳税人识别号:

纳税人名称:

金额单位:元(列至角分)

行次	类别	项 目	金额
1	利润总额计算	一、营业收入(填写 A101010\101020\103000)	
2		减:营业成本(填写 A102010\102020\103000)	
3		减:税金及附加	
4		减:销售费用(填写 A104000)	
5		减:管理费用(填写 A104000)	
6		减:财务费用(填写 A104000)	
7		减:资产减值损失	
8		加:公允价值变动收益	
9		加:投资收益	
10		二、营业利润(1-2-3-4-5-6-7+8+9)	
11		加:营业外收入(填写 A101010\101020\103000)	
12		减:营业外支出(填写 A102010\102020\103000)	
13		三、利润总额(10+11-12)	
14	应纳税所得额计算	减:境外所得(填写 A108010)	
15		加:纳税调整增加额(填写 A105000)	
16		减:纳税调整减少额(填写 A105000)	
17		减:免税、减计收入及加计扣除(填写 A107010)	
18		加:境外应税所得抵减境内亏损(填写 A108000)	
19		四、纳税调整后所得(13-14+15-16-17+18)	
20		减:所得减免(填写 A107020)	
21		减:弥补以前年度亏损(填写 A106000)	
22		减:抵扣应纳税所得额(填写 A107030)	
23		五、应纳税所得额(19-20-21-22)	
24	应纳税额计算	税率(25%)	
25		六、应纳所得税额(23×24)	
26		减:减免所得税额(填写 A107040)	
27		减:抵免所得税额(填写 A107050)	
28		七、应纳税额(25-26-27)	
29		加:境外所得应纳所得税额(填写 A108000)	

（续表）

行次	类别	项　目	金额
30		减：境外所得抵免所得税额（填写 A108000）	
31		八、实际应纳所得税额（28＋29－30）	
32		减：本年累计实际已缴纳的所得税额	
33		九、本年应补（退）所得税额（31－32）	
34		其中：总机构分摊本年应补（退）所得税额（填写 A109000）	
35		财政集中分配本年应补（退）所得税额（填写 A109000）	
36		总机构主体生产经营部门分摊本年应补（退）所得税额（填写 A109000）	
37	实际应纳税额计算	减：民族自治地区企业所得税地方分享部分：（□　免征□　减征：减征幅度（＿＿＿＿）％）	
38		十、本年实际应补（退）所得税额（33－37）	

表 6-18　A101010 一般企业收入明细表

行次	项　目	金额
1	一、营业收入（2＋9）	
2	（一）主营业务收入（3＋5＋6＋7＋8）	
3	1. 销售商品收入	
4	其中：非货币性资产交换收入	
5	2. 提供劳务收入	
6	3. 建造合同收入	
7	4. 让渡资产使用权收入	
8	5. 其他	
9	（二）其他业务收入（10＋12＋13＋14＋15）	
10	1. 销售材料收入	
11	其中：非货币性资产交换收入	
12	2. 出租固定资产收入	
13	3. 出租无形资产收入	
14	4. 出租包装物和商品收入	
15	5. 其他	
16	二、营业外收入（17＋18＋19＋20＋21＋22＋23＋24＋25＋26）	
17	（一）非流动资产处置利得	

（续表）

行次	项 目	金额
18	（二）非货币性资产交换利得	
19	（三）债务重组利得	
20	（四）政府补助利得	
21	（五）盘盈利得	
22	（六）捐赠利得	
23	（七）罚没利得	
24	（八）确实无法偿付的应付款项	
25	（九）汇兑收益	
26	（十）其他	

表 6-19　A102010 一般企业成本支出明细表

行次	项 目	金额
1	一、营业成本（2＋9）	
2	（一）主营业务成本（3＋5＋6＋7＋8）	
3	1. 销售商品成本	
4	其中:非货币性资产交换成本	
5	2. 提供劳务成本	
6	3. 建造合同成本	
7	4. 让渡资产使用权成本	
8	5. 其他	
9	（二）其他业务成本（10＋12＋13＋14＋15）	
10	1. 销售材料成本	
11	其中:非货币性资产交换成本	
12	2. 出租固定资产成本	
13	3. 出租无形资产成本	
14	4. 包装物出租成本	
15	5. 其他	
16	二、营业外支出（17＋18＋19＋20＋21＋22＋23＋24＋25＋26）	
17	（一）非流动资产处置损失	
18	（二）非货币性资产交换损失	
19	（三）债务重组损失	

（续表）

行次	项　目	金额
20	（四）非常损失	
21	（五）捐赠支出	
22	（六）赞助支出	
23	（七）罚没支出	
24	（八）坏账损失	
25	（九）无法收回的债券股权投资损失	
26	（十）其他	

表 6-20　A104000 期间费用明细表

行次	项　目	销售费用	其中：境外支付	管理费用	其中：境外支付	财务费用	其中：境外支付
		1	2	3	4	5	6
1	一、职工薪酬		＊		＊	＊	＊
2	二、劳务费						＊
3	三、咨询顾问费					＊	＊
4	四、业务招待费		＊		＊	＊	＊
5	五、广告费和业务宣传费		＊		＊	＊	＊
6	六、佣金和手续费						
7	七、资产折旧摊销费		＊		＊	＊	＊
8	八、财产损耗、盘亏及毁损损失		＊		＊	＊	＊
9	九、办公费		＊		＊	＊	＊
10	十、董事会费		＊		＊	＊	＊
11	十一、租赁费					＊	＊
12	十二、诉讼费		＊		＊	＊	＊
13	十三、差旅费		＊		＊	＊	＊
14	十四、保险费		＊			＊	＊
15	十五、运输、仓储费					＊	＊
16	十六、修理费						
17	十七、包装费		＊		＊	＊	＊
18	十八、技术转让费					＊	＊
19	十九、研究费用					＊	＊
20	二十、各项税费		＊		＊	＊	＊

（续表）

行次	项 目	销售费用	其中：境外支付	管理费用	其中：境外支付	财务费用	其中：境外支付
		1	2	3	4	5	6
21	二十一、利息收支	＊	＊	＊	＊		
22	二十二、汇兑差额	＊	＊	＊	＊		
23	二十三、现金折扣	＊	＊	＊	＊		＊
24	二十四、党组织工作经费	＊	＊		＊	＊	＊
25	二十五、其他						
26	合计（1＋2＋3＋…25）						

表 6-21　A105000 纳税调整项目明细表

行次	项目	账载金额	税收金额	调增金额	调减金额
		1	2	3	4
1	一、收入类调整项目（2＋3＋…8＋10＋11）	＊	＊		
2	（一）视同销售收入（填写 A105010）	＊			＊
3	（二）未按权责发生制原则确认的收入（填写 A105020）				
4	（三）投资收益（填写 A105030）				
5	（四）按权益法核算长期股权投资对初始投资成本调整确认收益	＊	＊	＊	
6	（五）交易性金融资产初始投资调整	＊	＊		＊
7	（六）公允价值变动净损益		＊		
8	（七）不征税收入	＊	＊		
9	其中：专项用途财政性资金（填写 A105040）	＊	＊		
10	（八）销售折扣、折让和退回				
11	（九）其他				
12	二、扣除类调整项目（13＋14＋…24＋26＋27＋28＋29＋30）	＊	＊		
13	（一）视同销售成本（填写 A105010）	＊		＊	
14	（二）职工薪酬（填写 A105050）				
15	（三）业务招待费支出				＊
16	（四）广告费和业务宣传费支出（填写 A105060）	＊	＊		
17	（五）捐赠支出（填写 A105070）				

（续表）

行次	项目	账载金额	税收金额	调增金额	调减金额
		1	2	3	4
18	（六）利息支出				
19	（七）罚金、罚款和被没收财物的损失		＊		＊
20	（八）税收滞纳金、加收利息		＊		＊
21	（九）赞助支出		＊		＊
22	（十）与未实现融资收益相关在当期确认的财务费用				
23	（十一）佣金和手续费支出（保险企业填写A105060）				
24	（十二）不征税收入用于支出所形成的费用	＊	＊		＊
25	其中：专项用途财政性资金用于支出所形成的费用（填写A105040）	＊	＊		＊
26	（十三）跨期扣除项目				
27	（十四）与取得收入无关的支出		＊		＊
28	（十五）境外所得分摊的共同支出	＊	＊		＊
29	（十六）党组织工作经费				
30	（十七）其他				
31	三、资产类调整项目（32＋33＋34＋35）	＊	＊		
32	（一）资产折旧、摊销（填写A105080）				
33	（二）资产减值准备金		＊		
34	（三）资产损失（填写A105090）				
35	（四）其他				
36	四、特殊事项调整项目（37＋38＋…＋43）	＊	＊		
37	（一）企业重组及递延纳税事项（填写A105100）				
38	（二）政策性搬迁（填写A105110）	＊	＊		
39	（三）特殊行业准备金（填写A105120）				
39.1	1. 保险公司保险保障基金				
39.2	2. 保险公司准备金				
39.3	其中：已发生未报案未决赔款准备金				
39.4	3. 证券行业准备金				
39.5	4. 期货行业准备金				

（续表）

行次	项目	账载金额	税收金额	调增金额	调减金额
		1	2	3	4
39.6	5. 中小企业融资（信用）担保机构准备金				
39.7	6. 金融企业、小额贷款公司准备金（填写 A105120）	*	*		
40	（四）房地产开发企业特定业务计算的纳税调整额（填写 A105010）	*			
41	（五）合伙企业法人合伙人应分得的应纳税所得额				
42	（六）发行永续债利息支出				
43	（七）其他	*	*		
44	五、特别纳税调整应税所得	*	*		
45	六、其他	*	*		
46	合计（1＋12＋31＋36＋44＋45）	*	*		

表 6-22　A105050 职工薪酬支出及纳税调整明细表

行次	项目	账载金额	实际发生额	税收规定扣除率	以前年度累计结转扣除额	税收金额	纳税调整金额	累计结转以后年度扣除额
		1	2	3	4	5	6（1-5）	7（2+4-5）
1	一、工资薪金支出			*	*			*
2	其中:股权激励			*	*			*
3	二、职工福利费支出				*			*
4	三、职工教育经费支出			*				
5	其中:按税收规定比例扣除的职工教育经费							
6	按税收规定全额扣除的职工培训费用				*			*
7	四、工会经费支出				*			*
8	五、各类基本社会保障性缴款			*	*			*
9	六、住房公积金			*	*			*

(续表)

行次	项目	账载金额	实际发生额	税收规定扣除率	以前年度累计结转扣除额	税收金额	纳税调整金额	累计结转以后年度扣除额
		1	2	3	4	5	6(1-5)	7(2+4-5)
10	七、补充养老保险				*			*
11	八、补充医疗保险				*			*
12	九、其他			*	*			*
13	合计(1+3+4+7+8+9+10+11+12)			*				

表6-23　A105060 广告费和业务宣传费等跨年度纳税调整明细表

行次	项目	广告费和业务宣传费	保险企业手续费及佣金支出
		1	2
1	一、本年支出		
2	减:不允许扣除的支出		
3	二、本年符合条件的支出(1-2)		
4	三、本年计算扣除限额的基数		
5	乘:税收规定扣除率		
6	四、本企业计算的扣除限额(4×5)		
7	五、本年结转以后年度扣除额 (3>6,本行=3-6;3≤6,本行=0)		
8	加:以前年度累计结转扣除额		
9	减:本年扣除的以前年度结转额 [3>6,本行=0;3≤6,本行=8与(6-3)孰小值]		
10	六、按照分摊协议归集至其他关联方的金额(10≤3与6孰小值)		*
11	按照分摊协议从其他关联方归集至本企业的金额		*
12	七、本年支出纳税调整金额(3>6,本行=2+3-6+10-11;3≤6,本行=2+10-11-9)		
13	八、累计结转以后年度扣除额(7+8-9)		

表 6-24　A105070 捐赠支出及纳税调整明细表

行次	项目	账载金额	以前年度结转可扣除的捐赠额	按税收规定计算的扣除限额	税收金额	纳税调增金额	纳税调减金额	可结转以后年度扣除的捐赠额
		1	2	3	4	5	6	7
1	一、非公益性捐赠		*	*	*		*	*
2	二、限额扣除的公益性捐赠(3+4+5+6)							
3	前三年度(　　年)	*		*	*	*		*
4	前二年度(　　年)	*		*	*	*		
5	前一年度(　　年)	*		*	*	*		
6	本年(　　年)		*				*	
7	三、全额扣除的公益性捐赠		*	*		*	*	*
8	1.		*	*		*	*	*
9	2.		*	*		*	*	*
10	3.		*	*		*	*	*
11	合计(1+2+7)							
附列资料	2015年度至本年发生的公益性扶贫捐赠合计金额		*	*		*	*	*

表6-25　A105080 资产折旧、摊销及纳税调整明细表

行次	项目	账载金额			资产计税基础	税收金额				纳税调整金额
		资产原值	本年折旧、摊销额	累计折旧、摊销额		税收折旧额	享受加速折旧政策的资产按税收一般规定计算的折旧、摊销额	加速折旧统计额	累计折旧、摊销额	
		1	2	3	4	5	6	7＝5－6	8	9(2－5)
1	一、固定资产(2+3+4+5+6+7)						*	*		
2	(一)房屋、建筑物						*	*		
3	(二)飞机、火车、轮船、机器、机械和其他生产设备						*	*		
4	(三)与生产经营活动有关的器具、工具、家具等						*	*		
5	(四)飞机、火车、轮船以外的运输工具						*	*		
6	(五)电子设备						*	*		
7	(六)其他						*	*		
8	其中:享受固定资产加速折旧及一次性扣除政策 (一)重要行业固定资产加速折旧(不含一次性扣除)									*
9	(二)其他行业研发设备加速折旧									*
10	(三)特定地区企业固定资产加速折旧(10.1+10.2)									*

（续表）

行次	项目		账载金额			资产计税基础	税收金额				纳税调整金额
			资产原值	本年折旧、摊销额	累计折旧、摊销额		税收折旧额	享受加速折旧政策的资产按税收一般规定计算的折旧、摊销额	加速折旧统计额	累计折旧、摊销额	
			1	2	3	4	5	6	7=5−6	8	9(2−5)
10.1	的资产加速折旧额大于一般折旧额的部分	1. 海南自由贸易港企业固定资产加速折旧									＊
10.2		2. 横琴粤澳深度合作区企业固定资产加速折旧									＊
11		（四）500万元以下设备器具一次性扣除(11.1+11.2)									＊
11.1		1. 高新技术企业2022年第四季度(10月—12月)购置单价									＊
11.2		2. 购置单价500万元以下设备器具一次扣除(不含高新技术企业2022年第四季度购置)									＊
12		（五）500万元以上设备器具一次性扣除(12.1+12.2+12.3+12.4)									＊

（续表）

行次	项目	账载金额			税收金额					纳税调整金额
		资产原值	本年折旧、摊销额	累计折旧、摊销额	资产计税基础	税收折旧额	享受加速折旧政策的资产按税收一般规定计算的折旧、摊销额	加速折旧额统计额	累计折旧、摊销额	
		1	2	3	4	5	6	7＝5－6	8	9(2－5)
12.1	中小微企业购置单价500万元以上设备器具 1. 最低折旧年限为3年的设备器具一次性扣除									*
12.2	2. 最低折旧年限为4、5年的设备器具50%部分扣除									*
12.3	3. 最低折旧年限为10年的设备器具50%部分扣除									*
12.4	4. 高新技术企业（10月—12月）购置单价500万元以上一次性扣除									*
13	（六）特定地区企业固定资产一次性扣除									*
13.1	1. 海南自由贸易港企业固定资产一次性扣除									*

（续表）

行次	项目	账载金额			税收金额				纳税调整金额
		资产原值	本年折旧、摊销额	累计折旧、摊销额	资产计税基础	税收折旧额	享受加速折旧政策的资产按税收一般规定计算的折旧、摊销额	加速折旧统计额	累计折旧、摊销额
		1	2	3	4	5	6	7=5-6	8	9(2-5)
13.2	2. 横琴粤澳深度合作区企业固定资产一次性扣除									*
14	（七）技术进步、更新换代固定资产									*
15	（八）常年强震动、高腐蚀固定资产									*
16	（九）外购软件折旧									*
17	（十）集成电路企业生产设备									*
18	二、生产性生物资产（19+20）						*	*		
19	（一）林木类						*	*		
20	（二）畜类						*	*		
21	三、无形资产（22+23+24+25+26+27+28+30）						*	*		
22	（一）专利权						*	*		
23	（二）商标权						*	*		
24	（三）著作权						*	*		

（续表）

行次	项目	账载金额			税收金额					纳税调整金额
		资产原值	本年折旧、摊销额	累计折旧、摊销额	资产计税基础	税收折旧额	享受加速折旧政策的资产按税收一般规定计算的折旧、摊销额	加速折旧额统计额	累计折旧、摊销额	
		1	2	3	4	5	6	7＝5－6	8	9（2－5）
25	（四）土地使用权									
26	（五）非专利技术									
27	（六）特许权使用费									
28	（七）软件									
29	（八）其他									
30	（一）企业外购软件加速摊销						＊	＊		＊
31	其中：享受无形资产加速摊销及一次性扣除政策的资产加速摊销额大于一般摊销额的部分 （二）特定地区企无形资产加速摊销（31.1＋31.2）						＊	＊		＊
31.1	1.海南自由贸易港企业无形资产加速摊销						＊	＊		＊
31.2	2.横琴粤澳深度合作区企业无形资产加速摊销						＊	＊		＊
32	（三）特定地区企无形资产一次性摊销（32.1＋32.2）						＊	＊		＊

（续表）

行次	项目	账载金额			税收金额					纳税调整金额
		资产原值	本年折旧、摊销额	累计折旧、摊销额	资产计税基础	税收折旧额	享受加速折旧政策的资产按税收一般规定计算的折旧、摊销额	加速折旧额统计额	累计折旧、摊销额	金额
		1	2	3	4	5	6	$7=5-6$	8	$9(2-5)$
32.1	1．海南自由贸易港企业无形资产一次性摊销									*
32.2	2．横琴粤澳深度合作区企业无形资产一次性摊销									*
33	四、长期待摊费用（32＋33＋34＋35＋36）						*	*		
34	（一）已足额提取折旧的固定资产的改建支出						*	*		
35	（二）租入固定资产的改建支出						*	*		
36	（三）固定资产的大修理支出						*	*		
37	（四）开办费						*	*		
38	（五）其他						*	*		
39	五、油气勘探投资						*	*		
40	六、油气开发投资						*	*		
41	合计（1＋18＋21＋31＋37＋38）						*	*		
附列资料	全民所有制改制资产评估增值政策资产									

表 6-26　A107010 免税、减计收入及加计扣除优惠明细表

行次	项　目	金额
1	一、免税收入(2+3+9+…+16)	
2	（一）国债利息收入免征企业所得税	
3	（二）符合条件的居民企业之间的股息、红利等权益性投资收益免征企业所得税(4+5+6+7+8)	
4	1. 一般股息红利等权益性投资收益免征企业所得税(填写 A107011)	
5	2. 内地居民企业通过沪港通投资且连续持有 H 股满 12 个月取得的股息红利所得免征企业所得税(填写 A107011)	
6	3. 内地居民企业通过深港通投资且连续持有 H 股满 12 个月取得的股息红利所得免征企业所得税(填写 A107011)	
7	4. 居民企业持有创新企业 CDR 取得的股息红利所得免征企业所得税(填写 A107011)	
8	5. 符合条件的永续债利息收入免征企业所得税(填写 A107011)	
9	（三）符合条件的非营利组织的收入免征企业所得税	
10	（四）中国清洁发展机制基金取得的收入免征企业所得税	
11	（五）投资者从证券投资基金分配中取得的收入免征企业所得税	
12	（六）取得的地方政府债券利息收入免征企业所得税	
13	（七）中国保险保障基金有限责任公司取得的保险保障基金等收入免征企业所得税	
14	（八）中国奥委会取得北京冬奥组委支付的收入免征企业所得税	
15	（九）中国残奥委会取得北京冬奥组委分期支付的收入免征企业所得税	
16	（十）其他(16.1+16.2)	
16.1	1. 取得的基础研究资金收入免征企业所得税	
16.2	2. 其他	
17	二、减计收入(18+19+23+24)	
18	（一）综合利用资源生产产品取得的收入在计算应纳税所得额时减计收入	
19	（二）金融、保险等机构取得的涉农利息、保费减计收入(20+21+22)	
20	1. 金融机构取得的涉农贷款利息收入在计算应纳税所得额时减计收入	
21	2. 保险机构取得的涉农保费收入在计算应纳税所得额时减计收入	
22	3. 小额贷款公司取得的农户小额贷款利息收入在计算应纳税所得额时减计收入	
23	（三）取得铁路债券利息收入减半征收企业所得税	
24	（四）其他(24.1+24.2)	

（续表）

行次	项　目	金额
24.1	1. 取得的社区家庭服务收入在计算应纳税所得额时减计收入	
24.2	2. 其他	
25	三、加计扣除(26 + 27 + 28 + 29 + 30)	
26	（一）开发新技术、新产品、新工艺发生的研究开发费用加计扣除（填写A107012）	
27	（二）科技型中小企业开发新技术、新产品、新工艺发生的研究开发费用加计扣除（填写 A107012）	
28	（三）企业为获得创新性、创意性、突破性的产品进行创意设计活动而发生的相关费用加计扣除（加计扣除比例及计算方法：_____）	
28.1	其中：第四季度相关费用加计扣除	
28.2	前三季度相关费用加计扣除	
29	（四）安置残疾人员所支付的工资加计扣除	
30	（五）其他(30.1 + 30.2 + 30.3)	
30.1	1. 企业投入基础研究支出加计扣除	
30.2	2. 高新技术企业设备器具加计扣除	
30.3	3. 其他	
31	合计(1 + 17 + 25)	

表 6-27　**A107012 研发费用加计扣除优惠明细表**

行次	项　目	金额（数量）
1	本年可享受研发费用加计扣除项目数量	
2	一、自主研发、合作研发、集中研发(3 + 7 + 16 + 19 + 23 + 34)	
3	（一）人员人工费用(4 + 5 + 6)	
4	1. 直接从事研发活动人员工资薪金	
5	2. 直接从事研发活动人员五险一金	
6	3. 外聘研发人员的劳务费用	
7	（二）直接投入费用(8 + 9 + 10 + 11 + 12 + 13 + 14 + 15)	
8	1. 研发活动直接消耗材料费用	
9	2. 研发活动直接消耗燃料费用	
10	3. 研发活动直接消耗动力费用	
11	4. 用于中间试验和产品试制的模具、工艺装备开发及制造费	

行次	项　目	金额（数量）
12	5. 用于不构成固定资产的样品、样机及一般测试手段购置费	
13	6. 用于试制产品的检验费	
14	7. 用于研发活动的仪器、设备的运行维护、调整、检验、维修等费用	
15	8. 通过经营租赁方式租入的用于研发活动的仪器、设备租赁费	
16	（三）折旧费用（17＋18）	
17	1. 用于研发活动的仪器的折旧费	
18	2. 用于研发活动的设备的折旧费	
19	（四）无形资产摊销（20＋21＋22）	
20	1. 用于研发活动的软件的摊销费用	
21	2. 用于研发活动的专利权的摊销费用	
22	3. 用于研发活动的非专利技术（包括许可证、专有技术、设计和计算方法等）的摊销费用	
23	（五）新产品设计费等（24＋25＋26＋27）	
24	1. 新产品设计费	
25	2. 新工艺规程制定费	
26	3. 新药研制的临床试验费	
27	4. 勘探开发技术的现场试验费	
28	（六）其他相关费用（29＋30＋31＋32＋33）	
29	1. 技术图书资料费、资料翻译费、专家咨询费、高新科技研发保险费	
30	2. 研发成果的检索、分析、评议、论证、鉴定、评审、评估、验收费用	
31	3. 知识产权的申请费、注册费、代理费	
32	4. 职工福利费、补充养老保险费、补充医疗保险费	
33	5. 差旅费、会议费	
34	（七）经限额调整后的其他相关费用	
35	二、委托研发（36＋37＋39）	
36	（一）委托境内机构或个人进行研发活动所发生的费用	
37	（二）委托境外机构进行研发活动发生的费用	
38	其中：允许加计扣除的委托境外机构进行研发活动发生的费用	
39	（三）委托境外个人进行研发活动发生的费用	

（续表）

行次	项　目	金额（数量）
40	三、年度研发费用小计（2＋36×80%＋38）	
41	（一）本年费用化金额	
42	（二）本年资本化金额	
43	四、本年形成无形资产摊销额	
44	五、以前年度形成无形资产本年摊销额	
45	六、允许扣除的研发费用合计（41＋43＋44）	
46	减：特殊收入部分	
47	七、允许扣除的研发费用抵减特殊收入后的金额（45－46）	
48	减：当年销售研发活动直接形成产品（包括组成部分）对应的材料部分	
49	减：以前年度销售研发活动直接形成产品（包括组成部分）对应材料部分结转金额	
50	八、加计扣除比例及计算方法	
L1	本年允许加计扣除的研发费用总额（47－48－49）	
L1.1	其中：第四季度允许加计扣除的研发费用金额	
L1.2	前三季度允许加计扣除的研发费用金额（L1－L1.1）	
51	九、本年研发费用加计扣除总额（47－48－49）×50	
52	十、销售研发活动直接形成产品（包括组成部分）对应材料部分结转以后年度扣减金额（当47－48－49≥0，本行＝0；当47－48－49＜0，本行＝47－48－49的绝对值）	

任务总结

　　在完成上述任务后，请你分享学到的知识或技能。

实操：实训
平台操作演
示

 **任务评价**

表 6-28　任务评价表

单位:分

项目	评价内容	分值	自评	组评	师评	其他
素养 (20)	到岗出勤	2				
	学习、工作用品准备	2				
	探究问题、积极发言	4				
	按时完成任务	2				
素养 (20)	团队协作	2				
	分析问题、解决问题的能力	4				
	逻辑思维能力	4				
知识 (30)	企业所得税的征税期限	2.5				
	企业所得税的征税地点	2.5				
	企业所得税月(季)度预缴纳税申报表的填制方法	10				
	企业所得税年度纳税申报表的填制方法	15				
能力 (50)	保证在规定的期限和正确的地点进行纳税申报	10				
	正确进行企业所得税月(季)度预缴纳税申报	10				
	正确进行企业所得税年度纳税申报	25				
	正确进行企业所得税会计处理	5				
小计						
总计(评分细则及各主体评分占比,由教师根据教学实际确定)						

 **任务拓展**

任务四 优化企业所得税管理

任务情境

逸香酒业经过 1 年的生产销售经营，其生产的啤酒和白酒受到越来越多顾客和消费者的青睐。2022 年 12 月 30 日公司意欲采用预收款方式与某大型超市签订不含税金额为 600 万元的销售白酒合同，标的为梦之光白酒、6 000 千克、3 000 箱。该销售预计实现销售利润为 150 万元。超市于 2022 年 12 月 31 日将全部货款转入逸香酒业账号。在具体合同执行上有以下两种方案可供选择：

方案一：该批货物于 12 月 31 日发往超市，超市办理验收入库手续，逸香酒业于当日向超市开具增值税专用发票。

方案二：该批货物于 2023 年 1 月 1 日发往超市，超市办理验收入库手续，逸香酒业于当日向超市开具增值税专用发票。

根据增值税、消费税、附加税和企业所得税纳税义务的产生和收入的确认原则，对比两种方案对企业产生的影响。

经理要求王芳给出合理的建议。

任务要求

如果你是王芳，请完成以下任务：

（1）分析上述方案可能存在的风险点。

（2）选择合适的方案。

任务准备

一、税法依据

（一）增值税纳税义务产生时间

增值税纳税义务发生时间，是指增值税纳税义务人、扣缴义务人发生应税销售行为、扣缴税款行为应承担纳税义务、扣缴义务的时间。基本规定为：发生应税销售行为，为收讫销售款项或者取得索取销售款项凭据的当天；先开具发票的，为开具发票的当天。进口货物，为报关进口的当天。增值税扣缴义务发生时间为纳税人增值税纳税义务发生的当天。

具体规定如下：

（1）采取直接收款方式销售货物，不论货物是否发出，均为收到销售款或者取得索取销售款凭据的当天。

（2）采取托收承付和委托银行收款方式销售货物，为发出货物并办妥托收手续的当天。

（3）采取赊销和分期收款方式销售货物，为书面合同约定的收款日期的当天，无书面合同的或者书面合同没有约定收款日期的，为货物发出的当天。

（4）采取预收货款方式销售货物，为货物发出的当天，但生产销售生产工期超过12个月的大型机械设备、船舶、飞机等货物，为收到预收款或者书面合同约定的收款日期的当天。

（二）消费税纳税义务发生时间

纳税人销售应税消费品，其纳税义务发生时间如下：

（1）纳税人采取赊销和分期收款结算方式的，其纳税义务发生时间，为销售合同规定的收款日期的当天。

（2）纳税人采取预收货款结算方式的，其纳税义务发生时间，为发出应税消费品的当天。

（3）纳税人采取托收承付和委托银行收款方式销售的应税消费品，其纳税义务发生时间，为发出应税消费品并办妥托收手续的当天。

（4）纳税人采取其他结算方式的，其纳税义务发生时间，为收讫销售款或者取得索取销售款凭据的当天。

（三）附加税征收管理

城市维护建设税、教育费附加和地方教育附加简称附加税，其以实际缴纳的增值税和消费税为计税依据。其纳税义务发生时间与两税的纳税义务发生时间一致，分别与两税同时缴纳。同时缴纳是指在缴纳两税时，应当在两税同一缴纳地点、同一缴纳期限内，一并缴纳。

（四）企业所得税收入确认的原则

企业销售商品同时满足下列条件的，应确认收入的实现：

（1）商品销售合同已经签订，企业已将商品所有权相关的主要风险和报酬转移给购货方。

（2）企业对已售出的商品既没有保留通常与所有权相联系的继续管理权，也没有实施有效控制。

（3）收入的金额能够可靠地计量。

（4）已发生或将发生的销售方的成本能够可靠地核算。

符合上述收入确认条件，采取下列商品销售方式的，应按以下规定确认收入实现时间：

（1）销售商品采用托收承付方式的，在办妥托收手续时确认收入。

（2）销售商品采取预收款方式的，在发出商品时确认收入。

（3）销售商品需要安装和检验的，在购买方接受商品以及安装和检验完毕时确认收入。如果安装程序比较简单，可在发出商品时确认收入。

（4）销售商品采用支付手续费方式委托代销的，在收到代销清单时确认收入。

二、税务风险提示

实务中，企业产生增值税纳税义务时，应向购货方开具增值税发票，并在纳税期限内缴纳增值税。同时,消费税纳税义务发生后,也应在纳税期限内缴纳消费税。企业发生销售活动,当满足企业所得税收入确认条件时,应计入应纳税所得税,计算缴纳企业所得税。企业不得通过虚假手段,任意提前或延后开具发票或确认收入。

任务实施

(1) 请将方案中可能存在的风险点写到下面的横线上。

_____

_____

_____

(2) 请在表6-29中分析不同方案,选出最优的方案。

表6-29　方案差异分析表

延期纳税项目	延期纳税税额(计算过程)
增值税	
消费税	
附加税	
企业所得税	
结论:	

任务总结

在完成上述任务后,请你分享学到的知识或技能。

 **任务评价**

表 6-30　任务评价表　　　　　　　　　　　　单位：分

项目	评价内容	分值	自评	组评	师评	其他
素养 （20）	到岗出勤	2				
	学习、工作用品准备	2				
	探究问题、积极发言	2				
	按时完成任务	2				
	团队协作	2				
	分析问题、解决问题的能力	3				
	依法纳税意识	3				
	诚实守信、不做假账	4				
知识 （30）	增值税纳税义务产生时间	10				
	消费税纳税义务产生时间	5				
	附加税纳税义务产生时间	5				
	企业所得税收入确认的原则	10				
能力 （50）	能分析业务存在的风险点	15				
	能正确应用税收政策	20				
	能为企业建言献策	10				
	文字描述准确、语言表达流畅	5				
小计						
总计（评分细则及各主体评分占比，由教师根据教学实际确定）						

 **任务拓展**

知识巩固

技能提升

企业税务管理机器人（RPA）应用

 ## 素养目标

1. 养成认真、严谨的职业态度
2. 具有良好的沟通能力
3. 提高分析问题、解决问题的能力
4. 具备接受新事物的能力
5. 具有自动化思维、数据思维和财务转型思维

知识目标

1. 了解新信息技术在财务领域的应用
2. 理解RPA技术的基本概念、特点和功能
3. 理解RPA技术的应用场景
4. 掌握增值税发票的开具要求
5. 掌握增值税发票真伪的查验方法
6. 掌握各类纳税申报表的填制方法

能力目标

1. 能够准确梳理发票开具的人工流程，并简单绘制自动开票机器人流程分析图
2. 能够准确梳理发票查验的人工流程，并简单绘制增值税发票查验机器人流程分析图
3. 能够准确梳理纳税申报的人工流程，并简单绘制纳税申报机器人流程分析图
4. 能协助RPA研发人员完成机器人开发、调试和应用

 ## 知识导图

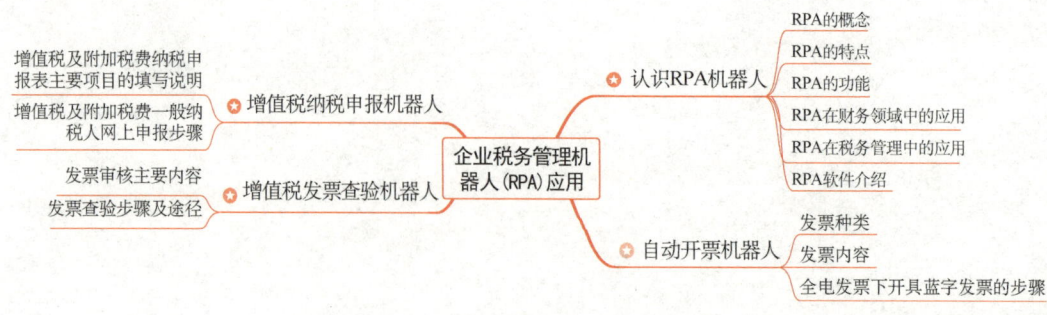

项目导读·思政园地

实践财务数字化转型 建设企业智慧税务平台

党的二十大报告指出:建设现代化产业体系。加快建设数字中国。推动制造业高端化、智能化、绿色化发展。在财务数字化转型的建设之路上,企业充分利用财务云、会计大数据分析与处理技术、流程自动化(RPA 和 IPA)、中台技术(数据、业务、财务中台等)、电子会计档案、电子发票、在线审计与远程审计、新一代 ERP、在线与远程办公、商业智能(BI)十大信息技术,促进企业财务管理数字化转型升级和高质量发展。

2017 年以来,经过多年努力,新奥集团成功打造出智慧税务平台,包含智能开票、智能收票、纳税申报、风险监控、税务分析、税务档案、政策法规、税务门户等模块,具有建设时间早、体系完整、内容丰富、专业性强等特点,实现了发票、申报等涉税业务处理的自动化和标准化,并沉淀了丰富的业财税数据,实现了数字化税务风险监控与多维涉税数据分析,为集团战略决策提供支持,助力集团数字化转型。

RPA 作为系统之间、数据之间连接的接口,将在企业数字化转型中扮演重要角色。

任务一 **认识 RPA 机器人**

任务情境

2023 年是逸香酒业快速发展的一年,公司各项业务急速增长,但现有的财务管理水平,不能满足业务发展的需要。董事会审议决定,对管理层以及相关工作人员进行学习和培训,以最快的速度进行企业数字化转型,推动企业向高端化、智能化、绿色化发展。

税务会计王芳今天跟随财务经理外出学习和培训,学习和了解了大企业集团智能化的技术手段在企业财务中的应用,颇受震撼。她印象最为深刻的是财务机器人在财务领域中的应用,此方法解决了很多财务工作的痛点,提高了工作效率。王芳回来后,上网搜集了 RPA 机器人的相关知识和在财务领域的应用案例,以备将来之用。

任务要求

如果你是王芳,请回答以下问题:
(1) RPA 的特点。
(2) RPA 的功能。
(3) RPA 在财务领域中的应用。

一、RPA 的概念

RPA 即机器人流程自动化,是用于自动化人工任务的软件工具技术,它能根据预先设定的程序和规划,模拟人类与计算机系统的交互过程,自动执行大批量、重复性的任务,并通过简单遵循的规则作出决策,从而实现工作流程自动化。

RPA 适用于人工操作重复、量大、时间长的工作任务,如网银付款、发票识别与录入、银行对账、自动开票、报销审核、资料归档等。使用 RPA 技术后,工作时间可以从"小时"级压缩到"秒"级,员工可以从繁琐重复的工作中解放出来,将精力聚焦于有更高价值的分析、决策等环节。

二、RPA 的特点

(一) 软件机器人

RPA 是安装在计算机上控制其他应用系统的软件机器人,而非具有实物形态的物理机器人,它通过用户界面或脚本语言,按照人类的执行规则和操作过程实现对重复工作任务的自动化处理。

(二) 具有清晰、明确的流程规则

RPA 主要替代人工完成大量的重复性、标准性、机械性的工作任务,这就要给机器人以明确的数字出发指令,即每一步要做什么、怎么做,以上功能的实现必须基于清晰、明确的流程规则。相反,流程不明晰、规则不明确,需要一定创造性的工作任务,则不适合应用 RPA。

(三) 模拟用户操作与交互

RPA 通过操纵用户图形界面的元素,模拟人与计算机系统的交互过程。其主要表现在模拟键盘操作、鼠标操作、打开或关闭应用程序、抓取数据等。这是 RPA 在企业中广泛应用的根本原因。

(四) 非侵入式软件

RPA 是一种非侵入式的软件,其本质就是一个"外挂"程序,其在用户界面进行的操作,不会改变或破坏计算机原有的任何信息系统,通过在用户界面连接数据,与人完全相同的方式访问当前系统。

三、RPA 的功能

(一) 数据检索与记录

RPA 有能力启动和使用各种应用程序,实现跨系统的数据检索、数据迁移以及数据输入。例如,登录应用程序、打开电子邮件、打开文件或文件夹、对文件中的数据进行复制和粘贴、合并、提取以及录入等。

(二) 图像识别与处理

该功能基于光学字符识别(OCR)技术,扫描识别屏幕图像,提取所有的文字信息,并对提取的文字信息进行一定基础的审查和分析。例如,自动识别发票信息,提取关键信息自动生成记账凭证,自动识别并提取发票代码和号码等,自动进行发票防伪查询。

（三）平台上传与下载

RPA可以实现按照预先设置的路径上传和下载数据，即完成数据流的自动接收和输出。例如，从企业网银系统自动下载对账单，与企业银行日记账进行对账。

（四）数据加工与分析

数据的加工与分析包括数据检查、数据筛选、数据计算、数据整理、数据校验。例如，其可以实现对纳税申报表数据的计算，实现附表数据自动生成主表相关数据的功能。

（五）信息监控与产出

RPA可以基于模拟人类判断，实现工作流分配、标准报告出具、基于明确规则决策、自动信息通知等功能。例如，在发票查验过程中可以实现对查验错误的发票进行数据输出；在运行完任务后自动产生通知消息，告知任务执行完毕。

四、RPA在财务领域中的应用

（一）费用报销业务

费用报销是指企业经办部门在经济业务发生或完成后取得相应原始凭据，然后根据企业相关规章制度按照一定的流程经相关责任人进行审核审批后，进行费用结算的业务活动。对于大型企业集团实行集中核算来说，费用报销业务量最大，耗时费力，简单繁琐的工作占据了财务人员大量的工作时间。RPA机器人能够帮助企业提高费用报销的处理效率，提升员工的报销体验。根据费用报销的业务工作任务流程，企业可以开发费用报销审核机器人、自动付款机器人、财务处理及报告审核机器人等。

（二）采购付款业务

采购付款是指企业采购部根据采购合同发起采购申请，到货后对货物验收入库，并按照合同约定到期向供应商进行付款，定期与供应商对账，并对供应商进行管理的业务活动。根据采购付款以及供应商管理的工作任务流程，企业可以开发采购申请机器人、网银付款机器人、发票订单核对机器人等。

（三）销售收款业务

销售收款是指企业根据销售合同发起销售订单，然后填制出库单进行销售发货出库，发货后根据出库单完成销售发票的开具，按照合同约定到期收款，定期与客户对账，并对客户进行管理的业务活动。根据销售收款和客户的管理工作任务流程，企业可以开发自动开票机器人、往来对账机器人和账龄分析机器人等。

（四）从记账到报表

根据以上经济业务活动所发生的原始凭据，财务人员需要进行记账、登账、期末对账、结账以及报表出具等工作。对于业务较多的企业来说，期末处理业务量大，且费时费力，并且需要保证数据的准确完整和及时性，企业根据工作任务流程可以开发自动记账机器人、银企对账机器人、期末结账机器人、报表生成机器人等。

（五）税务管理

我国现有18个税种，对于生产经营性企业来说需要每月进行发票的开具、发票的防伪查验、发票的认证以及对涉及的税种进行纳税申报、涉税风险分析和管控。企业在整个税务管理过程中可以根据工作任务流程开发自动开票机器人、发票查验机器人、发票认证机器人及纳税申报机器人等。

五、RPA 在税务管理中的应用

（一）增值税发票开具

RPA 财务机器人可以通过自动获取开票申请信息，登录国家税务总局电子税务局进入发票开具平台，自动完成客户信息的维护，并根据客户需求自动完成增值税专票和普票的开具。

（二）发票查验

RPA 机器人基于 OCR 技术获取发票的代码和号码等信息，自动登录国家税务总局全国增值税发票查验平台，通过自动填充发票代码和号码等信息，进行批量自动查验发票真伪，并对查验结果进行反馈和记录。

（三）发票认证

RPA 财务机器人定期自动登录增值税发票综合服务平台，自动根据企业需认证的发票明细清单进行增值税发票勾选认证，并定期导出认证结果通知单进行结果反馈。

（四）纳税申报

RPA 财务机器人自动登录账务系统下载或导出财务数据，自动获取增值税开票信息和认证信息，然后自动登录国家税务总局电子税务局纳税申报平台，完成纳税申报表主表和附表所需数据的自动填报，并进行数据自动校验和核对等。

六、RPA 软件介绍

目前，在国内外市场上涌现了很多优秀的流程自动化机器人软件，它们各有其特点，可供使用者进行选择和使用，如 UiPathRPA、BluePrismRPA、UiBotRPA、华为 WeAutomate、影刀 RPA、云扩 RPA 等。RPA 软件虽各有特点，但其主体功能大致相同，主要组成包括设计器、控制器和执行器三部分。设计器是 RPA 的设计生产工具，用于建立软件机器人的配置或设计。通过设计器，开发者可为机器人执行一系列的指令和决策逻辑进行编程。控制器本质上是一个管理平台，可理解为 RPA 管家，就是负责管理 RPA 机器人的"机器人"。执行器本质上是前台用户，执行器用来运行已有软件机器人，或在执行完成时，将运行的结果、日志与录制视频通过指定通信协议，上报到控制中心，确保流程执行的完整性。

 任务实施

请在表 7-1 中填写 RPA 的特点、RPA 的功能、RPA 在财务工作领域中的应用。

表 7-1　认识 RPA 机器人

任务	内容
RPA 的特点	
RPA 的功能	

(续表)

任务	内容
你身边的 RPA 机器人(举例)	

税收热点畅谈

案例：2022年中国智能财务最佳实践案例

　　我国将加快建设数字中国,推动制造业高端化、智能化、绿色化发展。在财务数字化转型的建设之路上,作为税务会计的你,请谈一谈你将做好哪些准备以适应财务转型对人才的需求?

任务总结

　　在完成上述任务后,请你分享学到的知识或技能。

任务评价

表7-2　任务评价表　　　　　　　　　　　　　　　　单位:分

项目	评价内容	分值	自评	组评	师评	其他
素养 (20)	到岗出勤	2				
	学习、工作用品准备	2				
	探究问题、积极发言	2				
	按时完成任务	3				
	良好的沟通能力	2				
	分析问题、解决问题的能力	3				
	接受新事物的能力	3				
	自动化思维、数据思维和财务转型思维	3				
知识 (30)	了解新信息技术在财务领域的应用	5				
	理解 RPA 的基本概念、特点和功能	15				
	理解 RPA 的应用场景	5				
	了解国内外优秀的 RPA 软件	5				
能力 (50)	发现身边对 RPA 的应用	20				
	发现工作中 RPA 可应用的场景	20				
	文字描述准确、语言表达流畅	10				
小计						
总计(评分细则及各主体评分占比,由教师根据教学实际确定)						

任务拓展

任务二 **自动开票机器人**

任务情境

随着逸香酒业业务量的增加,向客户开具发票成了税务会计的一项重要工作内容,如稍有不慎,填写错误,就会导致发票的退回,需要重新开具。客户销售量比较多时,王芳还得加班加点地去完成开票任务,这占用了她的大量时间。王芳通过前期的学习和准备,向财务经理提请开发自动开票机器人。财务经理让王芳与快捷公司 RPA 产品研发部门沟通,讨论其可行性以及具体的实施方案。王芳与快捷公司产品经理李工就开发机器人进行沟通如下。

李工:你先表述一下开具发票的业务流程,我需要初步判断实施的可行性和必要性。

王芳:我们公司现在整个采购、生产、销售使用了业财一体化的 ERP 软件,业务部门根据审批完成的销售结算单编制开票申请明细表,我需要根据开票申请明细表,登录国家税务总局电子税务局电子发票服务平台开具发票并将开具的发票反馈到客户的邮箱或者手机上。

任务要求

如果你是王芳,请完成以下任务:
根据工作任务流程完成自动开票机器人流程分析图。

任务准备

一、发票种类

全电发票通过电子发票服务平台开具,电子发票服务平台支持开具增值税专用发票和增值税普通发票。全电发票的发票号码为 20 位,其中,第 1 至第 2 位代表公历年度后两位,第 3 至第 4 位代表省级行政区划代码,第 5 位代表全电发票开具渠道等信息,第 6 至第 20 位代表顺序编码等信息。

二、发票内容

全电发票的票面信息包括基本内容和特定内容。全电发票无联次，基本内容主要包括：发票号码、开票日期、购买方信息、销售方信息、项目名称、规格型号、单位、数量、单价、金额、税率/征收率、税额、合计、价税合计（大写、小写）、备注、开票人等。

三、全电发票下开具蓝字发票的步骤

登录企业所在省份或市的国家税务总局电子税务局，点击"我要办税""开票业务""蓝字发票开具"，进入电子发票服务平台，点击"立即开票"进入开票功能，点击"电子发票"选择"发票票种（增值税专用发票/普通发票）"点击"确定"（界面如图 7-1 所示）。录入发票信息，审核无误后点击下方"发票开具"，系统自动进行发票赋码并生成电子发票，显示开票成功提示，发票自动传递至对方税务数字账户，也可进行二维码、邮箱交付或下载操作。完成上述步骤后，可在开票成功界面点击"查看发票"或"发票下载"进行发票查看与下载。

图 7-1　电子发票服务平台蓝字发票开具界面

 **任务实施**

请在图 7-2 中补充完整自动开票机器人流程分析图。

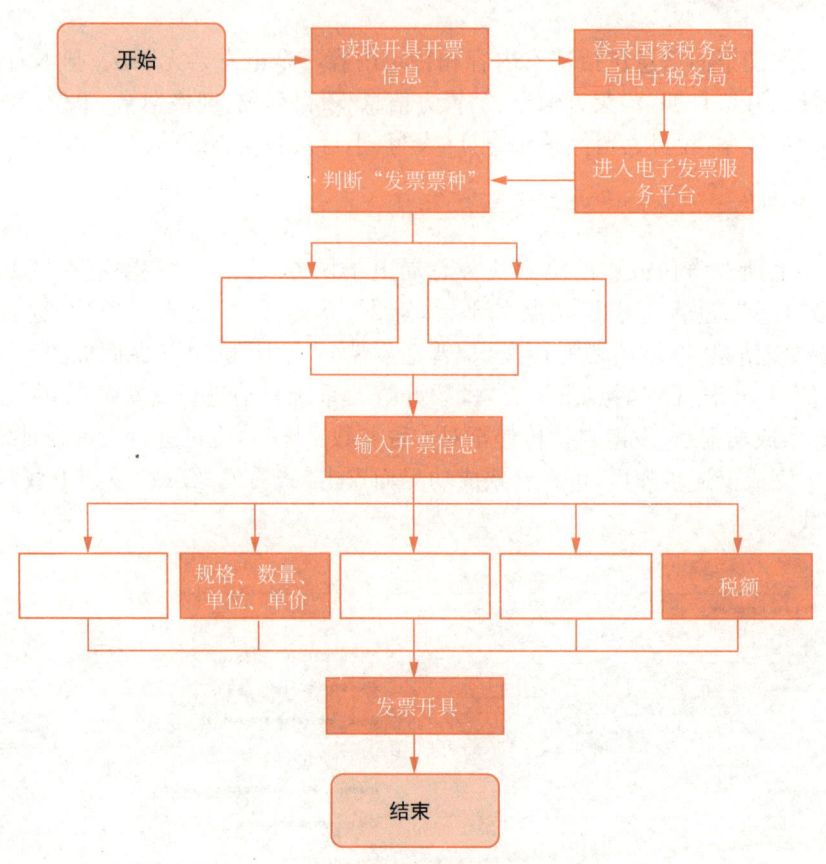

图 7-2　自动开票机器人流程分析图

任务总结

在完成上述任务后，请你分享学到的知识或技能。

任务评价

表7-3　任务评价表　　　　　　　　　　　　　　　单位:分

项目	评价内容	分值	自评	组评	师评	其他
素养 (20)	到岗出勤	2				
	学习、工作用品准备	2				
	探究问题、积极发言	2				
	按时完成任务	2				
	分析问题、解决问题的能力	4				
	良好的沟通能力	4				
	认真、严谨的职业态度	4				
知识 (30)	掌握增值税发票开具要求	10				
	掌握增值税发票开具方法	20				
能力 (50)	能够开具增值税发票	10				
	能够准确梳理发票开具的人工流程,并简单绘制自动开票机器人流程图	30				
	文字描述准确、语言表达流畅	10				
小计						
总计(评分细则及各主体评分占比,由教师根据教学实际确定)						

任务拓展

任务三　增值税发票查验机器人

任务情境

　　在员工费用报销、采购付款等业务活动中,财务部需要对收到的外来发票逐张进行查验,在业务量较多的情况下,将耗费财务人员大量的时间。为提高工作效率,逸香酒业决定开发增值税发票查验机器人以代替人工完成此项业务,该机器人的研发仍然交给税务会计王芳负责沟通和实施落地。

逸香酒业现对费用报销、采购付款等业务流程全过程实施电子化管理。经办人需要将原始凭据扫描或者拍照上传公司的财务软件,财务审核人需要根据提供的发票,人工记录发票信息,然后登录国家税务总局全国增值税发票查验平台,逐张地录入发票代码、发票号码、开票日期、开票金额、验证码等数据进行发票真伪的查询和验证。此外,财务人员需查看发票查验查重结果,每张发票平均需要 3 分钟。

任务要求

如果你是王芳,请完成以下任务:

根据工作任务流程完成增值税发票查验机器人流程分析图。

任务准备

一、发票审核主要内容

(1) 审核发票是否已入账。审核发票前面是否已经报销,防止重复入账。

(2) 审核发票的真伪。审核该发票是否是真实发票,是否在国家税务总局全国增值税发票查验平台存在,即出具发票单位在开票软件平台开具正规发票并上传国家税务总局系统平台。

(3) 审核发票报销及时性。审核开具发票的日期,并与现在时间进行比较,保证发票入账的及时性。

(4) 审核出具发票的单位名称。审核开票单位是否与本单位有经济业务往来,开具经济业务内容是否与实际业务相符,是否属于出具发票单位的经营范围。

(5) 审核发票的抬头。出具单位开具发票的购买方是否是本单位,防止用其他单位的发票来进行报销手续。

(6) 审核发票的金额。报销金额是否与发票金额相符,或者报销金额小于发票金额,防止出现小数改大数情况的发生。

(7) 审核发票中备注信息的正确性。

二、发票查验步骤及途径

(1) 登录国家税务总局全国增值税发票查验平台(https://inv-veri.chinatax.gov.cn),输入相关的发票信息,如图 7-3 所示,点击查验。

(2) 拨打 12366 纳税服务热线,或者编辑短信到 12366 查验真伪。

(3) 到税务局营业点进行当场查验。

知新:手把手教你查发票

任务实施

请在图 7-4 中补充完整增值税发票查验机器人流程分析图。

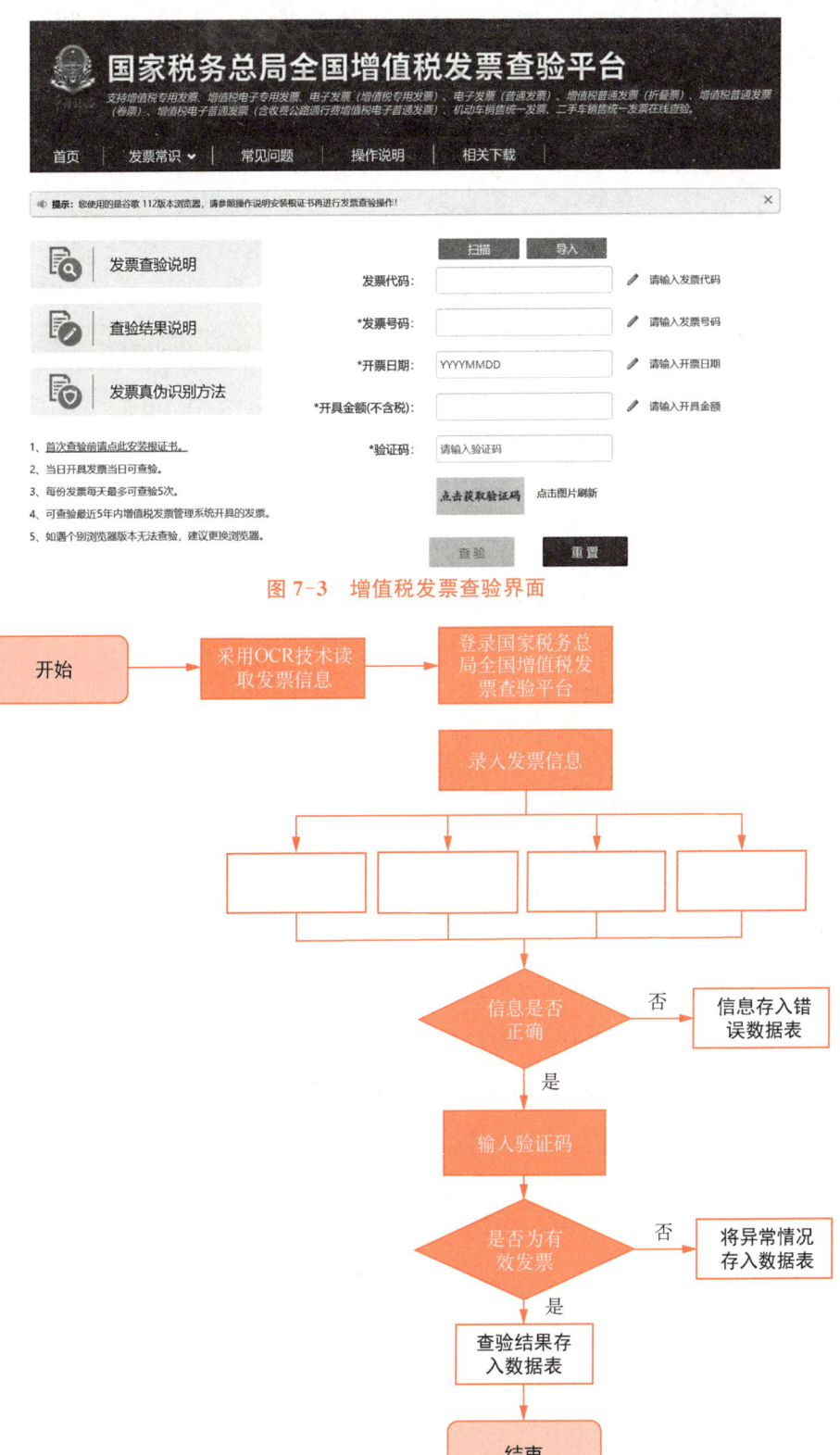

图 7-3　增值税发票查验界面

图 7-4　增值税发票查验机器人流程分析图

任务总结

在完成上述任务后，请你分享学到的知识或技能。

任务评价

表7-4 任务评价表　　　　　　　　　　　　单位：分

项目	评价内容	分值	自评	组评	师评	其他
素养 （20）	到岗出勤	2				
	学习、工作用品准备	2				
	探究问题、积极发言	2				
	按时完成任务	2				
	分析问题、解决问题的能力	4				
	良好的沟通能力	4				
	认真、严谨的职业态度	4				
知识 （30）	发票的审核内容	10				
	发票查验真伪的正确途径	20				
能力 （50）	能够正确地审核发票	10				
	能够准确梳理发票查验审核的人工流程，并简单绘制发票查验机器人流程分析图	30				
	文字描述准确、语言表达流畅	10				
小计						
总计（评分细则及各主体评分占比，由教师根据教学实际确定）						

任务拓展

任务四　增值税纳税申报机器人

任务情境

纳税申报是税务会计的重要工作内容之一,税务会计根据不同税种纳税期限的不同,每月或每季登录国家税务总局电子税务局,填制相应的纳税申报表,填制审核完毕后进行申报缴款。逸香酒业增值税纳税期限为一个月,税务会计每月需要统计开具发票的情况,需要根据发票认证结果通知单、进项税额转出备查簿以及购进旅客运输服务登记表等相关信息,填报增值税及附加税费纳税申报表。为了提高工作效率,逸香酒业决定开发 RPA 增值税纳税申报机器人。

任务要求

如果你是王芳,请完成以下任务:
根据工作任务流程完成增值税纳税申报机器人流程分析图。

任务准备

一、增值税及附加税费纳税申报表主要项目的填写说明

(一)《增值税及附加税费申报表附列资料(一)》(本期销售情况明细)填写说明

第 1 至第 2 列"开具增值税专用发票":反映本期开具增值税专用发票(含税控机动车销售统一发票,下同)的情况。第 3 至第 4 列"开具其他发票":反映除增值税专用发票以外本期开具的其他发票的情况。第 5 至第 6 列"未开具发票":反映本期未开具发票的销售情况。

(二)《增值税及附加税费申报表附列资料(二)》(本期进项税额明细)填写说明

第 1 栏"(一)认证相符的增值税专用发票":反映纳税人取得的认证相符本期申报抵扣的增值税专用发票情况。该栏应等于第 2 栏"其中:本期认证相符且本期申报抵扣"与第 3 栏"前期认证相符且本期申报抵扣"数据之和。适用取消增值税发票认证规定的纳税人,通过增值税发票综合服务平台选择用于抵扣的增值税专用发票,视为"认证相符"。

第 6 栏"农产品收购发票或者销售发票":反映纳税人本期购进农业生产者自产农产品取得(开具)的农产品收购发票或者销售发票情况。从小规模纳税人处购进农产品时取得增值税专用发票情况填写在本栏,但购进农产品未分别核算用于生产销售 13% 税率货物和其他货物服务的农产品进项税额情况除外。"税额"栏＝农产品销售发票或者收购发票上注明的农产品买价×9% ＋ 增值税专用发票上注明的金额×9%。

第 10 栏"(四)本期用于抵扣的旅客运输服务扣税凭证":反映按规定本期购进旅客运输服务,所取得的扣税凭证上注明或按规定计算的金额和税额。本栏次包括第 1 栏中按规定本期允许抵扣的购进旅客运输服务取得的增值税专用发票和第 4 栏中按规定本期允许抵扣的购进旅客运输服务取得的其他扣税凭证。本栏"金额""税额"≥0。

第 13 栏"本期进项税额转出额":反映已经抵扣但按规定应在本期转出的进项税额合计数,按表中所列公式计算填写。第 14 栏"免税项目用":反映用于免征增值税项目,按规定应在本期转出的进项税额。第 15 栏"集体福利、个人消费":反映用于集体福利或者个人消费,按规定应在本期转出的进项税额。第 16 栏"非正常损失":反映纳税人发生非正常损失,按规定应在本期转出的进项税额。第 17 栏"简易计税方法征税项目用":反映用于按简易计税方法征税项目,按规定应在本期转出的进项税额。

(三)《增值税及附加税费申报表(一般纳税人适用)》主要事项填写说明

(1)第 1 栏"(一)按适用税率计税销售额":填写纳税人本期按一般计税方法计算缴纳增值税的销售额,本栏"一般项目"列"本月数"=《附列资料(一)》第 9 列第 1 至第 5 行之和 - 第 9 列第 6、7 行之和。

(2)第 11 栏"销项税额":填写纳税人本期按一般计税方法计税的货物、劳务和服务、不动产、无形资产的销项税额。本栏"一般项目"列"本月数"=《附列资料(一)》(第 10 列第 1、3 行之和 - 第 10 列第 6 行)+(第 14 列第 2、4、5 行之和 - 第 14 列第 7 行)。

(3)第 12 栏"进项税额":填写纳税人本期申报抵扣的进项税额。本栏"一般项目"列"本月数"+"即征即退项目"列"本月数"=《附列资料(二)》第 12 栏"税额"。

(4)第 13 栏"上期留抵税额":"本月数"按上一税款所属期申报表第 20 栏"期末留抵税额""本月数"填写。本栏"一般项目"列"本年累计"不填写。

(5)第 14 栏"进项税额转出":填写纳税人已经抵扣,但按税法规定本期应转出的进项税额。本栏"一般项目"列"本月数"+"即征即退项目"列"本月数"=《附列资料(二)》第 13 栏"税额"。

二、增值税及附加税费一般纳税人网上申报步骤

纳税人登录国家税务总局电子税务局,在"我的待办"或点击"税费申报与缴纳",点击"增值税及附加税费一般纳税人申报",进入增值税及附加税费一般纳税人网上申报界面,如图 7-6 所示,点击"自动获取发票信息",其所属附表和主表会将开票系统的开票信息汇总填写相应的销售额、销项税额以及进项税额,然后企业根据实际业务情况进行审核,并手动填写无法通过"自动获取发票信息"获取的信息,包括未开票发票数据、即征即退业务数据、本期用于抵扣的旅客运输服务扣税凭证以及本期进项税额转出额等。纳税人将申报表填写完毕后,点击"申报",完成申报工作。

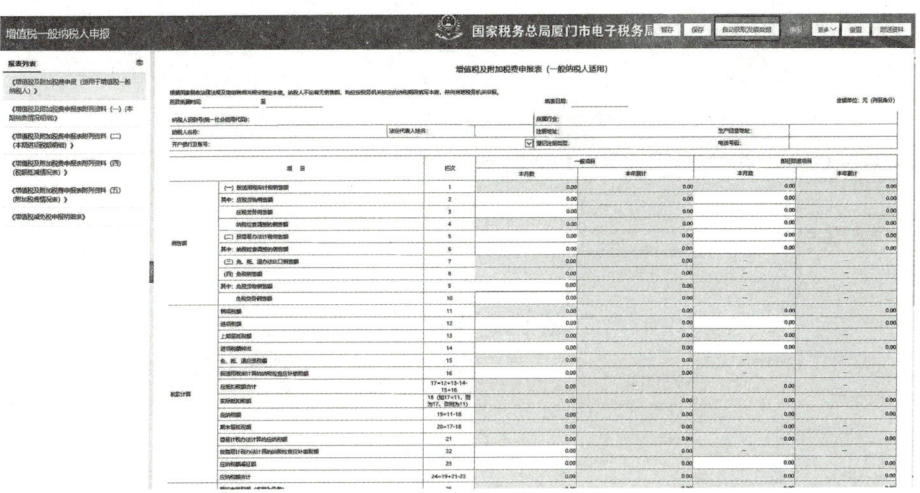

图7-6　增值税及附加税费一般纳税人网上申报界面

任务实施

请在图7-7中补充完整增值税纳税申报机器人流程分析图。

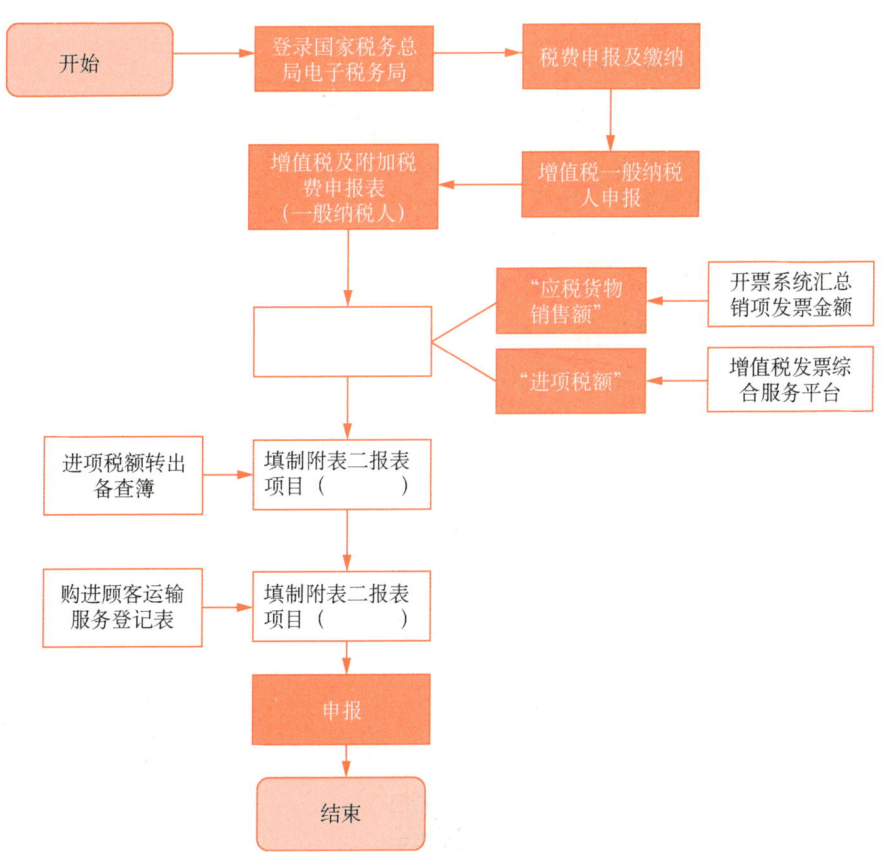

图7-7　增值税纳税申报机器人流程分析图

 任务总结

在完成上述任务后，请你分享学到的知识或技能。

 任务评价

表7-5　任务评价表　　　　　　　　　　　　单位：分

项目	评价内容	分值	自评	组评	师评	其他
素养 (20)	到岗出勤	2				
	学习、工作用品准备	2				
素养 (20)	探究问题、积极发言	2				
	按时完成任务	2				
	分析问题、解决问题的能力	4				
	良好的沟通能力	4				
	认真、严谨的职业态度	4				
知识 (30)	企业应交增值税的计算	10				
	增值税纳税申报表的填制方法	20				
能力 (50)	正确填制增值税纳税申报表	10				
	能够准确梳理增值税纳税申报的人工流程，并简单绘制增值税纳税申报机器人流程分析图	30				
	文字描述准确、语言表达流畅	10				
小计						
总计（评分细则及各主体评分占比，由教师根据教学实际确定）						

 任务拓展

 知识巩固

参考文献

［1］史新浩,邵丽.税务核算与申报［M］.北京:北京大学出版社,2019.

［2］梁文涛,彭新媛.税务会计实务(第四版)［M］.大连:东北财经大学出版社,2021.

［3］梁文涛.纳税筹划实务［M］.大连:东北财经大学出版社,2021.

［4］翟继光,郭宇泰.金税四期管控下的税务管理与纳税筹划［M］.上海:立信会计出版社,2021.

［5］李俊婧,赵素娟,李然,蔡理强.智能税务申报与管理［M］.北京:清华大学出版社,2022.

［6］全国税务师职业资格考试教材编写组.税法(Ⅰ)［M］.北京:中国税务出版社,2022.

［7］全国税务师职业资格考试教材编写组.税法(Ⅱ)［M］.北京:中国税务出版社,2022.

［8］全国税务师职业资格考试教材编写组.涉税服务实务［M］.北京:中国税务出版社,2022.

［9］中国注册会计师协会.2022年度注册会计师全国统一考试辅导教材税法［M］.北京:经济科学出版社,2022.

［10］财政部会计资格评价中心.经济法基础［M］.北京:中国财政经济出版社,2022.

［11］蔡金荣,宁旭平.金锐工程初见成效［J］.电子展望与决策,1996(01):2628.